高等职业教育"十三五"规划教材

公路勘测设计

主　编　包萨拉　温春杰

副主编　李欢庆　王志华　齐文艳
　　　　鄂雪君　包晓英

参　编　张　霄　王凤维　李玉红
　　　　王功伟　吴云艳

北京理工大学出版社
BEIJING INSTITUTE OF TECHNOLOGY PRESS

内 容 提 要

本书根据公路勘测最新规范和高职高专教育人才培养目标的要求编写而成，重在提高学生提出问题、分析问题、解决问题的能力，突出培养学生的职业技能和创新思维能力。全书除绪论外，共分为8个项目，主要内容包括公路平面设计、公路纵断面设计、公路横断面设计、公路选线、公路定线、公路交叉设计、公路外业勘测技和公路现代测设技术等。

本书可作为高职高专院校道路桥梁等相关专业的教材，也可以作为市政工程专业技术人员的学习用书。

版权专有　侵权必究

图书在版编目（CIP）数据

公路勘测设计/包萨拉，温春杰主编.—北京：北京理工大学出版社，2019.6（2019.7重印）
ISBN 978-7-5682-6850-9

Ⅰ.①公…　Ⅱ.①包…　②温…　Ⅲ.①道路测量—高等学校—教材 ②道路工程—设计—高等学校—教材　Ⅳ.①U412

中国版本图书馆CIP数据核字（2019）第051526号

出版发行/北京理工大学出版社有限责任公司
社　　址/北京市海淀区中关村南大街5号
邮　　编/100081
电　　话/（010）68914775（总编室）
　　　　　（010）82562903（教材售后服务热线）
　　　　　（010）68948351（其他图书服务热线）
网　　址/http://www.bitpress.com.cn
经　　销/全国各地新华书店
印　　刷/河北鸿祥信彩印刷有限公司
开　　本/787毫米×1092毫米　1/16
印　　张/12.5　　　　　　　　　　　　　　　责任编辑/江　立
字　　数/301千字　　　　　　　　　　　　　　文案编辑/李玉昌
版　　次/2019年6月第1版　2019年7月第2次印刷　责任校对/周瑞红
定　　价/35.00元　　　　　　　　　　　　　　责任印制/边心超

前　言

为深入设施《国家中长期教育改革和发展规划纲要（2010—2020年）》和《国家中长期人才发展规划纲要（2010—2020年）》，加快发展现代职业教育，编者在全方面分析研究当前高等职业教育特点的基础上，根据最新公路勘测规范和高职高专教育人才培养目标的要求编写了本书。本书以培养学生实践能力为导向，重点突出培养学生职业技能和创新思维能力。

"公路勘测设计"课程主要培养道路桥梁工程技术专业所需的技术型、技能型人才。通过本课程的学习，学生应能够对道路路线进行施工放样，对路线平面坐标、纵断面设计标高、横断面面积进行计算，对土石方进行调配，对路线进行现场勘测等，掌握路桥施工的基本技能。

本书主要内容包括绪论、公路平面设计、公路纵断面设计、公路横断面设计、公路选线、公路定线、公路交叉设计、公路外业勘测和公路现代测设技术。本书从公路几何线形设计出发，引出结构设计内容，并对现代测设技术等知识进行介绍，内容紧跟现行各设计规范，引入各种工程实例，以提高学生对公路勘测技术的应用能力。

本书在编写上采用项目引导的教学模式。每个项目前按照项目进展情况给出项目流程图，方便学生明确本项目逐步进行的任务内容及要求。每个项目下按任务展开，并在任务中设有任务描述和任务实施步骤，最后进行任务的总结评价。这种编写方式，将理论知识与工程实际问题联系起来，便于学生在学习理论知识的同时，提高个人分析和解决工程问题的能力。

本书由兴安职业技术学院包萨拉和温春杰担任主编，由中铁十四局三公司李欢庆、河套学院王志华、兴安职业技术学院齐文艳、鄂雪君和包晓英担任副主编，河套学院张霄以及兴安职业技术学院王凤维、李玉红、王功伟和吴云艳参与了本书部分章节的编写工作。具体编写分工为：绪论、项目3由包萨拉编写，项目1、项目2由温春杰编写，任务4.1、4.2、4.3由齐文艳编写，任务4.4、4.5由鄂雪君编写，项目5由王志华编写，项目7由李欢庆编写，任务6.1由吴云艳编写，任务6.2由张霄编写，任务6.3由王功伟编写、任务6.4由李玉红编写，任务8.1、8.2由包晓英编写，任务8.3、8.4由王凤维编写，包萨拉和温春杰负责资料收集和整理工作。

由于编写时间紧迫，加之编者水平有限，书中不妥和错误之处在所难免，敬请读者批评和指正，以求不断完善。

编　者

目 录 CONTENTS

绪　论

绪论

任务 0.1　我国公路发展概况及规划

0.1.1　交通运输网络构成

交通运输是国民经济的重要组成部分，是国民经济的命脉。其将国民经济各领域和各个地区联系起来，担负着国家建设中原材料与产品的集散、城乡之间的物质交流运输任务，并满足人们在物质文化生活上的需要，是联系工业和农业、城市和乡村、生产和消费的纽带。交通运输在国家的政治、经济、军事、文化建设中，在社会物质财富的生产和分配过程中，在广大人民生活中具有重要的作用。

1. 国家综合运输系统的构成

现代交通运输由铁路、公路、水运、航空和管道五种运输方式组成。这些运输方式的点、线、面交通运输组成国家综合运输系统。

（1）铁路运输适用于远程的大宗货物及旅客运输。其特点是运量大、迅速，特别是高速铁路（轮轨、磁悬浮）的出现，使铁路运输能力得到进一步提高，但由于铁路运输需转运（二次、三次），装卸费用较高，使其一般只在远距离运输上占有优势。由于受铁路轨道的限制，铁路运输属线性运输。

（2）水路运输是通航地区最廉价的运输方式，但速度慢，并受自然因素制约大。其运输方式包括内河及海洋（近海、远洋）运输。

（3）航空运输适用于快速运送旅客、紧急物资及邮件，虽然速度较快，但成本也高。

（4）管道运输适用于液态、气态及散装粉状材料运输的专用方式。

（5）公路运输适用于旅客及货物各种运距的批量运输。

2. 公路运输的特点及其在国民经济中的地位

公路运输与其他运输方式比较，具有以下特点：

（1）公路运输机动灵活，能迅速集中和分散货物，做到直达运输，不需中转，可以实现"门到门"的直接运输，节约时间和减少中转费用，减少货损。

（2）公路运输受交通设施限制少，是最广泛的一种运输方式，可伸展到任何山区、农村、机关、单位，可承担其他运输方式的转运任务，是交通运输网中其他各种运输方式联系的纽带。

（3）公路运输适应性强，服务面广，时间上随意性强，可适用于小批量运输和大宗运输。

（4）公路运输投资少，资金周转快，社会效益显著。

（5）与铁路、水运比较，公路运输由于汽车燃料价格高，服务人员多，单位运量小，所以在长途运输中，其运输成本偏高。但随着高速公路的迅速发展，汽车制造技术的不断改进，运输管理水平的不断提高，这些不足正在逐步得到改善。

由于公路运输的这些特点，使公路得以快速发展。到 20 世纪 70 年代，经济发达国家大多改变了一个多世纪以来以铁路运输为中心的局面。此时，公路运输在各种运输方式中起到了主导作用，特别现代高速公路的出现，使公路运输在经济建设中发挥更加重要的作用，是我国综合运输体系中最活跃的一种运输方式，并显示出广阔的发展前景。

0.1.2 我国公路现状与发展规划

1. 公路发展史

古代：早在公元前 2000 年前，就有了可以行驶牛车、马车的道路。秦始皇统一六国后，大修驰道，颁布"车同轨"法令，使得道路建设得到一个较大的发展。

近代：20 世纪初（1902 年）汽车进入我国，通行汽车的公路开始发展起来。从 1906 年在广西友谊关修建第一条公路开始，到 1949 年年底，全国公路通车里程仅有 8.1 万公里。

现代：中华人民共和国成立以后，为了迅速恢复和发展国民经济，巩固国防，国家对公路建设做出了很大的努力，并取得了显著成就，特别是改革开放后的十几年来，使公路建设得到了迅速发展。

我国在 1978 年年底公路通车里程达 88 万公里；1994 年年底公路通车里程达到 110 万公里，并实现了县县通公路，97% 的乡及 78% 的村通了汽车；到了 2004 年年底，我国公路通车总里程达到 185 万公里。

我国高速公路建设非常迅速，从 1990 年第一条高速公路（沈大高速公路）建成通车后，到 2004 年年底高速公路通车总里程达 3.42 万公里，仅次于美国，位居世界第二位。

2. 公路现状分析

新中国成立后，特别是改革开放以来，我国公路建设取得了巨大的成就，但是与国际上发达国家相比，差距仍很大；与国内其他工业相比，仍相对滞后，远不能满足新形势下对公路运输量巨大的要求。归纳起来，还存在以下几个方面的问题：

（1）公路数量少，通达深度不够。

①公路通车总里程少。2004 年年底，我国公路通车里程虽已达 185 万公里，位居世界

第四位，但与公路建设水平高的国家相比，仍然相差较大。如美国、印度和巴西分别为631万公里、322万公里和198万公里。

②公路密度低。公路密度是指每百平方公里国土面积拥有的公路里程数。美国公路密度为67 km，英国为160 km，法国为147 km，日本为303 km，印度为61 km，而我国只有17.5 km。

每万人拥有公路长度，美国为242 km，英国为63 km，法国为140 km，日本为91.5 km，印度为22 km，而我国只有11 km。

由于公路里程少、密度低、通达深度不够，很多地区的经济发展仍受到制约。

(2)路网等级低、路面质量差、标准低。在通车里程中，二级以上的公路，只占公路总里程的13.1％多一点，等级以上公路所占比例为78.3％。高级、次高级路面里程占公路总里程的38.9％。无路面里程为15.4万公里，占9％。有的公路防护设施不全，抗灾能力很差，据统计每年水毁公路造成的经济损失就达几亿元。

当前最突出的问题是公路建设发展的速度跟不上经济发展的速度，也跟不上交通量发展的速度。据统计，我国干线公路有50％的路段，其交通量都在2 000辆/昼夜以上，处于超负荷运行状态。而在现有的10.8万公里的国道网中，二级以上的公路只占30％。

(3)发展不平衡。东西部差距较大，平原区与山区差别大。公路密度各省市差距大，上海为95.4 km，天津为85.1 km，北京为81.0 km，海南为61 km，广东为58 km，江苏为56.6 km。10 km以下的省、自治区有5个，分别为西藏、青海、新疆、内蒙古、甘肃。

(4)通行能力低。通行能力大、运营效益高的公路主骨架未形成。由于我国二级以上公路所占比重较小，在公路几何条件、交通组成和汽车行驶环境等条件影响下，公路通行能力普遍偏低。

(5)服务水平低。公路服务水平由汽车行驶速度、交通密度、交通中断情况、车辆行驶舒适度等来衡量。总体上看，我国的公路服务水平还比较低，还不能完全达到人民群众对公路运输服务水平的要求。

3. 公路发展规划

(1)发展方向。由于我国公路总量仍然偏少，今后很长一段时间还必须坚持提高公路质量、等级与加大公路密度并重的原则。积极建设新公路，沟通断头路，加速国道主干线高速公路网建设与旧路的技术改造。

(2)发展规划。从20世纪80年代末开始，在"五纵七横"国道主干系统规划的指导下，我国高速公路从无到有，实现了持续、快速和有序的发展，特别是1998年以来，国家实施积极财务政策，加大了包括公路在内的基础设施建设投资力度，使高速公路建设进入了快速发展期，年均通车里程超过4 000公里。高速公路的快速发展，极大地提高了我国公路网的整体技术水平，优化了交通运输结构，对缓解交通运输的"瓶颈"制约发挥了重要的作用，有力地促进了我国经济发展和社会进步。

2004年，交通部推出新一轮国家高速公路网规划。我国将建成布局为"7918"的高速公路网络，即7条射线、9条纵线、18条横线，总里程约为8.5万公里。规划的国家高速公路网将连接所有现状人口在20万以上的319个城市，包括所有的省会城市及港澳台。规划中，东部地区平均半小时可上高速，中部地区平均1小时上高速，西部地区平均2小时上高速。

另外，国家高速公路网还包括辽中环线、成渝环线、海南环线、珠三角环线、杭州湾环线、台湾环线共6条环线，2段并行线和35条联络线。

①7 条北京放射线：

北京—上海(1 245 km)	北京—台北(1 973 km)	北京—港澳(2 387 km)
北京—昆明(2 865 km)	北京—拉萨(3 733 km)	北京—乌鲁木齐(2 582 km)
北京—哈尔滨(1 280 km)		

②9 条南北纵线：

鹤岗—大连(1 394 km)	沈阳—海口(3 711 km)	长春—深圳(3 618 km)
济南—广州(2 110 km)	大庆—广州(3 460 km)	二连浩特—广州(2 685 km)
包头—茂名(3 132 km)	兰州—海口(2 577 km)	重庆—昆明(838 km)

③18 条东西横线：

绥芬河—满洲里(1 523 km)	珲春—乌兰浩特(887 km)	丹东—锡林浩特(960 km)
荣成—乌海(1 880 km)	青岛—银川(1 601 km)	青岛—兰州(1 795 km)
连云港—霍尔果斯(4 286 km)	南京—洛阳(712 km)	上海—西安(1 490 km)
上海—成都(1 960 km)	上海—重庆(1 898 km)	杭州—瑞丽(3 405 km)
上海—昆明(2 336 km)	福州—银川(2 485 km)	泉州—南宁(1 635 km)
厦门—成都(2 307 km)	汕头—昆明(1 825 km)	广州—昆明(1 610 km)

任务 0.2　公路的分级与技术标准

0.2.1　公路分级

交通部于 2004 年 1 月颁布实行的行业标准《公路工程技术标准》(JTG B01—2014)将公路根据功能与适应的交通量，分为高速公路、一级公路、二级公路、三级公路和四级公路五个等级。

1. 高速公路

高速公路为专供汽车分方向、分车道行驶，全部控制出入的多车道公路。高速公路的年平均日设计交通量宜在 15 000 辆小客车以上。

2. 一级公路

一级公路为供汽车分方向、分车道行驶，可根据需要控制出入的多车道公路。

一级公路的年平均日设计交通量宜在 15 000 辆小客车以上。

一级公路是连接高速公路或是某些大城市的城乡接合部、开发区经济带及人烟稀少地区的干线公路。它实际上有两种不同的任务和功能：一种是具有干线功能，部分控制出入；另一种是可以采用平交的距离不长的连接线等。一级公路强调必须分向、分车道行驶，《公路工程技术标准》(JTG B01—2014)规定，一级公路一般应设置中央分隔带。当受特殊条件限制时，必须设置分隔设置，不允许用画线代替。

3. 二级公路

二级公路为供汽车行驶的双车道公路。

二级公路的年平均日设计交通量宜为 5 000～15 000 辆小客车。

二级公路为中等以上城市的干线公路或者是通往大工矿区、港口的公路。为保证汽车的行驶速度和交通安全，在混合交通量大的路段可设置慢车道供非汽车交通行驶。

4. 三级公路

三级公路为主要供汽车行驶的双车道公路。

三级公路的年平均日设计交通量宜为 2 000～6 000 辆小客车。

5. 四级公路

四级公路为供汽车、非汽车交通混合行驶的双车道或单车道公路。

双车道四级公路年平均日设计交通量宜在 2 000 辆小客车以下；单车道四级公路应年平均日设计交通量宜在 400 辆小客车以下。

三、四级公路为"主要供汽车行驶的双车道公路"，是指公路应按汽车行驶的要求设计，同时也允许拖拉机、畜力车、人力车等非汽车交通使用车道，其混合交通特征明显。

0.2.2 公路技术标准

公路技术标准是指一定数量的车辆在车道上以一定的设计速度行驶时，对路线和各项工程的设计要求。公路技术标准是法定的技术要求，公路设计时必须遵守。各级公路的具体标准是由各项技术指标来体现的，主要技术指标一般包括设计速度、行车道数及宽度、路基宽度、最大纵坡、平曲线最小半径、行车视距、桥梁设计荷载等。设计速度是技术指标中最重要的指标，对工程费用和运输效率的影响最大。路线在公路网中具有重要的经济、国防意义者，交通量较大者，地形平易者，规定较高的设计速度；反之，则规定较低的设计速度。各级公路的具体指标值将在以后逐一介绍。

确定一条公路的等级，应首先确定该公路的功能，是用于干线公路，还是集散公路，即属于直达还是连接以及是否需要控制出入等，根据预测交通量初拟公路等级；结合地形、交通组成等，确定设计速度、路基宽度。

1. 公路等级选用的基本原则

(1)公路等级的选用应根据公路功能、路网规划、交通量，并充分考虑项目所在地区的综合运输体系、远期发展规划等，经论证后确定。

一条公路可分段选用不同的公路等级或同一公路等级不同的设计速度、路基宽度，但不同公路等级、设计速度、路基宽度之间的衔接应协调，过渡应顺适。

(2)预测的交通量介于一级公路与高速公路之间时，拟建公路为干线公路，宜选用高速公路；拟建公路为集散公路，宜选用一级公路。

(3)干线公路宜选用二级及二级以上公路。公路等级应根据公路网的规划，从全局出发，按照公路的使用任务、功能和远景交通量综合确定。

2. 各级公路设计交通量的预测

确定一条公路建设标准的主要因素是公路功能、路网规划和交通量。交通量是指设计年限末期的设计交通量。因此，确定公路技术等级以前，首先应做好可行性研究。掌握该公路各路段的近期交通量资料，并合理地预测远期交通量。认真分析该公路在整个公路网中所占的地位，即公路的使用任务和功能，从而正确地确定公路的标准。避免一条公路刚投入使用不久，就因为交通量不适应而又改建的情况发生。

各级公路设计交通量的预测应符合下列规定：

(1)高速公路和具干线功能的一级公路的设计交通量应按 20 年预测；具集散功能的一

级公路，以及二、三级公路的设计交通量应按15年预测；四级公路可根据实际情况确定。

（2）设计交通量预测的起算年应为该项目可行性研究报告中的计划通车年。

（3）设计交通量预测应充分考虑走廊带范围内远期社会、经济的发展和综合运输体系的影响。

（4）设计路段长度。

公路建设是带状的建设项目，沿途的社会环境、经济环境和自然环境都会有很大差异，其地形、地物以及交通量不会完全相同，甚至会有很大的差别。因此，对于一条比较长的公路可以根据沿途情况的变化和交通量的变化，分段采用不同的车道数或不同的公路等级。

按不同设计速度设计的路段长度不宜太短。高速公路设计的路段长度不宜小于15 km；一、二级公路设计的路段不宜小于10 km。不同设计速度的设计路段之间必须设置过渡段。

对于在现行标准以前已存在的各等级公路，仍然可以继续存在，发挥其应有的作用。对于某些需要改造的公路，根据需要与可能的原则，按照公路网发展规划，有计划地进行改善，提高通行能力及使用质量，以达到相应等级公路标准的规定。

公路分期修建必须遵照统筹规划、总体设计、分期实施的原则，使前期工程在后期仍能充分利用公路整体式断面路段，不得横向分割，分期修建。

任务 0.3 公路勘测设计的依据

0.3.1 设计车辆

公路路上行驶的车辆主要是汽车。对于混合交通的公路还有一部分非机动车。汽车的物理特性及行驶于路上各种大小车辆的组成对于公路几何设计有决定意义，因此，选择有代表性的车辆作为设计的依据（即设计车辆）是必要的。

（1）设计车辆。研究公路路幅组成、弯道加宽、交叉口的设计、纵坡、视距等，都与设计车辆的外廓尺寸有着密切的关系。汽车的种类很多，按使用的目的、结构或发动机的不同可分成各种类型。而作为公路设计依据的汽车可分为小客车、大型客车、铰接客车载重汽车、铰接列车五类。公路设计所采用的设计车辆外廓尺寸规定如图0.1和表0.1所示。

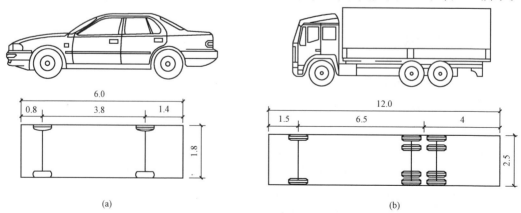

（a）

（b）

图 0.1 设计车辆外廓尺寸

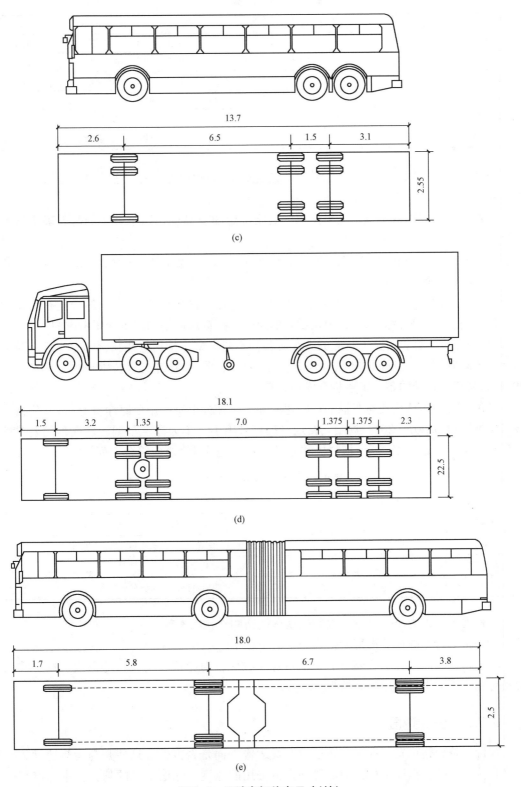

图 0.1 设计车辆外廓尺寸(续)

表 0.1　设计车辆外廓尺寸

车辆类型	总长/m	总宽/m	总高/m	前悬/m	轴距/m	后悬/m
小客车	6	1.8	2	0.8	3.8	1.4
大型客车	13.7	2.55	4	2.6	6.5+1.5	3.1
铰接客车	18	2.5	4	1.7	5.8+6.7	3.8
载重汽车	12	2.5	4	1.5	6.5	4
铰接列车	18.1	2.55	4	1.5	3.3+11	2.3
注：铰接列车的轴距(3.3+11) m：3.3 m 为第一轴至铰接点的距离，11 m 为铰接点至最后的距离。						

汽车外廓尺寸限界即对汽车的总高、总宽、总长的限制规定，这项规定适用于公路和城市道路运输用的汽车及汽车列车。

车高——一般以载重汽车及半挂车的高度决定净空高度，以小客车的高度确定驾驶员的视线高度。

车宽——世界各国大型客、货运输汽车的宽度大致相同，一般为 2.5 m。如果超过 2.5 m，会严重地降低通行能力。

车长——载重汽车的长度为不超过 12.0 m，为提高运输效率，车辆的长度有向长的方面发展而制定的。车辆前悬、轴距及后悬的尺寸是根据双后轴的载重汽车考虑的。

(2)交通量换算。公路上行驶的汽车有各种不同车型，特别是在我国的二、三、四级公路上，还有着相当大比例的非机动车。为了设计方便，《公路工程技术标准》(JTG B01—2014)将公路上行驶的各种车辆折合成小客车。

各种车辆的折算系数与车辆的行驶速度和该车种行车时占用公路净空有关。《公路工程技术标准》(JTG B01—2014)规定，交通量换算采用小客车为标准车型。各汽车代表车型和车辆折算系数规定见表 0.2。拖拉机和非机动车等交通量换算应符合下列规定：

表 0.2　代表车型与车辆折算系数

代表类型	车辆折算系数	说明
小客车	1.0	座位≤19 座的客车和载质量≤2 t 的货车
中型车	1.5	座位>19 座的客车和 2 t<载质量≤7 t 的货车
大型车	2.5	7 t<载质量≤20 t 的货车
汽车列车	4.0	载质量>20 t 的货车

①畜力车、人力车、自行车等非机动车按路侧干扰因素计。

②公路上行驶的拖拉机每辆折算为 4 辆小客车。

③公路通行能力分析所要求的车辆折算系数应针对路段、交叉口等形式，按不同的地形条件和交通需求，采用相应的折算系数。

0.3.2　设计速度

评价一条公路首先要看它在客运输、货运输方面是否方便。这些是与运行速度、交通安全直接相关的。在驾车行驶中，驾驶人员采用的速度，除他本身的驾驶技术和汽车的性能外，还取决于公路及其路侧的外部特征、气候、其他车辆的存在与限速标志或设施。上述任何一种条件都能控制速度。当交通量与气候条件良好时，公路的外部特征(包括公路本身的道路条件)基本上决定着驾驶人员采用的速度。

(1)设计速度的定义。设计速度是指在气候条件良好，交通量正常，汽车行驶只受公路本身条件影响时，驾驶员能够安全、舒适驾驶车辆行驶的最大速度。

根据国内外观测研究，当设计速度高时，运行速度低于设计速度；而当设计速度低时，运行速度高于设计速度。这也说明设计速度与运行安全有关。

设计速度是公路设计时确定其几何线形的最关键参数。技术标准根据车辆动力性能和地形条件，确定了不同等级公路的设计速度指标。设计速度一经选定，公路的所有相关要素(如圆曲线半径、视距、超高、纵坡、竖曲线半径等指标)均与其配合，以获得均衡设计。

(2)设计速度的规定。

①设计速度的最大值：根据汽车性能，并参考国内外的实际经验，从节约能源及人在感官上的感觉出发，设计速度的最大值采用120 km/h是适宜的。

②设计速度的最低值：考虑我国实际的地形条件、土地利用和投资的可能性，确定设计的最低值为20 km/h。各级公路设计速度规定见表0.3。

表0.3　各级公路设计速度

公路等级	高速公路			一级公路			二级公路		三级公路		四级公路
设计速度/(km·h^{-1})	120	100	80	100	80	60	80	60	40	30	30	20

(3)设计速度的选用。设计速度应根据公路的功能，结合地形、交通组成等条件综合评价来确定，不应仅考虑地形条件。

①高速公路设计速度不宜低于100 km/h；受地形、地质等条件限制时，可以选用80 km/h。

②作为干线的一级公路，设计速度宜采用100 km/h；受地形、地质等条件限制，可采用80 km/h。作为集散的一级公路。设计速度宜采用80 km/h；受地形、地质等条件限制，可采用60 km/h。

③高速公路和作为干线的一级公路的特殊困难局部路段，而且因新建工程可能诱发工程地质病害时，经论证，该局部路段的设计速度可采用60 km/h，但长度不宜大于15 km，或仅限于相邻两互通式立体交叉之间的路段。

④作为干线的二级公路，设计速度宜采用80 km/h；受地形、地质等条件限制，可采用60 km/h。作为集散的二级公路，设计速度宜采用60 km/h；受地形、地质等条件限制，可采用40 km/h。

⑤三级公路设计速度宜采用40 km/h；受地形、地质等条件限制，可采用30 km/h。

⑥四级公路设计速度宜采用30 km/h；受地形、地质等条件限制，可采用20 km/h。

0.3.3　交通量

交通量是指单位时间内通过公路某段面的交通流量(即单位时间通过公路某段面的车辆数目)。

交通量的具体数值由交通调查和交通预测确定。交通调查、分析和交通预测是公路建设项目可行性研究阶段进行现状评价、综合分析建设项目的必要性及可行性的基础，也是确定公路建设项目的建设规模、技术等级、工程设施、经济效益评价及公路几何线形设计的主要依据。

交通调查、分析及交通量预测水平的高低，尤其是预测的水平、质量和可靠程度，将直接影响到项目决策的科学性和工程技术设计的经济合理性。交通量的概念根据单位时间可分为日交通量(单向/双向，汽车/混合交通)、小时交通量和年累计交通量。

(1)设计日交通量。一条公路交通量普遍采用的计量单位是年平均日交通量(简写为AADT)，用全年总交通量除以365而得。设计交通量是指拟建公路达到交通预测年限时能达到的年平均日交通量(辆/d)。它在确定道路等级，论证公路的计划费用或各项结构设计等有重要作用，但直接用于几何设计却不适宜。因为在1年中的每月、每日、每1小时交通量都会有变化，在某些季节、某些时段可能会高出年平均日交通量数倍，不宜作为具体设计的依据。

远景设计年平均日交通量以公路使用任务及性质，根据历年交通观测资料推算求得。一般按年平均增长率累计计算确定。其计算公式为

$$N_d = N_0(1+y)^{n+1} \tag{0-1}$$

式中　N_d——预测年的平均日交通量(辆/d)；

N_0——起始年平均日交通量(辆/d)，包括现有交通量和道路建成后从其他道路吸引过来的交通量；

y——年平均增长率(%)；

n——远景设计年限。

(2)设计小时交通量。小时交通量(辆/h)是以小时为计算时段的交通量，是确定车道数和车道宽度或评价服务水平时的依据。大量的公路交通量变化图示表明，在一天以及全年时间，每小时交通量的变化量是相当大的。如果用一年中最大的高峰小时交通量作为设计依据，会造成浪费；但如果采用日平均小时交通量则不能满足实际需要，造成交通拥挤，甚至堵塞。

为了使设计交通量的取值既保证交通安全畅通，又使工程造价经济、合理，可借助1年中小时变化曲线来确定适用于设计使用的小时交通量。其方法如下：

将一年中所有小时交通量按其与年平均日交通量百分数的大小顺序排列起来并绘制成曲线，如图0.2所示。

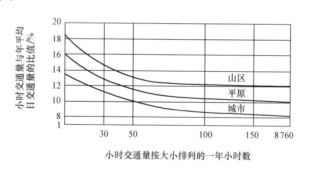

图0.2　年平均日交通量与小时交通量关系曲线

从图0.2中可以看出，在30~50位小时交通量附近曲线急剧变化，从此向右曲线明显变缓，而在它的左侧，曲线坡度则急剧加大。据此，设计小时交通量的合理取值，应选在第30~50位小时的范围以内。如以第30位小时交通量作为设计依据，意味着在1年中有29个小时超过设计值，将发生拥挤，占全年小时数的0.33%，而能顺利通过的保证率达99.67%。

目前，世界许多国家包括我国均采用第 30 位小时交通量作为设计依据。《公路工程技术标准》(JTG B01—2014)规定，公路设计小时交通量宜采用年第 30 位小时交通量，也可根据公路功能采用当地的年第 20～40 位小时之间最为经济合理的小时交通量。

如图 0.2 所示的关系，对于各种不同年份、不同地区的公路都能绘出相应的曲线。虽然各条曲线的弯曲程度和上下位置各有所差别，但曲线的基本图形都是类同的。在确定设计小时交通量时，应绘制各路线交通量变化图。有平时观测资料的公路，必须使用观测资料；没有观测资料的，可参考性质相似、交通情况相仿的其他公路观测资料进行推算。

0.3.4 通行能力

公路通行能力是在一定的道路和交通条件下，公路上某一路段适应车流的能力，以单位时间内通过的最大车辆数表示。单位时间通常以小时计，车辆数对于多车道公路用一条车道的通过数表示，双车道公路用往返车道合计数表示，它是正常条件下公路交通的极限值。从规划设计角度，通行能力可分为基本通行能力和设计通行能力两种。

(1)基本通行能力。基本通行能力是指在理想条件下，单位时间内一个车道或一条车道某一路段可以通过的小客车最大数，是计算各种通行能力的基础。所谓理想条件包括公路本身和交通两个方面。即公路本身应在车道宽、侧向净宽有足够的宽度及平、纵线形和视距良好；交通上只有小客车行驶，没有其他车型混入且不限制车速。现有公路即使是高速路，基本上没有合乎理想条件的，可能通过的车辆数一般都低于基本通行能力。

基本通行能力的计算可采用车头时距或车头间距推求。车头时距是指连续两车通过车道同一地点的时间间隔；车头间距是指交通流中连续两车之间的距离。如以车头时距为例，则一条车道的通行能力 C(单位：pcu/h)按下式计算：

$$C = 3\ 600/t$$

式中　t——连续车流平均车头间隔时间(s)，可通过观测求得。

如以车头间距为例，则一条车道的通行能力 C(单位为 pcu/h)按下式计算：

$$C = 1\ 000v/l$$

式中　v——车速(km/h)；

　　　l——连续车流平均车头间隔距离(m)，可通过观测求得。

(2)设计通行能力。

①公路服务水平。公路上交通量少，行车自由度就大，反之就会受到限制。为了说明公路交通负荷状况，以交通流状态为划分条件，定性地描述交通流从自由流、稳定流到饱和流、强制流的变化阶段，《公路工程技术标准》(JTG B01—2014)规定将公路服务水平划分为四级。高速公路、一级公路以车流密度作为划分服务水平的主要指标；二、三级公路以延误率和平均运行速度作为主要指标；交叉口则用车辆延误来描述其服务水平。《公路工程技术标准》(JTG B01—2014)规定的各级公路设计采用的服务水平等级见表 0.4。与每一级服务水平相应的交通量，称为服务交通量。

表 0.4　各级公路设计采用的服务水平

公路等级	高速公路	一级公路	二级公路	三级公路	四级公路
服务水平	三级	三级	四级	四级	—

a. 一级公路用作集散公路时，设计服务水平可降低一级。

b. 长隧道及特长隧道路段、非机动车及行人密集路段、互通式立体交叉的分合流区段以及交织区段，设计服务水平可降低一级。

各级服务水平的含义如下：

一级服务水平：交通量小、驾驶员能够自由或较自由地选择行车速度并以设计速度行驶，行驶车辆不受或基本不受交通流中其他车辆的影响，交通流处于自由流状态，超车需求远小于超车能力，被动延误少，为驾驶员和乘客提供的舒适便利程度高。

二级服务水平：随着交通量的增大，速度逐渐减小，行驶车辆受别的车辆或行人的干扰较大，驾驶员选择行车速度的自由度受到一定限制，交通流状态处于稳定流的中间范围，有拥挤感；到二级下限时，车辆之间的相互干扰较大，开始出现车队，被动延误增加，为驾驶员提供的舒适便利程度下降，超车需求与超车能力相当。

三级服务水平：当交通需求超过二级服务水平对应的服务交通量后，驾驶员选择车辆运行速度的自由度受到很大限制，行驶车辆受别的车辆或行人的干扰很大，交通流处于稳定流的下半部分，并已接近不稳定流范围，流量稍有增长就会出现交通拥挤，服务水平显著下降；到三级下限时行车延误的车辆达到80%，所受的限制已达到驾驶员所允许的最低限度，超车需求超过了超车能力，但可通行的交通量尚未达到最大值。

四级服务水平：交通需求继续增大，行驶车辆受别的车辆或行人的干扰更加严重，交通流处于不稳定状态；靠近下限时每小时可通行的交通量达到最大值，驾驶员已无自由选择速度的余地，交通流变成强制状态，所有车辆都以通行能力对应但相对均匀的速度行驶。一旦上游交通需求和来车强度稍有增加，或交通流出现小的扰动，车流就会出现走走停停的状态，此时能通过的交通量很不稳定，其变化范围从基本通行能力到零，时常发生交通阻塞。

②设计通行能力。设计通行能力由可能通行能力乘以与该路服务水平相应的交通量和基本通行能力之比(V/C)得到。

可能通行能力是指由于通常的公路和交通条件与理想条件有较大差距，考虑了影响通行能力的诸多因素如车道宽、侧向净宽和大型车混入后，对基本通行能力进行修正后的通行能力。

V/C 是在理想条件下，各级服务水平最大服务交通量与基本通行能力之比。基本通行能力是四级服务水平上限最大交通量。V/C 值小，则最大服务交通量小，车流运行条件好，服务水平就高；反之，V/C 值大，服务交通量也大，车流运行条件差，服务水平也低。当设计小时交通量超过设计通行能力时，公路将发生堵塞。

各种通行能力的计算方法参考交通工程的有关书籍。

任务 0.4　公路勘测设计的阶段与任务

0.4.1　公路勘测设计程序

1. 公路勘测设计的技术依据

公路勘测设计主要的技术依据如下：

《公路工程技术标准》(JTG B01－2014)；

《公路路线设计规范》(JTG D20—2017)；

《城市道路工程设计规范(2016年版)》(CJJ 37—2012)。

公路勘测设计相关的技术依据包括：

《公路勘测规范》(JTG C10—2007)；

《全球定位系统(GPS)测量规范》(GB/T 18314—2009)；

《工程测量规范》(GB 50026—2007)。

公路勘测设计其他的技术依据包括：

《公路工程基本建设项目设计文件编制文件》；

《建设工程勘察设计管理条例》；

《公路环境保护设计规范》(JTG B04—2010)。

2. 工程可行性研究

工程可行性研究是基本建设前期工作的一项重要内容，是建设程序的组成部分，是建设项目决策和编制计划任务书的科学依据，可定义为"论证工程(或产品)项目技术上的可行性和经济上的合理性，并论证何时修建或分期修建，提供业主决策，保证工程的经济效果。"

公路建设必须严格遵守国家规定的基本建设程序。所有大、中型项目应根据批准的项目建议书(或委托书)，进行可行性研究，可行性研究工作完成后应进行评估。经过综合分析后，提出投资少、效益好的建设方案。

可行性研究工作是交通建设综合管理的手段，必须从运输生产的目的出发。研究技术可行性必须与经济效益相结合，研究经济效益必须考虑采用新技术的可能，重视运输领域的综合效益。

可行性研究应附有必要的图表，其中包括路线方案(及比较方案)图，历年工农业总产值与客货运量统计表，公路客货运量、交通量预测表、效益计算表等。

在可行性研究的同时应进行环境影响分析，以工程性质、路线位置、资源利用、环境影响等为依据。同时，可行性研究还应对工程进行宏观分析，确定项目是否成立。在计划任务书下达后，进行初步设计的同时，应编制环境影响评价书，即根据预测工程对环境的影响，提出对环境污染、破坏的防治措施及综合整治的方法。

3. 设计任务书

公路勘测设计工作是根据批准的设计任务书进行的。设计任务书一般由提出计划的主管部门下达或由下级单位编制后报批。设计任务书的内容包括：建设的依据和意义；路线的建设规模和修建性质；路线的基本走向和主要控制点；工程技术等级和主要技术标准；勘测设计的阶段划分及各阶段完成的时间；建设期限，投资估算，需要钢、木、水泥的数量；施工力量的原则安排；路线示意图。

在计划任务书实施过程中，如对建设规模、期限、技术等级标准及路线走向等重大问题有变更时，应报原批准机关审批同意。

4. 勘测设计阶段及任务

公路勘测设计根据路线的设计和要求，可分为一阶段设计、两阶段设计和三阶段设计。

(1)一阶段设计：适用于技术简单、方案明确的小型公路工程。即根据批准的设计任务书，进行一次详细定测，编制施工图设计和工程预算。

(2)两阶段设计：为公路测设一般所采用的测设程序。其步骤为：先进行初测、编制初步设计和工程概算；经上级批准初步设计后，再进行定测、编制施工图和工程预算。也可直接进行定测、编制初步设计；然后，根据批准的初步设计，通过补充测量编制施工图。

（3）三阶段设计：对于技术上复杂而又缺乏经验的建设项目或建设项目中的个别路段、特殊大桥、互通式立体交叉、隧道等，必要时应采用三阶段设计，即初步设计、技术设计和施工图设计三个阶段。技术设计阶段主要是对重大、复杂的技术问题，落实技术方案，计算工程数量，提出修正的施工方案，修正设计概算。其深度和要求介于初步设计和施工图设计之间。

无论采用哪种阶段设计，在勘测前都要进行实地调查（或称视察），它是勘测前不可缺少的一个步骤，也可与可行性研究结合在一起，但不作为一个阶段。

5. 设计文件编制

设计文件是公路勘测设计的最后成果，经审查批准后是公路施工的依据。其组成、内容和要求随设计阶段不同而异。

根据《公路工程基本建设项目设计文件编制办法》规定，设计文件组成和内容由总说明书、总体设计（高速公路、一级公路），路线，路基、路面及排水，桥梁、涵洞，隧道，路线交叉，交通工程及沿线设施，环境保护，渡口码头及其他工程，筑路材料，施工方案（施工组织计划），设计概算（施工图预算）共13篇组成。其表达形式有文字说明、设计图和表格三种。

0.4.2 本课程的性质和学习本课程的基本要求

公路勘测设计是交通土建专业的一门主要专业课。主要介绍公路勘测设计的基本理论、原理和方法，是实践性很强、与理论紧密结合的课程。因此，学习本课程必须贯彻理论与实际相结合的原则。通过学习，应能使学生熟悉公路线形的基本设计方法。课程除课堂教学外，还结合多媒体和实践进行教学，并要求完成一段路线的课程设计。在条件允许的情况下，组织学生参观或调查。关于生产实践方面的内容，学生将在毕业实习中得到锻炼提高。

1. 本课程的特点

公路是一条带状的空间三维结构物，它受到人、车、路和环境等诸多因素的影响和约束。公路交通特性、驾驶员的心理状态与公路几何设计都有着密切的关系。为了能满足行车安全、快速、经济、舒适和路容美观协调等要求，要求在设计时深入调查、综合研究各方面的影响因素，从而设计出技术可行、方案合理、结构先进、费用节省、环境协调、效益明显的公路。

本课程与各专业基础、专业课程有着密切的联系，涉及的课程有工程制图、工程测量、工程地质、桥涵水文、桥梁工程、路基路面、道路建筑材料、道路工程经济与管理等。本课程与这些课程有紧密联系，需综合运用。

2. 本课程的主要内容

本课程的主要学习内容包括平面线形设计，纵断面设计，横断面设计，选线、定线及公路外业勘测和公路交叉设计与公路测设新技术等章节。

如何进行合理的公路线形几何设计和路线外业勘测是本课程研究的重点。有关公路结构的内容将在路基路面、桥梁工程、隧道工程等专业课中学习。

通过本课程的学习，学生应掌握公路平面、纵断面、横断面设计内容和方法以及相应的技术标准规范的要求；了解不同地形条件下的选线要点和定线程序；掌握实地放线的方法以及公路外业勘测作业内容。本课程所学内容是从事公路勘测设计和公路施工测设工作和必备知识。

基础练习

一、填空题

1. 公路根据其功能和适应的交通量分为 _____、_____、_____、_____ 和 _____ 五个等级。

2. 公路勘测设计根据路线的设计和要求，可分为 _____、_____ 和 _____。

3. 交通量是 _____。

4. _____ 是确定建设项目前具有决定性意义的工作。

5. 在计划任务书实施过程中，如重大问题有变更时，应报 _____ 审批同意。

二、单项选择题

1. 专供汽车分方向，分车道行驶，全部控制出入的多车道公路是（　　）。
   A. 高速公路　　　　B. 一级公路　　　　C. 二级公路　　　　D. 三级公路

2. 一级公路设计服务水平取（　　）。
   A. 一级　　　　　　B. 二级　　　　　　C. 三级　　　　　　D. 四级

3. （　　）是公路勘测设计的最后成果。
   A. 图纸　　　　　　B. 合同　　　　　　C. 设计文件　　　　D. 资料

4. （　　）是连接高速公路或是某些大城市的城乡接合部，开发区经济带及人烟稀少地区的干线公路。
   A. 高速公路　　　　B. 一级公路　　　　C. 二级公路　　　　D. 三级公路

5. 公路工程基本建设项目一般采用两阶段设计，即初步设计和（　　）设计。
   A. 施工图　　　　　B. 二次　　　　　　C. 技术　　　　　　D. 结构

三、简答题

1. 简述国家高速公路网规划的主要内容。

2. 《公路工程技术标准》(JTG B01—2014)将我国公路分为哪几个等级？

3. 公路勘测设计的依据是什么？

4. 公路勘测设计可分为哪几个阶段？简述各阶段的主要任务。

技能实训

某公路需要进行规划设计，已知目前年平均日交通量约为6 500辆小客车，现经过远景交通量预测，知15年后远景年平均日交通量为14 000辆小客车。现根据交通量要求，进行道路等级设计，并确定公路设计速度，同时参考相应的公路设计规范，确定其他各项道路设计指标。

项目 1　公路平面设计

任务 1.1　公路平面设计

1.1.1　路线

（1）路线的定义。道路是一条带状三维空间的实体。其是由路基、路面、桥梁、涵洞、隧道和沿线设施所组成的线形构造物。路线是指道路中线的空间位置。路线线形是道路中线的空间形状(图 1.1)。路线在水平面上的投影称为路线的平面。沿公路中线的竖向剖面图，再展开构成线的纵断面。公路中线上任意一点的法向切面均是道路在该点的横断面。

（2）路线设计。路线设计是合理确定路线空间位置和各部分几何尺寸的工作。为研究的方便，可将路线设计分解为路线平面设计、路线纵断面设计和路线横断面设计。三者之间相互关联，既分别进行又综合考虑。

路线平面设计主要是指在路线平面图上研究道路的基本走向及线形的过程；路线纵断面设计是在纵断面图上研究道路纵坡及坡长的过程；路线横断面设计是在路线横断面图上

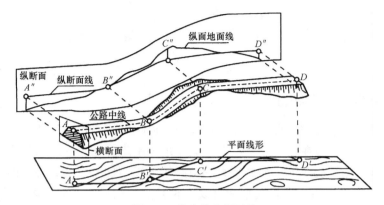

图 1.1 公路的空间形状

研究路基各横断面的形状的过程。

路线位置受社会经济、自然地理和技术条件等因素的制约。设计者的任务就是在调查研究和掌握大量材料的基础上，设计出一条有一定技术标准、满足行车要求且工程费用最省的路线。在设计的顺序上，一般是在尽量顾及纵、横断面平衡的前提下先定平面，沿这个平面线形进行高程测量和横断面测量。取得地面线和地质、水文及其他必要的资料后，再设计纵断面和横断面，为使线形均衡和节省土石方数量，必要的时候再修改平面设计。只有经过多次反复修改，才有望得到满意的结果。路线设计的范围，仅限于路线的几何性质，不涉及结构设计。

1.1.2 平面线形要素

公路平面线形由直线、圆曲线和缓和曲线构成（图 1.2），通常称为"平面线形的三要素"。

半径为无穷大的线形，称为直线；

半径为常数的线形，称为圆曲线；曲率半径按一定规律变化的线形，称为缓和曲线。其可作为缓和曲线的线形有双曲线、回旋曲线，三次抛物线等。我国采用的是回旋曲线。

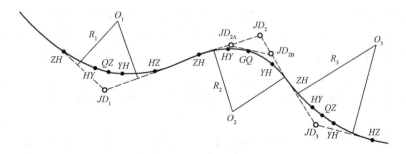

图 1.2 路线的平面线形

任务 1.2 直线

1.2.1 直线的线形特征

作为平面线形要素之一的直线，在公路和城市道路中使用最为广泛。因为两点之间以直线距离为最短，故一般在选线和定线时，只要地势平坦，无大的地物障碍，选线定线人员首先都会考虑使用直线线形，加之笔直的道路给人以短捷、直达、刚劲的良好印象，在美学上直线也有其自身的特点。汽车在直线上行驶受力简单，方向明确，驾驶操作简易。从测设上看，直线只需定出两点，便可测定方向和距离。基于这些优点，直线在线形工程中被广泛使用。直线的特征主要有以下几项：

(1)路线短捷、行车快速、方向明确、缩短里程、视距良好、易于排水、驾驶操作简单。

(2)线形简单，容易测设。

(3)直线路段能提供较好的超车条件，所以一般在双车道的公路上，间隔适当距离处要设置一定长度的直线。

(4)从行车的安全和线形美观来看：过长的直线，线形呆板，行车单调，易疲劳，容易发生超车和超速行驶，行车时司机难以估计车间距离，在直线上夜间行车对向车辆易产生眩光。因而过长直线段行车安全性较差，往往是发生车祸较多的路段。

(5)由于直线只能满足两个控制点的要求，难于与地形及周围环境相协调。特别是在山区和丘陵地区，过长的直线会破坏自然景观，造成大填大挖，增加工程量，影响经济性。

1.2.2 直线的长度限制

公路线形是在已有自然条件的基础上进行考虑的，在设计中应根据路线所处地段的地形、地物、驾驶员的视觉、心理状态及行车安全等因素合理布设，并对直线的长度有所限制。

1. 直线的最大长度

《公路工程技术标准》(JTG B01—2014)中规定的"避免采用长直线"，是指若干千米甚至几十千米的长直线。在这种直线上行车单调，驾驶人员易疲劳，不易估计车速，易造成车速过快而发生事故。过去，在我国西北、海南岛、山东等地修建的公路上都有几千米甚至几十千米的长直线路段。例如，在新疆某公路长直线路段长达 47.5 km，20～30 km 长的路段也很多。目前，随着我国土地利用程度的提高，除西北等地区外，一般不选用过长直线。

对于分向高速行驶的公路来说，在德国和日本规定直线最大长度不得超过 $20v$(设计速度 v 取 120 km/h，直线长度以 m 为单位计算)即 72 s 行程，直线长度可用到 2 000 m 左右；苏联直线长度规定值为 8 km；美国直线最大长度为设计速度 180 s 行程。对于等级较低的公路该长度不一定适宜。针对我国的实际情况，长直线的量化是一个需要研究的支线，并且要因地制宜，因等级而异，不宜硬性规定。我国地域辽阔，地形条件差异较大，已建成的高速公路大多位于平原微丘区，在长直线上很难作出统一的规定，在参照国外标准的基础上稍有增长。如京津塘和济青高速公路的直线长不超过 3.2 km，沈大高速公路多处出现 5～8 km，最长处达 13 km。对驾驶人员和乘客调查其心理反应和感受，得到如下结果：

(1)位于城市附近的道路，作为城市干道的部分。由于路旁高大建筑和多彩的城市风光，无论路基高低均被纳入视线范围，驾驶员和乘客无不良反应。

(2)位于乡间平原区的公路，随季节和地区不同，驾乘人员有不同反应。北方的冬季，绿色枯萎，景色单调，长直线使人的情绪受到影响；夏天景色宜人，但驾驶人员加速行驶尽快结束直线部分的心理普遍存在。

(3)位于大戈壁、草原上的公路，直线长度可达数十千米，同乘人员极度疲劳，易超速行驶，但在这种特殊的地形条件下，若人为设置弯道不但不能改善其单调，反而增加路线长度。

由此看来，直线的最大长度，在城镇附近或其他景色有变化的地点大于 $20v$（v 为行车速度，单位为 km/h，直线长度以 m 为单位计算）是可以接受的；在景色单调的地点最好控制在 $20v$ m 以内；而在特殊的地理条件下应特殊处理。但是必须强调的是，无论是汽车专用公路还是一般公路在任何情况下都要避免追求长直线的错误倾向。总的原则是：公路线形应与地形相适应，与景观相协调，当采用长的直线线形时，为弥补景观单调的缺陷，应结合具体情况采取相应的技术措施。

采用长直线线形时，应注意以下问题：

(1)直线的最大长度应有所限制。当采用长的直线线形时，为弥补景观单调的缺陷，应结合沿线具体情况采取相应的技术措施。

(2)长直线上的纵坡不宜过大，否则极易导致上坡路段动力不足和下坡路段超速行驶。

(3)以长直线与大半径凹形竖曲线组合为宜，可以使生硬、呆板的直线得到缓和。

(4)两侧地形过于空旷时，宜采取种植不同树种或设置一定建筑物、雕塑、广告牌等措施，改善单调的景观。

(5)长直线或长下坡尽头的平曲线必须采取设置标志、增加路面抗滑能力等安全措施。

2. 直线的最小长度

考虑到线形的连续和驾驶的方便，相邻两曲线之间设有一定长度的直线，这个直线长度是指前一曲线的终点(缓直 HZ 或圆直 YZ)到后一曲线起点(直缓 ZH 或直圆 ZY)之间的长度。

(1)同向曲线之间的直线最小长度。互相通视的同向曲线之间若插以短直线，容易产生将直线和两端的曲线看成反向曲线的错觉。当直线过短时甚至会将两个曲线看成是一个曲线，这种线形破坏了线形的连续性，且容易造成驾驶操作的失误，设计中应尽量避免。由于这种线形组合会给司机造成反弯的错觉，所以要将两曲线拉开，也就是限制中间直线的最短长度，使对向曲线在司机的视觉以外避免上述缺点。大量观测资料证明，行车速度越高，司机越是注视前方距离越远，这个距离在数值上大约是行车速度 v(以 km/h 计)的 6 倍(以 m 计)，所以，《公路路线设计规范》(JTG D20—2017)推荐同向曲线之间的最短直线长度以不小于 $6v$ 为宜。这种要求在车速较高的道路($v \geqslant 60$ km/h)上应尽可能保证，而对于低速道路($v \leqslant 40$ km/h)则有所放宽，参考执行即可。在受到条件限制时，都将宜在同向曲线之间插入大半径曲线或将两曲线做成复曲线、卵形曲线或 C 形曲线，如图 1.3 所示。

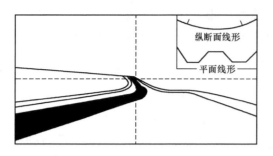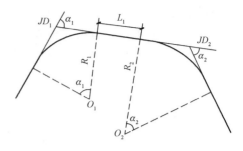

图 1.3　同向曲线之间的直线

（2）反向曲线之间的直线最小长度。转向相反的两个曲线之间考虑到为设置超高和加宽缓和段的需要，以及驾驶员转向操纵方向盘的需要，应设置一定长度的直线(图 1.4)。《公路路线设计规范》(JTG D20—2017)规定，反向曲线之间最小直线的最小长度（以 m 计）以不小于行车速度（以 km/h 计）的 2 倍为宜。若两条反向曲线已设置缓和曲线，在受限制的地点可以首尾相接，但连接的两条平曲线的缓和曲线和圆曲线宜满足一定的条件。

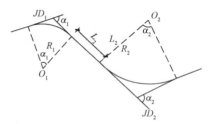

图 1.4　反向曲线间的直线

（3）相邻回头曲线之间的直线最小长度。回头曲线是指山区公路为克服高差在同一坡面上回头展线时所采用的曲线。两回头曲线之间，由前一回头曲线的终点到后一回头曲线起点的距离，各级公路回头曲线之间直线的最小长度见表 1.1。

表 1.1　回头曲线之间直线最小长度

公路等级	直线长度	
	一般值/m	低限值/m
二级公路	200	120
三级公路	150	100
四级公路	100	80

3. 直线的设计要点

（1）一般情况下，下述路段宜采用直线线形：

①不受地形、地物限制的平坦地区或山间的开阔谷地；

②市镇及其近郊或规划方正的农耕区等以直线为主的地区；

③长大桥梁、隧道等构造物路段；

④为争取较好行车和通视条件的平面交叉点前后；

⑤双车道公路提供超车的路段。

（2）直线运用应注意的问题。

①采用直线线形时，应注意它与地形的关系，选用长度时避免追求长直线，需持谨慎态度；

②长直线或长下坡尽头的平曲线，除曲线半径、超高、视距等必须符合规定要求外，还必须设置安全标志；

③长直线上纵坡不宜过大；

④长直线与凹形竖曲线结合为宜；

⑤道路两侧地形过于空旷时，应设置广告牌、建筑物、雕塑等措施改善单调景观；

⑥直线的长度不宜过短，尤其是在同向曲线之间不得设置过短的直线。

任务 1.3 圆曲线

1.3.1 圆曲线的线形特征

各级公路无论转角大小均应在转折处或遇障碍物处设置平曲线，而圆曲线是平曲线中的重要组成部分。在平曲线中，单圆曲线、复曲线、虚交点曲线及回头曲线中都包含圆曲线。圆曲线易与地形相适应，具有可循性好，线形美观、易于测设等优点，故使用十分广泛。圆曲线具有以下线性特征：

(1)曲线上任意一点的曲率半径 R 为常数，故测设简便。

(2)汽车在圆曲线上的行驶要受到离心力；在平曲线上行驶时要多占路面宽度。

(3)视距条件差，容易发生交通事故。

(4)较大半径的圆曲线具有线形顺适美观、行车舒适等特点。

1.3.2 单圆曲线几何要素

(1)单圆曲线的几何要素如图 1.5 所示，其计算式为

切线长　　　　　$T = R\tan\alpha$

曲线长　　　　　$L = \dfrac{\pi}{180}\alpha R$

外　距　　　　　$E = R\left(\sec\dfrac{\alpha}{2} - 1\right)$

切曲差　　　　　$J = 2T - L$

式中　T——切线长(m)；

L——曲线长(m)；

E——外距(m)；

J——切曲差(或校正值)(m)；

R——圆曲线半径(m)；

α——转角

(2)曲线主点桩号的计算式为

$ZY(桩号) = JD(桩号) - T$

$QZ(桩号) = ZY(桩号) + \dfrac{L}{2}$

$YZ(桩号) = ZY(桩号) + L$

$JD(桩号) = QZ(桩号) + \dfrac{J}{2}(校核)$

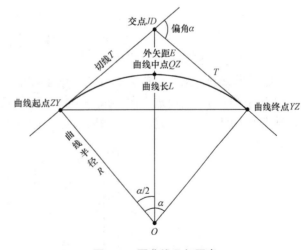

图 1.5　圆曲线几何要素

1.3.3 圆曲线半径的计算公式与影响因素

行驶在弯道上的汽车由于离心力作用其稳定性受到影响，而离心力的大小又与圆曲线半径密切相关，半径越小离心力越大，则行车越不利，所以，在选择平曲线半径时应尽可能采用较大值，只有在地形或其他条件受到限制时才可使用较小的曲线半径。为了行车的安全与舒适，《公路工程技术标准》(JTG B01－2014)规定了圆曲线半径在不同情况下的最小值。

根据汽车行驶在曲线上的力的平衡式得到：

$$R=\frac{v^2}{127(\mu \pm i_b)} \tag{1.1}$$

式中　R——圆曲线半径(m)；

　　　　v——行车速度(km/h)；

　　　　μ——横向力系数；

　　　　i_b——超高横坡度(%)。

在指定车速 v 下，R_{min} 值取决于容许的最大横向力系数 μ_{max} 和该曲线的最大超高横坡度 $i_{b,max}$。

(1)横向力系数 μ。横向力系数可近似为单位车重上受到的横向力。横向力的存在对行车产生不利影响，而且 μ 越大越不利，主要表现在以下几个方面：

①考虑汽车行驶的横向稳定性。汽车在圆曲线上行驶的稳定性包括横向倾覆稳定性和横向滑移稳定性。由于汽车在设计和制造时，充分考虑横向倾覆稳定性，将其重心定得足够低，完全可以保证在正常装载和行驶情况下，不会在横向上产生倾覆。因此，在平曲线设计过程中，主要考虑横向滑移稳定性，保证轮胎不在路面上产生滑移即可。为此，需要满足关系式横向力 X 小于或等于轮胎与路面之间的摩阻力 F，因为 $X=\mu G$ 和 $F=G \cdot f$，所以只需满足条件：

$$\mu \leqslant f \tag{1.2}$$

式中，f 为轮胎与路面之间的摩阻系数，与车速、路面种类及状态、轮胎状态等有关，在干燥路面上为 0.4～0.8；在潮湿的黑色路面上汽车高速行驶时，摩阻系数可降低到 0.25～0.40；路面结冰和积雪时，降到 0.2 以下；在光滑的冰面上可降到 0.06(不加防滑链)。

②考虑驾驶员操作。弯道上行驶的汽车在横向力作用下，轮胎会产生横向变形，使轮胎的中间平面与轮迹前进方向形成一个横向偏移角，如图 1.6 所示。致使增加了汽车在方向操纵上的困难，尤其是车速较快时，更不容易保持驾驶方向上的稳定。

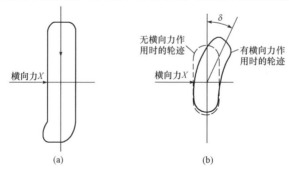

图 1.6　汽车轮胎的横向偏移角

(a)轮胎横向变形；(b)轮迹的偏移

③考虑燃料消耗和轮胎磨损。由于横向力的影响，行驶在曲线上的汽车比在直线上的汽车的燃料消耗和轮胎磨损都要大，这是因为当汽车在曲线上行驶时除要克服行驶阻力外，还要克服横向力的作用，才能使汽车沿着正确的方向行驶，为此增加了燃料的消耗。同时，在曲线上行驶时横向力的作用会使汽车轮胎发生变形，致使轮胎的磨损随之额外增加。表1.2列出了由于横向力系数 μ 的影响使车辆的燃料消耗和轮胎磨损增加的情况。

表 1.2　横向力系数 μ 与燃料消耗、轮胎磨损的关系表

横向力系数 μ	燃料消耗/%	轮胎磨损/%
0	100	100
0.05	105	160
0.10	110	220
0.15	115	300
0.20	120	390

④考虑乘车的舒适性。汽车行驶在弯道上随横向力系数 μ 值的大小不同，乘客将有不同的感受。根据试验，乘客随 μ 的变化其感觉和心理反应如下：

当 $\mu<0.10$ 时，感觉不到有曲线存在，很平稳；

当 $\mu=0.15$ 时，稍感到有曲线存在，尚平稳；

当 $\mu=0.20$ 时，感到有曲线存在，稍感不平稳；

当 $\mu=0.35$ 时，感到有曲线存在，已感到不平稳；

当 $\mu>0.40$ 时，非常不稳定，有倾倒的危险感。

综上所述，μ 值的采用关系到行车的安全、经济与舒适。研究表明，μ 的舒适界限，由 $0.10\sim0.16$ 随行车速度而变化，设计中对高、低速行驶的公路可取不同的数值。

（2）超高横坡度（超高）i_b。

①最大超高横坡度 $i_{b,max}$。在车速较高的情况下，平衡离心力需采用较大的超高横坡度，但公路上行驶车辆的速度并不一致，特别是在混合交通的公路上，需要兼顾快车、慢车的行驶安全。对于慢车，特别是因故暂停在弯道上的车辆，其离心力宜接近于 0。如超高横坡度过大，超出轮胎与路面之间的横向摩阻系数，车辆有沿着路面最大合成坡度下滑的危险，因此必须满足下式：

$$i_{b,max}\leqslant f_w \tag{1.3}$$

式中　f_w——一年中气候恶劣季节路面的横向摩阻系数。

确定最大超高横坡度 $i_{b,max}$ 除考虑公路所在地区的气候条件外，还必须给予驾驶员和乘客的安全感。对山岭重丘区城市附近，交叉口以及有相当数量非机动车行驶的公路上最大超高横坡度比一般公路上要小。《公路路线设计规范》（JTG D20—2017）对各级公路最大超高横坡度的规定见表1.3。

表 1.3　各级公路圆曲线最大超高横坡度值

公路等级	高速	一级	二级	三级	四级
一般地区/%	8 或 10		8		
积雪冰冻地区/%	6				
城镇区域/%	4				
注：一般地区公路，圆曲线最大超高应采用8%；以通行中、小型客车为主的高速公路和一级公路，最大超高应采用10%。					

②最小超高横坡度 $i_{b,\max}$。公路的超高横坡度不应该小于公路直线段的路拱横坡度，否则不利于公路的排水，因此必须满足下式：

$$i_{b,\min}=i_1 \tag{1.4}$$

式中 i_1——路拱横坡度（%）。

1.3.4 圆曲线的最小半径

1. 极限最小半径

极限最小半径是各级公路按设计速度行驶的车辆能保证安全行车的最小允许值。横向力系数 μ 视设计速度采用 0.10～0.16，最大超高横坡度视道路的不同环境而定公路采用 0.10、0.08、0.06，城市道路采用 0.06、0.04、0.02。按式(1.1)计算得出"极限最小半径"。

极限最小半径是路线设计中的极限值，是在特殊困难的条件下不得已才使用的，一般不轻易采用。

2. 不设超高的最小半径

路面上不设超高，对于行驶在曲线外侧车道上的车辆来说是"反超高"，其认值应为负，大小与路拱坡度相同。从舒适和安全的角度考虑 μ 也应取尽可能小的值，以使乘客行驶在曲线上的感觉与在直线上的感觉大致相同。《公路工程技术标准》(JTG B01－2014)制定的"不设超高的最小半径"是取 $\mu=0.035$，$i_{b,\max}=-0.015$，按式(1.1)计算取整得来的，《公路工程技术标准》(JTG B01－2014)中所规定的"极限最小半径"以及"不设超高的最小半径"是考虑了我国的具体情况，并参照国外资料，取适当的 μ 和 $i_{b,\max}$ 代入公式计算，将其结果取整归纳而得出的，见表1.4。

表 1.4　圆曲线最小半径　　　　　　　　　　　　　　　　　　　　　　　m

设计速度/(km·h⁻¹)		120	100	80	60	40	30	20
最大超高	10%	570	360	220	115	—	—	—
	8%	650	400	250	125	60	30	15
	6%	710	440	270	135	60	35	15
	4%	810	500	300	150	65	40	20
不设超高最小半径	路拱≤2.0%	5 500	4 000	2 500	1 500	600	350	150
	路拱>2.0%	7 500	5 250	3 350	1 900	800	450	200

注："—"为不考虑采用最大超高的情况。

1.3.5 圆曲线最大半径

选用圆曲线半径时，在与地形等条件相适应的前提下应尽量采用大半径，但半径大到一定程度时，其几何性质和行车条件与直线无太大区别，容易给驾驶人员造成判断上的错误带来不良后果。

1.3.6 圆曲线半径的选用

选用圆曲线半径时，应注意的问题如下：

(1)在地形、地物条件许可时，尽量选用大于等于不设超高的最小半径；

(2)一般情况宜采用极限最小半径的 4～8 倍，或超高为 2%～4% 的圆曲线半径；

(3)当自然条件特殊困难时或受其他条件限制不得已时，方可采用极限最小半径；

(4)《公路工程技术标准》(JTG B01－2014)规定的圆曲线最大半径不得超过 10 000 m。

任务 1.4 缓和曲线

1.4.1 缓和曲线的线形特征

缓和曲线是设置在直线与圆曲线之间或大圆曲线与小圆曲线之间，由较大圆曲线向较小圆曲线过渡的曲率连续变化的曲线(图 1.7)。《公路工程技术标准》(JTG B01－2014)规定，除四级公路可不设缓和曲线外，其他各级公路，当平曲线半径小于不设超高的最小半径时，应设缓和曲线。其线性特征如下：

(1)缓和曲线曲率渐变，设于直线与圆曲线之间，其线形符合汽车转弯时的行车轨迹，从而使线形缓和，消除了曲率突变点。

(2)由于曲率渐变，使道路线形美观，有良好的视觉效果和心理作用感。

(3)在直线和圆曲线间加入缓和曲线后，使平面线形更为灵活，线形自由度提高，更能与地形相适应、与地物相协调、与环境相配合，使平面布线更加灵活、经济、合理。

(4)与圆曲线相比，缓和曲线计算及测设均较复杂。

缓和曲线的作用如下：

(1)曲率连续变化，视觉效果好，便于车辆遵循。

(2)离心加速度逐渐变化，旅客感觉舒适。

(3)超高横坡度逐渐变化，行车更加平稳。

(4)与圆曲线配合，增加线形美观。

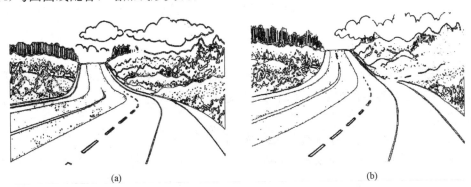

(a)   (b)

图 1.7　缓和曲线平面示意

(a)未设缓和曲线的视觉效果；(b)设置缓和曲线后的视觉效果

1.4.2 缓和曲线的性质

考察汽车由直线进入圆曲线的行驶轨迹，先假定汽车是等速行驶，驾驶员匀速转动方向盘，当方向盘转动角度为 ϕ 时，前轮相应转动角度为 φ，通过理论推导得出弧长和曲率半径的关系，发现由直线驶入圆曲线转弯时，其轨迹上的任一点的曲率半径与其行程 l(自转弯开始点算起)成反比,此轨迹方程为回旋曲线方程,如图 1.8 所示。

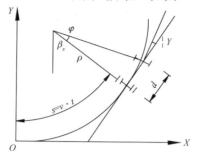

图 1.8　汽车驶入曲线行驶轨迹

《公路工程技术标准》(JTG B01—2014)规定,缓和曲线采用回旋曲线。已知回旋线的数学表达式为

$$l\rho = A^2 \tag{1.5}$$

式中　l——回旋线上某点至回旋线起点的曲线长(m);

　　　　ρ——回旋线上某点的曲率半径(m);

　　　　A——回旋线的参数。

汽车行驶理论方程与回旋线基本方程相符,回旋线是公路路线设计中最常用的缓和曲线,经过多年实践证明,回旋线作为缓和曲线是比较好的线形。回旋线参数 A 的数学表达式为

$$A^2 = RL_s$$
$$A = \sqrt{RL_s} \tag{1.6}$$

式中　R——圆曲线半径(m);

　　　　L_s——缓和曲线长度(m)。

只要设计选定圆曲线半径和缓和曲线长度,回旋线参数就确定了。

1.4.3　缓和曲线的最小长度

汽车在缓和曲线上行驶时,要有足够的缓和曲线长度,以保证驾驶员操纵方向盘所需的时间、限制离心加速度的增长率及满足设置超高与加宽过渡等的要求。一般从以下四个出发点考虑:

(1)根据离心加速度变化率求缓和曲线最小长度;

(2)根据驾驶员操作方向盘所需经行时间,一般为 3 s;

(3)根据超高渐变率适中;

(4)从视觉上应有平顺感的要求考虑。

目前,《公路路线设计规范》(JTG D20—2017)规定,按设计速度来确定缓和曲线最小长度,同时考虑了行车时间和附加纵坡的要求。各级公路的缓和曲线最小长度见表 1.5。

表 1.5　各级公路的缓和曲线最小长度

设计速度/(km·h⁻¹)	120	100	80	60	40	30	20
缓和曲线最小长度/m	100	85	70	50	35	25	20
注:四级公路为超高、加宽缓和段。							

1.4.4 直角坐标与缓和曲线常数

1. 切线角

在图 1.9 中，以缓和曲线起点 $ZH(HZ)$ 为坐标原点，以该点切线为 X 轴，法线为 Y 轴，缓和曲线上任意一点 P 的切线与起点（ZH 或 HZ）切线相交所组成的角为 β_x 角，设 P 处的曲率半径为 ρ，曲线长度为 l，P 点处坐标为（X，Y）。

$$\beta_x = 2RL_s \tag{1.7}$$

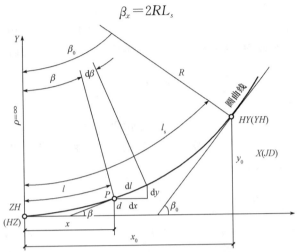

图 1.9 缓和曲线的直角坐标

当到达缓和曲线终点时，即当 $l=L_s$ 时有：

$$\beta = \frac{L_s}{2R} \tag{1.8}$$

式中　l——从缓和曲线起点 $ZH(HZ)$ 点至缓和曲线上任意点的弧长（m）；

$\quad\quad L_s$——缓和曲线全长（m）；

$\quad\quad R$——缓和曲线终点处 $HY(YH)$ 点的半径，即圆曲线半径（m）；

$\quad\quad \beta_x$——缓和曲线任意一点的切线角（rad）；

$\quad\quad \beta$——缓和曲线终点处 $HY(YH)$ 的切线角（rad）。

2. 缓和曲线直角坐标

缓和曲线上任意点的直角坐标为

$$X = l - \frac{l^5}{40R^2 L_s^{\,2}}$$

$$Y = \frac{L^3}{6RL_s} - \frac{l^7}{336R^3 L_s^{\,3}} \tag{1.9}$$

特别地，当 $l=L_s$ 时，缓和曲线终点坐标为

$$X_h = l - \frac{l^3}{40R^2}$$

$$Y_h = \frac{l^2}{6R_s} - \frac{l^4}{336R^3} \tag{1.10}$$

式中　X——缓和曲线上任意一点的横坐标；

Y——缓和曲线上任意一点的纵坐标；

X_h——缓和曲线终点处的横坐标；

Y_h——缓和曲线终点处的纵坐标；

其余符号意义同前。

3. 缓和曲线常数

为了在直线和圆曲线之间设置缓和曲线，必须将原来的圆曲线向内移动，才能使缓和曲线的起点切于直线上，而缓和曲线的终点又与圆曲线相切，如图 1.10 所示。

（1）p 和 q 设有缓和曲线的圆曲线起点（终点）至缓和曲线起点距离为 q。

设有缓和曲线后圆曲线内移距离为 p，内移圆曲线半径为 R。其计算公式为

$$p = \frac{L_s^2}{24R} \tag{1.11}$$

$$q = \frac{L_s}{2} - \frac{L_s^3}{240R^2} \tag{1.12}$$

（2）T_d 和 T_k。如图 1.10 所示，缓和曲线起点、终点的切线相交于 Q 点至缓和曲线起点的距离为 T_d，至缓和曲线终点的距离为 T_k。

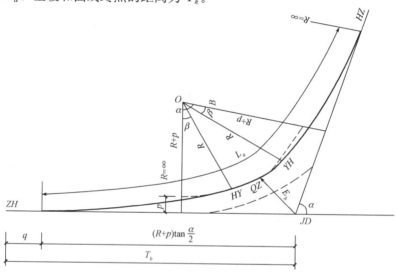

图 1.10　带有缓和曲线的平曲线

$$T_d = \frac{2}{3}L_s + \frac{11L_s^3}{360R^2} \tag{1.13}$$

$$T_k = \frac{1}{3}L_s + \frac{L_s^3}{126R^2} \tag{1.14}$$

（3）C_h 和 Δ_h。如图 1.11 所示，缓和曲线的长弦 C_h（又称动弦）与横轴的夹角为 Δ_h，即缓和曲线的总偏角。

缓和曲线上任意点的偏角：

$$\Delta = \frac{\beta}{3}\left(\frac{l}{L_s}\right)^2$$

所以，当 $l = L_s$ 时有：

$$\Delta = \frac{\beta}{3} \tag{1.15}$$

缓和曲线的长弦：

$$C_h = X_h \sec\Delta_h = L_s - \frac{L_s^3}{90R^2} \tag{1.16}$$

缓和曲线终点 HZ 的切线的确定还可以采用以下的方法：将仪器置于 HY 点（或 YH 点），照准 ZH 点（或 HZ 点）归零，旋转 $\frac{2\beta}{3}$ 度，即为 HY 点（或 YH 点）的切线。

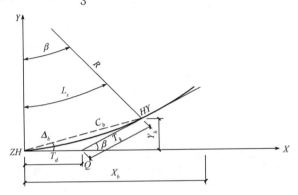

图 1.11　带有缓和曲线的平曲线

1.4.5　有缓和曲线的公路平曲线

公路平面线形三要素的基本组成为：直线—缓和曲线—圆曲线—缓和曲线—直线。带有缓和曲线的平曲线几何元素的计算公式如下。

1. 单交点(对称形)

(1)缓和曲线常数。其计算公式为

缓和曲线的切线角：

$$\beta = \frac{L_s}{2R}\frac{180}{\pi}$$

未设缓和曲线圆曲线的起点至缓和曲线起点的距离：

$$q = \frac{L_s}{2} - \frac{L_s^3}{240R^2}$$

设有缓和曲线后，圆曲线的内移值：

$$p = \frac{L_s^2}{240R}$$

(2)平曲线几何要素计算。其计算公式为

平曲线切线长：

$$T_h = (R+P)\tan\frac{\alpha}{2} + q$$

平曲线中的圆曲线长：

$$L' = (R+P)\tan\frac{\alpha}{2} + q$$

平曲线总长：

$$L_h = (\alpha - 2\beta)\frac{\pi}{180}R + 2L_s$$

外距：

$$E_h = (R+P)\sec\frac{\alpha}{2} - R$$

切曲差：

$$D_h = 2T_h - L_h$$

2. 双交点

(1)同向两个交点按虚交法设计一个单曲线的情形，如图 1.12 所示。

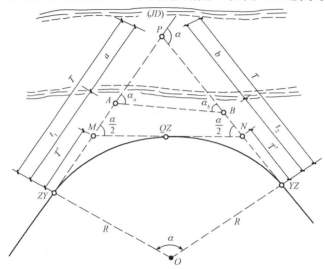

图 1.12　虚交单曲线

$$\alpha = \frac{\sin\alpha_A}{\sin\alpha_B}AB b = \frac{\sin\alpha_B}{\sin\alpha_A}AB$$

$$T_A = T - b \qquad T_B = T - a$$

式中　a，b——虚交三角形边长(m)；

　　　　AB——辅助交点间距，即辅助基线长，实测求得(m)；

　　　　α_A，α_B——辅助交点转角，实测求得；

　　　　T_A，T_B——辅助交点至曲线起、终点距离(m)；

　　　　T——按单交点曲线计算的切线长(m)；

　　　　α——路线转角，$\alpha = \alpha_A + \alpha_B$。

(2)两个同向交点按切基线设计成一个单曲线的情形，如图 1.13 所示。

①当平曲线不设缓和曲线时：

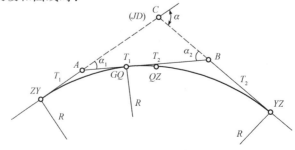

图 1.13　双交点曲线

$$T_1 = R\tan\frac{\alpha_A}{2} \qquad T_2 = R\tan\frac{\alpha_B}{2}$$

$$T_A + T_B = R\tan\frac{\alpha_A}{2} + R\tan\frac{\alpha_B}{2}$$

$$R = \frac{T_1 + T_2}{\tan\dfrac{\alpha_A}{2} + \tan\dfrac{\alpha_B}{2}}$$

计算出圆曲线半径 R 后，就可以按单圆曲线计算其他参数。

②当平曲线设有缓和曲线时：

通常，由于 AB 的长度已知，设计双交点曲线方式为选定缓和曲线长度 L_s，反求圆曲线半径。由下式：

$$AB = (R+P)\tan\frac{\alpha_A}{2} + (R+P)\tan\frac{\alpha_B}{2}$$

可以得以下求解公式：

$$24R^2 - 24\frac{AB}{\tan\dfrac{\alpha_A}{2} + \tan\dfrac{\alpha_B}{2}}R + L_s^2 = 0$$

可确定圆曲线半径 R。

1.4.6　缓和曲线的运用

缓和曲线设置在直线与圆曲线之间或不同半径圆曲线之间，它的作用是缓和离心加速度的急剧变化，且使驾驶员容易匀顺地操纵方向盘，提高视觉的平顺度，保持线形的连续性。缓和曲线容易适应自然地形、地物，增加线形设计的自由度，缓和曲线常用回旋线线形。《公路工程技术标准》(JTG B01—2014)规定，设置缓和曲线的条件为：凡圆曲线半径小于不设超高的最小半径时，公路等级为三级及以上的公路时，均须在直线与圆曲线之间设置回旋线作为缓和曲线。

【例 1.1】　平曲线交点 JD 桩号里程为 K6+700.24，转角 $\alpha = 31°10'$，半径 $R = 300$ m。缓和曲线长 $L_s = 70$ m，试计算各主点桩号的里程。

【解】　计算缓和曲线常数和要素：

$$q = \frac{L_s}{2} - \frac{L_s^3}{240R^2} = 34.98 \text{ m} \qquad p = \frac{L_s^2}{240R} = 0.068 \text{ m}$$

$$\beta = \frac{L_s}{2R}\frac{180}{\pi} = 6.69° \qquad T_h = (R+P)\tan\frac{\alpha}{2} + q = 118.84 \text{ m}$$

$$L_h = (\alpha - 2\beta)\frac{\pi}{180}R + 2L_s = 233.19 \text{ m} \qquad L' = (R+P)\tan\frac{\alpha}{2} + q = 93.19 \text{ m}$$

$$E_h = (R+P)\sec\frac{\alpha}{2} - R = 12.333 \text{ m} \qquad D_h = 2T_h - L_h = 4.49 \text{ m}$$

主点桩号计算：

$$
\begin{array}{ll}
JD_3 & \text{K6+700.24} \\
-T_h) & \phantom{\text{K6+}}118.84 \\
\hline
ZH & \text{K5+581.4}
\end{array}
$$

$+)L_s$	70.00	
HY	$K6+651.40$	
$+L')$	93.19	
YH	$K6+744.59$	
$+L_s)$	70.00	
HZ	$K6+814.59$	
$-\dfrac{L_h}{2})$	116.595	
QZ	$K6+697.995$	
$+\dfrac{D_h}{2})$	2.245	
JD_3	$K6+700.24$	（计算无误）

任务 1.5　路线坐标的计算

1.5.1　方位角

1. 方位角的概念

由子午线北方向顺时针旋转至直线方向的水平夹角称为该直线方向的方位角。方位角的角值范围为 $0°\sim360°$。

以真子午线北端起算的方位角称为真方位角，用 A 表示。

以磁子午线北端起算的方位角称为磁方位角，用 A_m 表示。

以坐标子午线(坐标纵轴)起算的方位角称为坐标方位角，用 α 表示。

设直线 AB 前进方向的方位角 α_{AB} 为正坐标方位角。

2. 方位角的计算

假定 A、B 两点坐标分别为 $A(X_A、Y_A)$、$B(X_B、Y_B)$，其方位角的计算可由 A、B 两点的坐标大小关系确定，参考表 1.6 中公式。图 1.14 所示为方位角示意图。

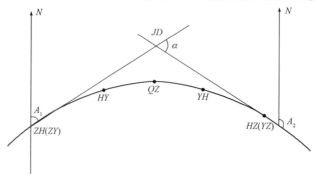

图 1.14　方位角示意

表 1.6　方位角计算公式

A、B 的坐标关系		坐标方位角 α_{AB}	直线 AB 的位置
$X_B = X_A$	$Y_A < Y_B$	$90°$	Y 正半轴
	$Y_A = Y_B$	任意值	A、B 重合
	$Y_A > Y_B$	$270°$	Y 负半轴
$X_B < X_A$	$Y_A < Y_B$	$\arctan\dfrac{Y_B - Y_A}{X_B - X_A}$	第 I 象限
	$Y_A = Y_B$	$0°$	X 正半轴
	$Y_A > Y_B$	$360° - \arctan\dfrac{Y_B - Y_A}{X_B - X_A}$	第 IV 象限
$X_B > X_A$	$Y_A < Y_B$	$180° - \arctan\dfrac{Y_B - Y_A}{X_B - X_A}$	第 II 象限
	$Y_A = Y_B$	$180°$	X 负半轴
	$Y_A > Y_B$	$180° + \arctan\dfrac{Y_B - Y_A}{X_B - X_A}$	第 III 象限

当采用导线测量作为公路平面控制测量时，导线应与国家三角点进行联测，可使所测的导线点与国家三角点形成个整体，取得导线点坐标起算数据。其计算公式为

$$X_{i+1} = X_i + D\cos\alpha$$
$$Y_{i+1} = Y_i + D\sin\alpha$$

式中　X_i，Y_i——第 i 点的坐标值；

X_{i+1}，Y_{i+1}——第 $i+1$ 点的坐标值；

D——两导线点间的水平距离；

α——两导线连线的方位角。

1.5.2　中桩坐标计算

1. 测量坐标系统

我国从 1952 年开始采用高斯投影系统，以高斯投影的方法建立了高斯直角坐标系统，地面点的高斯平面坐标与大地坐标可以相互转换，高速公路的勘测设计和施工放样都是采用高斯平面直角坐标系统进行的。在测量范围较小、三级和三级以下公路、独立桥梁隧道及其他构造物，可以将该测区的球面当作平面看待，进行直接投影，采用平面直角坐标系统。

2. 中桩坐标计算过程

(1)未设缓和曲线的单圆曲线坐标计算。

①圆曲线起、终点坐标计算。如图 1.15 所示，JD_i 的坐标为 (X_{JD_i}, Y_{JD_i})，交点前后直线边的方位角分别为 A_{i-1}、A_i，圆曲线的半径为 R，平曲线切线长为 T_i，曲线起点、终点的坐标可用下式计算：

圆曲线起点的坐标：

$$X_{ZY_i} = X_{JD_i} - T_i\cos A_{i-1}$$
$$Y_{ZY_i} = Y_{JD_i} - T_i\sin A_{i-1}$$

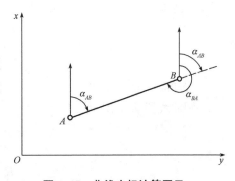

图 1.15　曲线坐标计算图示

圆曲线终点的坐标：

$$X_{YZ_i} = X_{JD_i} + T_i \cos A_{i-1}$$
$$Y_{YZ_i} = Y_{JD_i} + T_i \sin A_i$$

②圆曲线上任意点坐标计算。$ZY \sim QZ$ 段（$QZ \sim YZ$ 段）的坐标计算以曲线起点 ZY（曲线终点 YZ 点）为坐标原点，切线为 X' 轴，法线为 Y' 轴，建立直角坐标系有：

$$X' = R \sin\left(\frac{l'}{R} \frac{180}{\pi}\right)$$
$$Y' = R - R \cos\left(\frac{l'}{R} \frac{180}{\pi}\right)$$

式中 l'——圆曲线上任意点至 $ZY(YZ)$ 点的弧长。

$ZY \sim QZ$ 段的各点的坐标计算如下：

利用上述公式计算出以 ZY 为坐标原点，圆曲线段内各加桩 X'、Y' 的值，则 $ZY \sim QZ$ 段的各点的坐标和方位角为

$$X = X_{ZY_i} + X' \cos A_{i-1} - \xi Y' \sin A_{i-1}$$
$$Y = Y_{ZY_i} + X' \sin A_{i-1} + \xi Y' \cos A_{i-1}$$

$QZ \sim YZ$ 段的各点的坐标计算如下：

利用上述公式计算出以 YZ 为坐标原点，圆曲线段内各加桩 X'、Y' 的值，则 $QZ \sim YZ$ 段的各点的坐标为

$$X = X_{YZ_i} - X' \cos A_i - \xi Y' \sin A_i$$
$$Y = Y_{YZ_i} - X' \sin A_i + \xi Y' \cos A_i$$

式中 ξ——路线转向，右转角时 $\xi = 1$，左转角时 $\xi = -1$，以下各式同。

(2)设缓和曲线的单圆曲线坐标计算。

①曲线起点、终点坐标计算。如图 1.15 所示，JD_i 的坐标为（X_{JD_i}，Y_{JD_i}），交点前后直线边的方位角分别为 A_{i-1}，A，圆曲线的半径为 R，缓和曲线长度为 L_s 平曲线切线长为 T_{H_i}，则曲线起点、终点的坐标可用下式计算：

$$X_{ZH_i} = X_{JD_i} - T_{H_i} \cos A_{i-1}$$
$$Y_{ZH_i} = Y_{JD_i} - T_{H_i} \sin A_{i-1} \tag{1.17}$$
$$X_{HZ_i} = X_{JD_i} + T_{H_i} \cos A_i$$
$$Y_{HZ_i} = Y_{JD_i} + T_{H_i} \sin A_i \tag{1.18}$$

②曲线任意点坐标计算。$ZH \sim QZ$ 段的坐标计算以曲线起点 ZH 为坐标原点，切线为 X' 轴，法线为 Y' 轴，建立直角坐标系。

$$X' = l - \frac{l^5}{40 R^2 L_s^2}$$
$$Y' = \frac{l^3}{6 R L_s} - \frac{l^7}{336 R^3 L_s^3} \tag{1.19}$$

缓和曲线段 X'，Y' 为
圆曲线段 X'，Y' 为

$$X' = R \sin\left(\beta + \frac{l'}{R} \frac{180}{\pi}\right) + q$$
$$Y' = R - R \cos\left(\beta + \frac{l'}{R} \frac{180}{\pi}\right) + P \tag{1.20}$$

式中　l——缓和曲线任意一点至缓和曲线起点 $ZH(HZ)$ 的弧长。

式中其他符号意义同前。

利用上述公式计算出缓和段内各加桩和圆曲线段内各加桩的 X'、Y' 值，则

$ZH \sim QZ$ 段各点的坐标为

$$X = X_{ZY_i} + X'\cos A_{i-1} - \xi Y'\sin A_{i-1}$$
$$Y = Y_{ZY_i} + X'\sin A_{i-1} + \xi Y'\cos A_{i-1} \tag{1.21}$$

$QZ \sim HZ$ 段的坐标计算如下：

以曲线终点 HZ 为坐标原点，切线为 X'，法线为 Y'，建立直角坐标系，利用上述公式可以计算出缓和曲线和圆曲线段内各加桩的 X'、Y' 的坐标，则 $QZ \sim HZ$ 段的各点的坐标为

$$X = X_{HZ_i} - X'\cos A_i - \xi Y'\sin A_i$$
$$Y = Y_{HZ_i} - X'\sin A_i + \xi Y'\cos A_i \tag{1.22}$$

3. 直线段中桩坐标的计算

位于 ZH 之前或 HZ 点之后的直线段可利用 JD 点的坐标或 ZH 点、HZ 点的坐标与该点的距离按照坐标增量法计算出各点的坐标。

【例 1.2】 某高速级公路，路线 JD_2 的坐标为 $X_{JD_2} = 2\,588\,711.270$ m，$Y_{JD_2} = 20\,478\,702.880$ m；路线 JD_3 的坐标 $X_{JD_3} = 2\,591\,069.056$ m，$Y_{JD_3} = 20\,478\,662.850$ m；路线 JD_4 的坐标 $X_{JD_4} = 2\,594\,145.875$ m，$Y_{JD_4} = 20\,481\,070.75$ m；JD_3 的里程桩号 K6+790.306；圆曲线半径 $R = 2\,000$ m，缓和曲线长度 $L_s = 100$ m，$A_{i-1} = 48°32'00''$。试计算该平曲线的主点桩号及按整桩号(20 m)，确定平曲线各主点和加桩的坐标。

【解】

(1)主点桩号计算：

①计算路线转角。其计算公式为

$$\tan A_{32} = \left| \frac{Y_{JD_2} - Y_{JD_3}}{X_{JD_2} - X_{JD_3}} \right| = \left| \frac{+40.030}{-2\,357.786} \right| = 0.016\,977\,792$$

$$A_{32} = 180° - 0°58'21.6'' = 179°01'38.4''$$

$$\tan A_{34} = \frac{Y_{JD_4} - Y_{JD_3}}{X_{JD_4} - X_{JD_3}} = \frac{+2\,407.90}{+3\,076.819} = 0.782\,59\,379$$

$$A_{34} = 38°02'47.5''$$

右角 $\beta = 179°01'38.4'' - 38°02'47.5'' = 140°58'50.9''$

$\beta < 180°$，为右转角。

右转角 $\alpha = 180° - 140°58'50.9'' = 39°01'09.1''$

②缓和曲线常数。其计算公式为

$$\beta = \frac{L_s}{2R}\frac{180}{\pi} = 1°25'56.6''$$

$$p = \frac{L_s^2}{240R} = 0.208 \text{ m}$$

$$q = \frac{L_s}{2} - \frac{L_s^3}{240R^2} = 49.999 \text{ m}$$

③平曲线要素。其计算公式为

$$T_h = (R+P)\tan\frac{\alpha}{2} + q = 758.687 \text{ m}$$

$$L' = (R+P)\tan\frac{\alpha}{2} + q = 1\,262.027 \text{ m}$$

$$L_h = (\alpha - 2\beta)\frac{\pi}{180}R + 2L_s = 1\,462.027 \text{ m}$$

$$E_h = (R+P)\sec\frac{\alpha}{2} - R = 122.044 \text{ m}$$

$$D_h = 2T_h - L_h = 55.347 \text{ m}$$

④主点桩号计算:

JD_3	K6 +	790.306
$-T_h)$		758.687
ZH	K6 +	031.619
$+)L_s$		100.00
HY	K6 +	131.619
$+L')$		1 262.027
YH	K7 +	393.646
$+L_s)$		100.00
HZ	K7 +	493.646
$-\frac{L_h}{2})$		713.014
QZ	K6 +	762.632
$+\frac{D_h}{2})$		27.674
JD_3	K6 +	790.306 （计算无误）

(2)中桩坐标及方位角。

①ZH 点的坐标。其计算式为

$$A_{23} = A_{32} + 180° = 359°01'38.4''$$

$$X_{ZH_3} = X_{JD_3} - T_{H_3}\cos A_{23} = 2\,590\,310.479 \text{ m}$$

$$Y_{ZH_3} = Y_{JD_3} - T_{H_3}\sin A_{23} = 20\,478\,675.729 \text{ m}$$

②ZH~HY 第一缓和曲线上的中桩坐标的计算，如桩号 K6+100。其计算式为

$$l = 6\,100 - 6\,031.619 = 68.381\,(\text{m})$$

$$X' = l - \frac{l^5}{40R^2L_s^2} = 68.380 \text{ m}$$

$$Y' = \frac{l^3}{6RL_s} - \frac{l^7}{336R^3L_s^3} = 0.266 \text{ m}$$

$$X = X_{ZY_3} + X'\cos A_{23} - Y'\sin A_{23} = 2\,590\,378.854 \text{ m}$$

$$Y = Y_{YZ_3} - X'\sin A_{23} + Y'\cos A_{23} = 20\,478\,674.834 \text{ m}$$

③HY 点的坐标计算。其计算式为

$$X' = l - \frac{l^5}{40R^2L_s^2} = 99.994 \text{ m}$$

$$Y'=\frac{l^3}{6RL_s}-\frac{l^7}{336R^3L_s{}^3}=0.833 \text{ m}$$

$$X=X_{ZY_3}+X'\cos A_{23}-Y'\sin A_{23}=2\,590\,471.473 \text{ m}$$

$$Y=Y_{YZ_3}-X'\sin A_{23}+Y'\cos A_{23}=20\,478\,674.864 \text{ m}$$

④$HY\sim QZ$ 圆曲线部分的中桩坐标计算，如桩号 K6+500。其计算式为

$$l'=6\,500-6\,131.619=368.381(\text{m})$$

$$X'=R\sin\left(\beta+\frac{l'}{R}\frac{180}{\pi}\right)+q=465.335 \text{ m}$$

$$Y'=R-R\cos\left(\beta+\frac{l'}{R}\frac{180}{\pi}\right)+P=43.809 \text{ m}$$

⑤QZ 点的坐标计算。其计算式为

$$l'=6\,762.632-6\,131.619=631.014(\text{m})$$

$$X'=R\sin\left(\beta+\frac{l'}{R}\frac{180}{\pi}\right)+q=717.929 \text{ m}$$

$$Y'=R-R\cos\left(\beta+\frac{l'}{R}\frac{180}{\pi}\right)+P=115.037 \text{ m}$$

⑥HZ 点的坐标计算。其计算式为

$$A_{34}=38°02'47.5''$$

$$X_{HZ_3}=X_{JD_3}+T_{H_3}\cos A_{34}=2\,591\,666.530\text{m}$$

$$Y_{HZ_3}=Y_{JD_3}+T_{H_3}\sin A_{34}=20\,479\,130.430 \text{ m}$$

⑦$HZ\sim YH$ 第二缓和曲线上的中桩坐标计算，如桩号 K7+450。其计算式为

$$l=7\,493.646-7\,450=43.646(\text{m})$$

$$X'=R\sin\left(\beta+\frac{l'}{R}\frac{180}{\pi}\right)+q=43.646 \text{ m}$$

$$Y'=R-R\cos\left(\beta+\frac{l'}{R}\frac{180}{\pi}\right)+P=0.069 \text{ m}$$

$$X_{HZ_3}=X_{JD_3}+T_{H_3}\cos A_{34}=2\,591\,632.116 \text{ m}$$

$$Y_{HZ_3}=Y_{JD_3}+T_{H_3}\sin A_{34}=20\,479\,103.585 \text{ m}$$

⑧YH 点的坐标。其计算式为

$$l=100 \text{ m}$$

$$X'=l-\frac{l^5}{40R^2L_s{}^2}=99.994 \text{ m}$$

$$Y'=\frac{l^3}{6RL_s}-\frac{l^7}{336R^3L_s{}^3}=0.833 \text{ m}$$

$$X_{HZ_3}=X_{JD_3}+T_{H_3}\cos A_{34}=2\,591\,587.270 \text{ m}$$

$$Y_{HZ_3}=Y_{JD_3}+T_{H_3}\sin A_{34}=20\,479\,069.460 \text{ m}$$

⑨$QZ\sim YH$ 点的坐标计算，如桩号 K7+300。其计算式为

$$l'=7\,393.646-7\,300=193.646(\text{m})$$

$$X'=R\sin\left(\beta+\frac{l'}{R}\frac{180}{\pi}\right)+q=193.612 \text{ m}$$

$$Y'=R-R\cos\left(\beta+\frac{l'}{R}\frac{180}{\pi}\right)+P=5.371 \text{ m}$$

$$X=X_{HZ_3}-X'\cos A_{34}-Y'\sin A_{34}=2\ 591\ 510.764\ \text{m}$$
$$Y=Y_{HZ_3}-X'\sin A_{34}+Y'\cos A_{34}=20\ 479\ 015.320\ \text{m}$$

⑩直线上中桩坐标的计算，如桩号 K7+600。其计算式为

$$D=7\ 600-7\ 493.646=106.354(\text{m})$$
$$X=X_{HZ_3}+D\cos A_{34}=2\ 591\ 750.285\ \text{m}$$
$$Y=Y_{HZ_3}+D\sin A_{34}=20\ 479\ 195.976\ \text{m}$$

任务 1.6 行车视距

1.6.1 视距的定义和种类

1. 视距的定义

视距是指从车道中心线（曲线上指未加宽前）距离路面内侧边缘线 1.5 m 处、视线 1.2 m 的高度处能看到该车道中心线上高度为 0.1 m 的物体顶点的距离。行车视距是指为了保证行车安全，驾驶员驾驶汽车在公路上行驶到任意位置时都能看到前方相当远的距离，以便在发现路面障碍物或迎面来车时能采取措施避免相撞的距离。视距保证是确保行车安全、快速，增加安全感，提高行车舒适性的重要措施。

2. 视距的种类

驾驶员发现障碍物或迎面来车时，根据其采取的措施不同，行车视距可分为以下几种类型：

（1）停车视距：汽车行驶时，自驾驶人员看到前方障碍物时起，至到达障碍物前安全停止所需的最短距离。

（2）会车视距：在同一车道上两对向汽车相遇，从相互发现时起，至同时采取制动措施使两车安全停止所需的最短距离。

（3）错车视距：在没有明确划分车道线的双车道道路上，两对向行驶的汽车相遇后，立即采取减速避让措施安全错车所需的最短距离。

（4）超车视距：在双车道公路上，后车超越前车时，从开始驶离原车道之处起，至可见对向来车并超车后安全驶回原车道上所需的最短距离。

上述四种视距中，前三种属于对向行驶，第四种属于同向行驶。超车视距需要的距离最长，须单独研究。其余三种视距中，以会车视距最长；只要道路能保证会车视距，停车视距和错车视距便可以得到保证。根据计算分析得知，会车视距约等于停车视距的两倍，故只需计算出停车视距即可。

1.6.2 各级公路对视距的要求

在一条公路的车流中，经常会出现停车、错车、会车和超车现象，特别是在我国以混合交通为主的双车道公路上更是如此。在各类视距中，以超车视距为最长，如果所有暗弯和凸形竖曲线处都能保证超车视距的要求，对于安全是最好，但事实上很难做到，而且也不经济，因此，对于不同的公路按其实际需要作了不同的规定。停车视距是基本的要求，

无论是单车道、双车道，有分隔带或无分隔带，各级公路都应保证。

对于快、慢车分道行驶的多车道公路可不要求超车视距，有中央分隔带的公路不存在错车和会车问题，在公路中心线设置路面标线，严格实行分道行驶的双车道公路满足停车视距即可。但是，我国目前绝大多数双车道公路中心线没有设置路面标线，而且有众多的非机动车干扰，汽车多在路中间行驶，当发现对面有汽车驶来时，方回到自己的车道上。所以，我国《公路工程技术标准》(JTG B01—2014)规定，二、三、四级公路的视距不得小于停车视距的两倍。对向行驶的双车道公路要求有一定比例的路段保证超车视距。《公路工程技术标准》(JTG B01—2014)规定：

(1)高速公路、一级公路的停车视距应不小于表1.7的规定。

表 1.7 高速公路、一级公路停车视距

设计速度/(km·h⁻¹)	120	100	80	60
停车视距/m	210	160	110	75

(2)二、三、四级公路的停车视距、会车视距与超车视距应不小于表1.8的规定。

表 1.8 二、三、四级公路停车视距、会车视距和超车视距

设计速度/(km·h⁻¹)	80	60	40	30	20
停车视距/m	110	75	40	30	20
会车视距/m	220	150	80	60	40
超车视距/m	550	350	200	150	100

(3)互通式立交、服务区、停车区、公共汽车停靠站等各类出、入口应满足识别视距要求。

(4)双车道公路应间隔设置满足超车视距的路段。

(5)高速公路、一级公路以及大型车比例较高的二、三级公路应采用货车停车视距对相关路段进行检验。货车的停车视距、识别视距，应符合相关规定。

(6)积雪冰冻地区的停车视距宜适当增长。

任务 1.7 公路平面线形设计方法

1.7.1 平面线形设计一般原则

(1)平面线形应便捷、连续、顺适，并与地形、地物相适应，与周围环境相协调。

在地形平坦、开阔的平原微丘区，路线顺直，在平面线形三要素中直线所占比例较大；而在地势很大起伏的山岭重丘区，路线多弯曲，曲线所占比例较大。路线要与地形相适应。直线、圆曲线、回旋线的选用与合理组合取决于地形地物等具体条件，片面强调路线要以直线为主或以曲线为主都是错误的。

公路平面线形设计实例

(2)保持平面线形的均衡与连贯。高、低标准之间应结合地形变化，使路线的平面线形指标逐渐过渡避免出现突变，不同标准路段相互衔接的地点，应选在交通量发生变化处。

（3）应避免连续急弯的线形。连续急弯的线形不仅给驾驶员造成了不便，给乘客的舒适也带来了不良影响。设计时可在曲线之间插入足够长的直线或回旋线。插入回旋线时不宜太长，应综合考虑路线排水问题。

（4）平曲线应有足够的长度。若平曲线长度过短，汽车在短曲线上行驶时，司机易产生错觉，在高速行驶时比较危险。《公路路线设计规范》(JTG D20－2017)规定，各级公路设计平曲线长度不宜过短，见表1.9。

表1.9　公路平曲线最小长度

设计速度/(km·h^{-1})		120	100	80	60	40	30	20
平曲线最小长度/m	一般值	600	500	400	300	200	150	100
	最小值	200	170	140	100	70	50	40
注："一般值"为正常情况下的采用值；"最小值"为条件受限时可采用的值。								

《公路工程技术标准》(JTG B01－2014)认为，平面设计中只有条件限制不得已时方可设置小转角、大半径的平曲线。小转角设置大半径曲线是曲线长度规定所致，否则路容将出现扭转，还会引起曲率看上去比实际大的错觉，应尽量少采用。

《公路路线设计规范》(JTG D20－2017)规定，当路线转角 α 小于或等于7°时，应设置足够长的平曲线(表1.10)。

表1.10　转角小于或等于7°的平曲线长度

设计速度/(km·h^{-1})	7	100	80	60	40	30	20
一般值	1 400/Δ	1 200/Δ	1 000/Δ	700/Δ	500/Δ	350/Δ	280/Δ
最小值	200	170	140	100	70	50	40
注：表中 Δ 为路线转角值，(°)；当 Δ<2°时，按 Δ＝2°计算。								

1.7.2　平面线形组合类型

路线根据具体情况可选用以下线形组合形式。

1. 基本型

基本型是设计中最常用的线形，基本型的形式为：直线—缓和曲线—圆曲线—缓和曲线—直线(图1.16)，设计时应尽量使缓和曲线：圆曲线：缓和曲线＝1：1：1，圆曲线可稍长。两缓和曲线的参数值可根据地形条件变化设计成非对称的曲线，但是缓和曲线参数 A_1：A_2 不应大于2.0，并注意设置基本型的几何条件：$\alpha>2\beta$ [α 为平曲线转角(°)；β 为缓和曲线切线角]。

同时缓和曲线参数 A 应满足以下要求：

（1）平曲线半径 R 小于100 m时，A 宜大于或等于 R。

（2）当平曲线半径 R 接近100 m时，A 宜等于 R。

（3）当平曲线半径 R 较大或接近3 000 m时，A 宜等于 $\dfrac{R}{3}$。

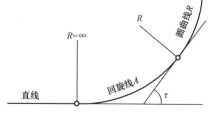

图1.16　基本型

(4)当平曲线半径 R 大于 300 时，A 宜小于 $\dfrac{R}{3}$。

2. S 形

两个反向、圆曲线用回旋线连接起来的组合线形为 S 形，其形式为：直线—缓和曲线—圆曲线—缓和曲线—缓和曲线（反向）—圆曲线（反向）—缓和曲线（反向）—直线（图 1.17）。

S 形相邻两个回旋线参数 A_1 和 A_2 宜相等。当采用不同参数时，$A_1 : A_2$ 应大于 $1 : 2$，有条件时 $A_1 : A_2$ 宜大于 $1 : 1.5$。另两圆曲线半径之比不宜过小，以 $R_1 : R_2 = \dfrac{1}{3} \sim 1$ 为宜。

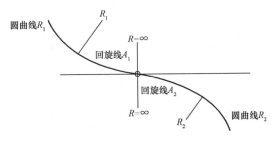

图 1.17　S 形曲线

3. C 形

两个同向圆曲线用回旋线连接起来的组合线形为 C 形，其形式为：直线—缓和曲线—圆曲线—缓和曲线—缓和曲线（同向）—圆曲线（同向）—缓和曲线（同向）—直线（图 1.18）。

C 形曲线线形组合方式只有在特殊地形条件下方可采用。

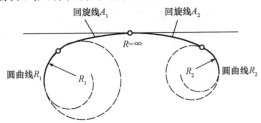

图 1.18　C 形曲线线形组合

4. 卵形

用一个回旋线连接两个同向圆曲线的组合线形为卵形，其形式为：直线—缓和曲线—圆曲线—缓和曲线—圆曲线—缓和曲线—直线（图 1.19）。卵形曲线线形组合中共有三个回旋线。其缓和曲线参数分别为

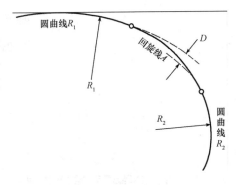

图 1.19　卵形曲线

$$A_1 = \sqrt{R_1 L_{s_1}} \quad A_f = \sqrt{\dfrac{R_1 R_2}{R_1 - R_2} L_f} \quad A_2 = \sqrt{R_2 L_{s_2}}$$

且：

(1)卵形曲线的缓和曲线参数宜符合：$\dfrac{R_2}{2} \leqslant A_f \leqslant R_2$（$R_2$ 为小圆半径）；

(2)两圆曲线半径之比 $R_1 : R_2 = 0.2 \sim 0.8$；

(3)两圆曲线的间距以 $\dfrac{D}{R_2} = 0.003 \sim 0.03$ 为宜（D 为两平曲线之间的最小间距）。

卵形曲线线形组合能很好地适应地形变化，所以在山岭重丘区较常采用。

5. 凸形

两个同向回旋线不插入圆曲线而径相衔接的线形为凸形，其形式为：直线—缓和曲线—缓和曲线（同向）—直线（图 1.20）。

凸形曲线在两回旋线衔接处，由于曲率发生突变，不仅对行车不利，而且由于设置超高，路面边缘线纵断面也在该处形成转折，故凸形曲线作为平面线形是非常不理想的，在设计中不宜采用。只有当地形、地物受到严格限制时，才能在低等级道路上采用。

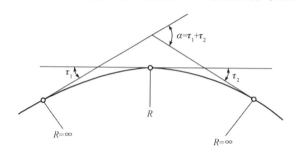

图 1.20 凸形曲线

6. 复合型

两个及两个以上的基本型（两个以上）、S 形、卵形、C 形曲线在回旋线曲率相等处相互连接的形式称为复合型（图 1.21）。复合型的线形组合仅在地形或其他特殊原因限制时（互通式立体交叉除外）才采用。

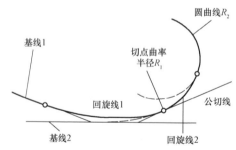

图 1.21 复合型曲线

任务 1.8 公路平面设计成果

1.8.1 公路平面设计成果表

公路平面设计成果（表 1.11）中主要的图纸有路线平、纵面缩图，公路平面总体设计图，路线平面图，公路用地图等；主要的表格有主要技术经济指标表，直线、曲线及转角表，总里程及断链桩号表，逐桩坐标表，公路用地表等。各种图纸和表格的样式可参照交通运输部颁布的"设计文件图表示例"。这里仅就主要表格"直线、曲线及转角表"与"路线平面设计图"作简单介绍。

表 1.11　平面设计主要内容

图表名称	图表编号	页码	备注
第一篇 总体设计			
项目地理位置图	S1—1	共 1 页	
说明书	S1—2	共 8 页	
路线平、纵面缩图	S1—3	共 1 页	
主要技术经济指标表	S1—4	共 2 页	
附件	S1—5	共 26 页	
公路平面总体设计图	S1—6	共 23 页	
第二篇路线			
说明	S2—1	共 2 页	
路线平面图	S2—2	共 13 页	
路线纵断面图	S2—3	共 13 页	
直线、曲线及转角表	S2—4	共 1 页	
纵坡、竖曲线表	S2—5	共 1 页	
总里程及断链桩号表	S2—6	共 1 页	
公路用地表	S2—7	共 1 页	
公路用地图	S2—8	共 14 页	
赔偿树木、青苗表	S2—9	共 1 页	
砍树挖根数量表	S2—10	共 1 页	
拆迁建筑物表	S2—11	共 2 页	
拆迁电力、通信设施表	S2—12	共 1 页	
路线逐桩坐标表	S2—13	共 5 页	
导线点成果表	S2—14	共 1 页	
水准点表	S2—15	共 1 页	
安全设施	S2—16	共 1 页	

1.8.2　直线、曲线及转角表

"直线、曲线及转角表"为平面设计的主要成果，它反映了路线的平面位置和路线平面线形的各项指标。路线平面设计只有根据这一成果才能进行后面的一系列设计，如路线平面设计图、逐桩坐标表。它同时为路线纵断面设计、横断面设计提供设计依据，见表 1.12。

表1.12 直线、曲线及转角一览表

××××公路

交点号	交点坐标		交点桩号	转角值	曲线要素/m						曲线位置					直线长度及方向			测量断链		备注
	X	Y			半径	缓和曲线长	切线长度	曲线长	外距	校正值	第一缓和曲线起点	第一缓和曲线终点	曲线中点	第二缓和曲线终点	第二缓和曲线起点	直线长度/m	支点间距/m	计算方位角	桩号	增减长度	
1	2	3	4	5	6	7	8	9	10	11	12	13	14	15	16	17	18	19	20	21	22
起点	41 808.20	90 033.60	K0+000.00																		
2	41 317.59	90 464.10	K0+652.72	右 35 35 25	800.00	0.00	256.78	496.93	40.20	16.62		K0+395.39	K0+644.41	K0+892.87		395.59	652.72	138 44 00			
3	40 796.31	90 515.92	K1+159.95	左 57 32 52	250.00	50.00	162.51	301.10	35.69	23.92	K0+977.44	K1+047.43	K1+147.99	K1+248.54	K1+298.54	104.57	523.86	174 19 25			
4	40 441.52	91 219.07	K1+923.56	左 34 32 06	150.00	4.00	66.75	130.41	7.55	3.09	K1+856.81	K1+896.81	K1+922.02	K1+947.22	K1+987.22	558.27	787.53	116 46 33			
5	40 520.20	91 796.47	K2+503.27	右 78 53 21	200.00	45.00	187.38	320.38	59.53	54.39	K2+315.89	K2+360.89	K2+476.08	K2+591.27	K2+636.27	328.67	582.80	82 14 27			
6	40 221.11	91 898.70	K2+764.97	51 40 28	224.13	40.00	128.67	242.14	25.22	15.19	K2+636.30	K2+676.30	K2+757.37	K2+838.44	K2+838.44	0.03	316.05	161 07 48			
7	40 047.40	92 390.47	K3+271.32	左 34 55 51	150.00	40.00	67.32	131.45	7.72	3.20	K3+204.00	K3+244.00	K3+269.72	K3+259.44	K3+335.44	365.56	561.55	109 27 20			
8	40 190.11	92 905.94	K3+802.98	右 22 25 25	600.00	0.00	118.93	234.82	11.67	3.04		K3+864.05	K3+801.46	K3+918.87		714.86	528.61	74 31 29			
终点	40 120.03	93 480.92	K4+379.18													460.31	579.24	96 56 54			

· 44 ·

1. 路线平面图比例尺及测图范围

公路平面图是指包括路中线在内的有一定宽度的带状地形图。若一般为工程可行性、初步设计阶段的方案研究与比选，其比例可采用1∶5 000或1∶10 000；但作为初步设计、施工图设计等设计文件组成部分则应采用更大的比例尺，一般采用(1∶500)～(1∶2 000)；在地形复杂地段或重要设计路段，如大型交叉、大中桥等，则应采用(1∶500)～(1∶1 000)的地形图。带状地形图的测图范围一般视具体情况而定，常用路中心线两侧为100～200 m，对于1∶5 000的地形图，则测图范围应适当放大，一般不小于250 m。若有比较线，则须包括比较线的范围。

2. 路线平面图的内容及测绘步骤

(1)路线平面图的内容：

①公路沿线的地形、地物情况；

②公路交点和转点位置及里程桩标注、公路沿线各类控制桩位置及有关数据；

③路线所经地段的地名，重要地理位置情况标注；

④各类结构物设计成果的标注；

⑤若图纸中包含弯道，应包括曲线要素表和导线、交点坐标表；

⑥图签和有关说明。

(2)测绘步骤：

①按要求选定比例尺；

②依直线、曲线及转角表及中线资料绘制公路中线图；

③在公路中线图上标出公路起终点里程桩、百米桩、公里桩、曲线要素桩、桥涵桩及位置；

④实地测绘沿线带状地形图并现场勾绘出等高线；

⑤根据设计情况在图纸上标出各类结构物的平面位置并在图上列出直线、曲线及转角表等有关内容。

1.8.3 逐桩坐标表

高速、一级公路的线形指标高，在测设和放线时需采用坐标法才能保证测设精度。所以，平面设计成果必须提供一份"路线逐桩坐标表"，见表1.13。

表1.13 路线逐桩坐标表

桩号	坐标/m		方向角	桩号	坐标/m		方向角
	X	Y			X	Y	
K1+500.00	40 632.336	90 840.861	116 46 33	K2+140	40 471.158	91 436.529	82 14 27
K1+540.00	40 614.316	90 876.572	116 46 33	K2+160	40 473.858	91 456.346	82 14 27
K1+570.00	40 600.801	90 903.355	116 46 33	K2+180	40 476.558	91 476.163	82 14 27
K1+600.00	40 587.286	90 930.139	116 46 33	K2+200	40 479.258	91 495.980	82 14 27
K1+630.33	40 573.623	90 957.216	116 46 33	K2+220	40 481.959	91 515.797	82 14 27
K1+669.00	40 556.202	90 991.740	116 46 33	K2+240	40 484.659	91 535.613	82 14 27
K1+680.00	40 551.246	91 001.561	116 46 33	K2+260	40 487.359	91 555.430	82 14 27

桩号	坐标/m		方向角	桩号	坐标/m		方向角
	X	Y			X	Y	
K1+700.00	40 542.236	91 019.416	116 46 33	K2+280	40 490.059	91 575.247	82 14 27
K1+720.00	40 533.226	91 037.272	116 46 33	K2+300	40 492.759	91 595.064	82 14 27
K1+750.00	40 519.711	91 064.055	116 46 33	ZHK2+315.89	40 494.905	91 610.809	82 14 27
K1+780.00	40 506.196	91 090.838	116 46 33	K2+340	40 497.902	91 634.730	82 05 27
K1+800.00	40 497.186	91 108.694	116 46 33	K2+360.89	40 499.302	91 655.568	88 41 09
K1+820.00	40 488.176	91 126.549	116 46 33	K2+380	40 498.828	91 674.665	94 09 37
K1+840.00	40 479.166	91 144.405	116 46 33	K2+400	40 496.383	91 694.506	99 53 24
ZHK1+856.33	40 471.593	91 159.412	116 46 33	K2+420	40 491.969	91 714.005	105 37 10
K1+870.00	40 465.708	91 171.216	115 56 42	K2+440	40 485.631	91 732.965	111 20 57
K1+896.81	40 455.191	91 195.860	109 08 10	K2+460	40 477.431	91 751.198	117 04 43
K1+900.00	40 454.177	91 198.885	107 55 03	QZK2+476.08	40 469.544	91 765.206	121 41 07
QZK1+922.01	40 448.963	91 220.253	99 30 30	K2+500	40 455.794	91 784.761	128 32 16
K1+940.00	40 447.061	91 238.126	92 38 19	K2+520	40 442.573	91 799.757	134 16 03
YHK1+947.00	40 446.902	91 245.344	89 52 51	K2+540	40 427.920	91 813.357	139 59 49
K1+960.00	40 447.413	91 258.112	85 46 44	K2+560	40 411.983	91 825.427	145 43 36
K1+980.00	40 449.567	91 277.993	82 29 23	K2+580	40 394.921	91 835.845	151 27 22
HZK1+987.22	40 450.531	91 285.148	82 14 27	YHK2+591.27	40 384.875	91 840.947	154 41 05
K2+000.00	40 452.257	91 297.811	82 14 27	K2+600.00	40 376.910	91 844.518	156 56 35
K2+010.00	40 453.607	91 307.719	82 14 27	K2+620.00	40 358.262	91 851.740	160 17 15
K2+030.00	40 456.307	91 327.536	82 14 27	GQK2+636.27	40 342.893	91 857.077	161 07 48
K2+050.00	40 459.007	91 347.353	82 14 27	K2+650.00	40 329.916	91 861.563	160 31 48
K2+070.00	40 461.707	91 367.170	82 14 27	K2+670.00	40 311.219	91 868.655	157 30 02
K2+100.00	40 465.757	91 396.895	82 14 27	K2+700.00	40 284.324	91 881.898	149 57 30
K2+120.00	40 468.458	91 416.712	82 14 27				

 基础练习

一、填空题

1. 公路平面现行要素包括_____、_____和_____。

2. 路线不受地形、地物限制的平原区或山间的开阔谷地优先选用_____线形。

3. 同向曲线之间直线长度很短时形成所谓的_____。

4. 二级公路相邻回头曲线之间的直线最小长度一般值为_____。

5. 在指定车速 V 下，最小圆曲线半径取决于_____和_____。

二、单项选择题

1. (   )是平面线形中的基本线形。

A. 直线　　　　　　B. 缓和曲线　　　　　C. 圆曲线　　　　　D. 回旋线

2. 最大直线长度以汽车以设计速度行驶(　　)s 左右所行驶的距离控制为宜。

A. 60　　　　　　　B. 70　　　　　　　　C. 75　　　　　　　D. 80

3. 当设计速度 $V \geqslant 60$ km/h 时，同向曲线直线最小长度(以 m 计)以不小于行车速度数值的(　　)倍为宜。

A. 3　　　　　　　B. 4　　　　　　　　C. 6　　　　　　　D. 7

4. 公路工程技术规范规定圆曲线最大半径不宜超过(　　)m。

A. 9 000　　　　　　B. 12 000　　　　　　C. 11 000　　　　　D. 10 000

5. 设计速度为 100 km/h，圆曲线最小半径极限值为(　　)m。

A. 500　　　　　　　B. 400　　　　　　　C. 180　　　　　　D. 260

三、简答题

1. 确定圆曲线半径应考虑哪些因素？

2. 超高和加宽的作用有哪些？

3. 缓和曲线的作用有哪些？

4. 如何填制直线、曲线及转角表和逐桩坐标表？

四、计算题

1. 某山岭二级公路，有一半径 $R = 200$ m 的弯道，求超高为绕中轴旋转的缓和段的长度。

2. 某山岭二级公路，已知 JD_1 的坐标为(4 0 961.914，91 066.103)；JD_2 的桩号为 K8+学号尾号后两位×10，坐标为(40 433.528，91 250.097)；JD_3 的坐标为(40 547.416，91 810.329)，并设 JD_2 半径 $R = 200$ m，缓和曲线长 $L_s = 50$ m。求：(1)JD_2 的平曲线的要素；(2)JD_2 的主点桩号和坐标。

📺 ➤ 技能实训

1. 根据给定地区地形图，绘制一张 1：2 000 路线草图，在图 1.22 中注明各弯道的曲线主点位置；

2. 计算各交点间距，并以此计算设置平曲线以后的交点间直线段长度，并分析设计路段的直线段长度是否合理；

3. 计算各缓和曲线参数，并分析其设置的合理性。

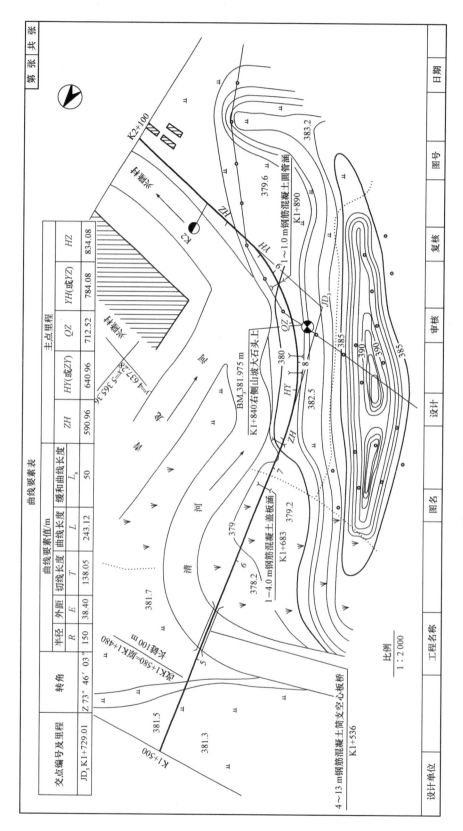

图1.22 公路路线平面示例图

项目 2　公路纵断面设计

知识目标

1. 了解路线纵断面设计的相关知识。
2. 理解平、纵线形组合的基本思路。
3. 理解视觉分析的意义。
4. 掌握竖曲线要素计算、纵坡设计和竖曲线设计的基本方法。
5. 掌握平、纵线形组合设计的要点和注意事项。
6. 掌握纵断面设计要点、方法及注意事项。
7. 熟练掌握纵断面设计图的设计步骤和路基设计表的计算填写。

公路纵断面设计

技能目标

1. 能够根据平面设计成果，进行路线纵断面设计。
2. 能够选定相应的竖曲线半径，计算竖曲线要素。
3. 能够绘制路线纵断面图。
4. 能够根据平面设计成果和纵断面设计图，填写路基设计表。
5. 能够看懂相关的工程图纸。

学时建议

8 课时

任务 2.1　公路纵断面设计

2.1.1　相关知识

路线纵断面图是沿着公路中线竖直剖切然后展开的线形。因其受到地形高低起伏的影响，路线纵断面应该是一条起伏的线形。路线纵断面设计图是公路设计成果的重要组成部分，将它与路线平面图结合起来就可以通过测量仪器把路线空间上的任意点找到，从而准确地定出公路的空间位置。

在纵断面图上有两条主要的线：一条是地面线，它是根据中线上各桩点的高程而点绘的一条不规则的折线，反映了沿着中线地面的起伏变化情况；另一条是设计线，它是经过技术上、经济上及美学上等多方面比较后设计人员定出一条具有规则形状的几何线，反映了道路路线的起伏变化情况。

纵断面设计线是由直线和竖曲线组成的。直线(即均匀坡度线)有上坡和下坡,是用坡度和水平长度表示的。直线的坡度和长度影响着汽车的行驶速度和运输的经济以及行车的安全,它们的一些临界值的确定和必要的限制,是以通行的汽车类型及行驶性能来决定的。

在直线的坡度转折处为平顺过渡要设置竖曲线,按坡度转折形式的不同,竖曲线有凹有凸,其大小用半径和水平长度表示。

2.1.2 路基设计标高

路线纵断面图上的设计标高,即路基设计标高,《公路路线设计规范》(JTG D20—2017)规定:

(1)新建公路的路基设计标高:高速公路和一级公路采用中央分隔带的外侧边缘标高;二、三、四级公路采用路基边缘标高,在设置超高、加宽地段为设超高、加宽前该处边缘标高。

(2)改建公路的路基设计标高:一般按新建公路的规定办理,也可视具体情况而采用行车道中线处的标高。

同一桩点的设计标高与地面标高的差值称为施工高度,又称填挖高度。若该桩点的施工高度为"+",即设计标高大于地面标高,这样的路段即为填方路段;若施工高度为"-",则为路堑,这样的路段为挖方路段。

路线的纵向坡度简称纵坡,用符号 i 表示,其值可按下式计算:

$$i = \frac{H_2 - H_1}{L} \times 100\% \qquad (2.1)$$

式中　　i——纵坡(%);

H_1,H_2——按路线前进方向为序的坡线两端点的标高(m);

L——坡线两端点间的水平距离,称坡线长度,简称坡长(m)。

【例 2.1】 路线前进水平距高 520 m,克服高差 13 m,则纵坡为多少?

【解】

$$i = \frac{H_2 - H_1}{L} \times 100\% = \frac{13}{520} \times 100\% = 2.5\%$$

从式(2.1)知,按路线前进方向,上坡时 i 为"+",下坡时 i 为"-",相邻两坡线的交点称为转坡点,在转坡点处应设竖曲线(图 2.1)。

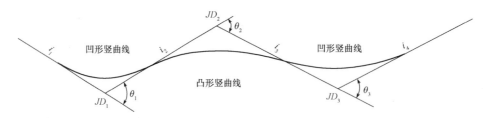

图 2.1　竖曲线示意

转坡点前后两坡度线坡度之差称为转坡角,用符号 ω 表示,其值可按下式计算:

$$\omega = i_1 - i_2 \qquad (2.2)$$

式中　　ω——转坡角的度数(rad),当 ω 为"+"时,竖曲线为凸形,当 ω 为"-"时,竖曲线为凹形;

i_1,i_2——转坡点前后坡线的纵坡,上坡时 i 为"+",下坡时 i 为"-"。

任务 2.2　纵坡设计

2.2.1　纵坡设计的一般要求

经过研究发现，汽车上坡时，若道路纵坡较慢，汽车行驶阻力的代数和小于或等于汽车所用挡位的牵引力，汽车就能用该挡位以等速或加速走完该段纵坡的全长。

若汽车所用的挡位越高，行驶速度越快，但爬坡能力越差，因此，公路纵坡设计总是力求纵坡较缓为好，等级较高的公路更是如此。

当道路的纵坡较陡，汽车上坡时行驶阻力的代数和大于汽车所用挡位的牵引力时，在坡段较短的情况下，只要在上坡之前加大汽车油门，提高汽车的初速度，利用动力冲坡的惯性原理，在车速降到临界速度之前，即使不换挡也能冲过此段纵坡。但如果道路纵坡既陡又长，汽车利用动力冲坡无法冲过坡顶，此时就必须在车速下降到某一程度时（如临界车速），换到较低的挡位来获得较大的汽车牵引力，汽车才能继续行驶。

汽车使用低挡的行程时间过长或换挡次数频繁，会延长行程时间，增加汽车燃料消耗和机件磨损。另外，从汽车的动力特性可知，道路纵坡对车速的影响极大，因为纵坡越陡，需要的牵引力越大，从而导致采用的挡位越低，行驶速度越慢。为了使汽车能保持较高的车速行驶，减少使用低挡和减少换挡次数，对道路纵坡提出如下要求：

(1)纵坡度力求平缓。

(2)陡坡宜短，长陡坡的纵坡度应加以严格限制。

(3)纵坡度变化不宜频繁，尤其应避免急剧的起伏变化，力求纵坡均匀。

除考虑汽车的动力特性进行纵坡设计外，为使纵坡设计更趋于经济合理，在纵坡设计时一般要求为：

(1)满足《公路工程技术标准》(JTG B01—2014)中有关纵坡的规定要求。

(2)纵坡应尽量平缓，起伏不宜过大、过频繁，并应尽量避免《公路工程技术标准》(JTG B01—2014)中规定的极限值，合理安排缓和坡段，不宜连续采用极限长度的陡坡之间夹最短长度的缓坡。连续上坡或下坡路段，应避免设置反坡段。

(3)应综合考虑沿线的地形、地质、气候等自然情况，并根据需要采取一定的技术措施，以保证公路的稳定和畅通。

(4)尽量减少土石方和其他工程数量，以降低工程造价。

2.2.2　坡度及坡长

1. 最大纵坡

道路最大纵坡是纵坡设计的极限值，是路线设计时的重要指标，其大小将直接影响公路的使用质量、行车安全以及运营成本和工程的经济性。

山区公路中的越岭线常常采用较大纵坡，这是因为纵坡越大，路程就越短，一般来说，工程量也越省。但由于汽车牵引力有一定的限制，故纵坡不能太大，必须对最大纵坡加以限制。

（1）确定最大纵坡应考虑的因素。

①汽车的动力性能。根据公路上行驶的车辆类型，按汽车行驶的必要条件和充分条件来确定；

②公路等级。公路等级越高，行车速度也越高，根据动力特性，对同类型车辆来说，速度越高其爬坡能力就越低，所以不同等级的公路有不同的最大纵坡度；

③自然条件。公路所经地区的地形、海拔高度、气温、雨量、湿度和其他自然因素，均影响汽车的行驶条件和爬坡能力。

（2）最大纵坡的确定。最大纵坡是公路纵断面设计的重要控制指标，特别是在山岭区。公路最大纵坡坡是在保证行车安全的前提下，根据汽车的动力性能、公路等级、自然条件等因素来确定。汽车沿陡坡行驶时，因克服坡度阻力、惯性阻力、空气阻力等需要增大牵引力，车速便会降低，若陡坡过长，将引起汽车水箱沸腾、气阻等情况，严重时，还可能使发动机熄火，使驾驶条件恶化。若沿陡坡下行，因制动次数增多，制动器易发热而失效，司机心理紧张，易引起交通事故，如东风 EQ1090 载货汽车及解放 CA1091 载货汽车上坡时均可采用三档顺利地通过 12% 左右的纵坡。但在下坡时却很不安全，当道路泥泞时，情况更为严重。因此，从行车安全考虑对最大纵坡必须加以严格限制。《公路工程技术标准》（JTG B01—2014）规定，各级公路的最大纵坡见表 2.1。

表 2.1　各级公路最大纵坡

设计速度/(km·h^{-1})	120	100	80	60	40	30	20
最大纵坡/%	3	4	5	6	7	8	9

①设计速度为 120 km/h、100 km/h、80 km/h 的高速公路受地形条件或其他特殊情况限制时，经技术经济论证，最大纵坡值可增加 1%；

②公路改、扩建中，设计速度为 40 km/h、30 km/h、20 km/h 的利用原有公路的路段，经技术经济论证，最大纵坡值可增加 1%；

③高速公路、一级公路应论证采用合理的平均纵坡，对存在连续长、陡纵坡的路段应进行安全性评价。

最大纵坡只是在线形受地形限制严重的路段才采用，如越岭路线为争取高度、缩短路线长度或避开困难工程可采用最大纵坡，在一般情况下，应尽量采用较小的纵坡，以利于将来提高公路等级。在非汽车交通比例较大的路段，可根据具体情况将纵坡适当放缓，平原微丘区一般为 2%～3%；山岭重丘区一般为 4%～5%。

小桥涵处的纵坡可按表 2.1 的限值设计，但大、中桥上的纵坡不宜大于 4%，桥头引道纵坡不大于 5%；位于城镇附近非汽车交通量较大的路段，桥上及桥头引道纵坡均不得大于 3%；紧接大、中桥桥头两端的引道纵坡应与桥上纵坡一致。

隧道内的纵坡不应大于 3%，并不小于 0.3%，独立的明洞和长度小于 50 m 的隧道，其纵坡不受此限；紧接隧道洞口的路线纵坡应与隧道内纵坡相同。

在海拔 3 000 m 以上的高原地区，因空气密度下降而使汽车发动机的功率和汽车的牵引力降低，导致汽车爬坡能力下降；另外，在高原地区，汽车水箱中的水容易沸腾而破坏冷却系统，故《公路路线设计规范》（JTG D20—2017）规定，在海拔 3 000 m 以上的高原地区，各级公路的最大纵坡值应按表 2.2 的规定予以折减，最大纵坡折减后若小于 4%，则仍采用 4%。

表 2.2　高原纵坡折减值

海拔高度/m	3 000~4 000	4 000~5 000	5 000 以上
纵坡折减/%	1	2	3

2. 最小纵坡

一般来说，为使公路上汽车行驶快速和安全，纵坡设计得小一些总是有利的。但在挖方路段，设置边沟的低填路段和横向排水不畅路段，为保证排水的要求，防止积水渗入路基而影响其稳定性。在这些路段应避免采用平坡，以免因为排水而将边沟挖得过深。故《公路路线设计规范》(JTG D20—2017)规定，在各级公路的长路堑路段，以及其他横向排水不畅的路段，均应采用不小于 0.3% 的纵坡，否则应对其边沟做纵向排水设计。

干旱地区以及横向排水良好的路段，其最小纵坡可不受上述限制。

3. 坡长限制

坡长限制主要是指对较陡纵坡的最大长度和一般纵坡的最小长度加以限制。

(1)最大坡长。按动力因素的要求，对较陡纵坡的坡段，其坡长应较小。从实际观测调查的结果表明，对纵坡大于 5% 的坡段，若其坡长过大，上坡时需采用较低挡且速度下降，发动机易受磨损甚至熄火停驶；下坡时坡度阻力为负值而使汽车加速行驶，为保证行车安全往往使用制动器来减速，频繁制动会使制动器失灵甚至造成车祸。因此，对纵坡大于 5% 的坡段，其最大坡长必须加以限制。《公路工程技术标准》(JTG B01—2014)对各级公路不同纵坡的最大坡长规定见表 2.3。高速公路和一级公路纵坡及坡长的选用应充分考虑车辆运行质量要求。对高速公路即使纵坡为 2%，其坡长也不宜过长。二级、三级、四级公路当连续纵坡大于 5% 时，应在不大于表 2.3 所规定的长度处设置缓和坡段。

表 2.3　各级公路纵坡长度限制　　　　　　　　　　　　　　　　　　　　　　m

纵坡坡度/%	设计速度/(km·h⁻¹)						
	120	100	80	60	40	30	20
3	900	1 000	1 100	1 200	—	—	—
4	700	800	900	1 000	1 100	1 100	1 200
5	—	600	700	800	900	900	1 000
6	—	—	500	600	700	700	800
7	—	—	—	—	500	500	600
8	—	—	—	—	300	300	400
9	—	—	—	—	—	200	300
10	—	—	—	—	—	—	200

在实际纵坡设计中，当大于 5% 的坡长还未达到其规定的限制坡长时，可变化坡度(应为连续上坡或连续下坡)，但其长度应按坡长限制的规定进行折算。例如，某山岭区三级公路的第一坡段纵坡为 8.0%，长度为 120 m。即占坡长限制值的 2/5。相邻坡段的纵坡为 7.0%，则其坡长不应超过 500×3/5＝300 m。也就是说 8.0% 的纵坡设计 120 m 以后，还可紧接着设计坡度为 7.0%、坡长为 300 m 的纵坡，此时坡长限制正好用完。

(2)最小坡长。坡段最小长度的限制基于以下两点：

①布设竖曲线的要求。各转坡点必须用竖曲线来连接相邻两坡段，因此，一个坡段的最小长度，就应等于转坡点竖曲线的切线长度之和。

②汽车行驶的要求。最小坡长限制主要是从汽车行驶平顺性的要求考虑。如果坡长过短，使变坡点增多，汽车行驶在连续起伏地段产生增重与减重的频繁变化，导致感觉不舒适，车速越高感觉越突出。最小纵坡通常以设计速度行驶 9～15 s 的行程作为规定值。《公路路线设计规范》(JTG D20—2017)对各级公路的最小坡长规定，见表 2.4。

表 2.4　各级公路最小坡长

设计速度/(km·h^{-1})	120	100	80	60	40	30	20
最小坡长/m	300	250	200	150	120	100	60

③缓和坡段。当纵坡长度达到限制坡长后按规定设置的较小纵坡的坡段，称为缓和坡段。其目的是减轻上坡时汽车的机件磨损和降低下坡时制动器的过高温度，以保证行车安全，缓和坡段的纵坡不应大于 8%，其长度应不小于表 2.4 所列的最小坡长的要求。

4. 平均纵坡

平均纵坡是在一定路线长度范围内路线两端点的高差与路线长度的比值。在山区公路的纵坡设计时，可能会不间断地交替使用标准规定的最大纵坡和缓和坡段，看起来似乎是合理的，但会造成汽车长时间用低挡爬坡或下坡需频繁刹车制动，为避免产生这种现象就要对路段的平均纵坡进行控制。《公路工程技术标准》(JTG B01—2014)规定：为了合理运用最大纵坡、坡长和缓和坡段，以保证车辆安全顺利行驶，二、三、四级公路越岭线的平均纵坡，平均纵坡不应大于 5.5%(相对高差为 200～500 m)和 5%(相对高差>500 m)，并且任意连续 3 km 路段的平均纵坡不应大于 5.5%。

5. 合成坡度

道路在平曲线路段，若纵向有纵坡且横向又有超高时，则最大坡度在纵坡和超高横坡所合成的方向上，这时的最大坡度称为合成坡度，如图 2.2 所示，合成坡度用符号 i_M 表示，其值可用下式计算：

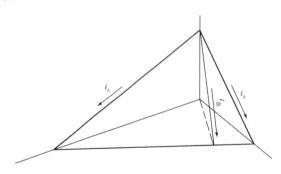

图 2.2　合成坡度示意图

$$i_M = \sqrt{i^2 + i_b{}^2}　　　　　　　　　　(2.3)$$

式中　i_M——合成坡度(%)；

i——路段纵坡(%)；

i_b——路段超高横坡(%)。

一般情况下，为了保证路面排水，合成坡度的最小值不宜小于 0.5%。汽车在有合成坡度的路段行驶时，如果合成坡度过大，由于离心力的作用，可能引起汽车向合成坡度方向的倾斜和侧向滑移，给汽车行驶带来危险。因此，应将合成坡度控制在一定的范围之内。

各级公路的最大容许合成坡度值，见表2.5。

表2.5 公路最大合成坡度

公路技术等级	高速公路、一级公路				二级公路、三级公路、四级公路				
设计速度/(km·h^{-1})	120	100	80	60	80	60	40	30	20
合成坡度值/%	10.0	10.0	10.5	10.5	9.0	9.5	10.0	10.0	10.0

任务 2.3 竖曲线设计

2.3.1 竖曲线的相关概念

纵断面上相邻两条纵坡线相交的点称为变坡点。为了行车平顺用一段曲线来过渡，称为竖曲线。在我国，为设计和计算上的方便通常采用二次抛物线的形式。

在纵坡设计时，由于纵断面上只反映水平距离和竖直高度，因此，竖曲线的切线长与弧长是其在水平面上的投影，切线支距是竖直的高程差，相邻两条纵坡线相交角用转坡角表示。当竖曲线转坡点在曲线上方时为凸形竖曲线；反之为凹形竖曲线。

竖曲线的主要作用如下：

(1)缓和冲击。以平缓的竖曲线取代折线可消除汽车在该处的颠簸，一定程度上能够提高乘客的舒适感。

(2)满足纵向行车视距要求。在凸形竖曲线处，倘若纵坡坡差较大时，若无竖曲线，盲区部位的路障便看不见，若设置了适当的竖曲线，则视距将获得保证。

2.3.2 竖曲线的要素计算

《公路工程技术标准》(JTG B01—2014)规定，竖曲线的线形采用二次抛物线，如图2-3所示。

二次抛物线的数学方程式为 $x^2=2py$，若将坐标原点设在竖曲线顶点时，其参数 p 即竖曲线顶点的曲率半径用符号 R 表示，则竖曲线的方程式为 $x^2=2py$，由于竖曲线的切线长与弧长是其在水平面上的投影，切线支距是竖直的高度差，所以竖

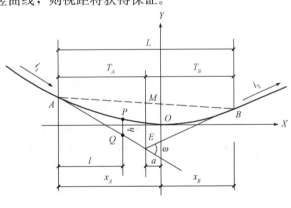

图2.3 竖曲线计算图示

曲线长度即为竖曲线起终点的水平距离 L 竖曲线的切线长 T 即为竖曲线长度的一半。据此竖曲线要素的计算公式为

竖曲线长：

$$L=R\omega$$

切线长：

$$T=\frac{L}{2}$$

外距：

$$E = \frac{T^2}{2R}$$

竖距：

$$h = \frac{x^2}{2R} \tag{2.4}$$

式中　ω——两相邻纵坡的代数差，在竖曲线要素计算时取其绝对值；

　　　h——竖曲线上任意点到切线的竖距，即竖曲线上任意点与拉坡线的高差，也称改正值(m)；

　　　x——竖曲线上任意点与竖曲线起点或终点的水平距离(m)。

2.3.3　竖曲线的最小半径和最小长度

在纵断面设计中，竖曲线的设计受众多因素的限制，其中有三个限制因素决定着竖曲线的最小半径或最小长度。

1. 缓和冲击

汽车行驶在竖曲线上时，产生径向离心力。在凹形竖曲线上表现为增重，在凸形竖曲线上为减重。这种增重与减重达到某种程度时，旅客就有不舒适的感觉，同时，对汽车的悬挂系统也有不利影响，所以确定竖曲线半径时，对离心加速度应加以控制。

2. 时间行程不过短

汽车从直坡道行驶到竖曲线上，尽管竖曲线半径较大，当坡角很小时，竖曲线长度也很短。其长度过短时，汽车倏忽而过会使驾驶员产生变坡很急的错觉，旅客也会感到不舒。因此，应限制汽车在竖曲线上的行程时间不宜过短，最短应满足 3 s 行程。

3. 满足视距的要求

汽车行驶在竖曲线上，若为凸形竖曲线，如果半径太小，会阻挡驾驶员的视线。若为凹形竖曲线，也同样存在视距问题。对地形起伏较大地区的道路，在夜间行车时，若竖曲线半径过小，前灯照射距离近，影响行车速度和安全；高速公路及城市道路跨线桥、门式交通标志及广告宣传牌等，如果它们正好处在凹形竖曲线上方，也会影响驾驶员的视线。因此为了保证行车安全，对竖曲线的最小半径和最小长度应加以限制。

（1）凸形竖曲线的最小半径和最小长度。凸形竖曲线最小长度应以满足停车视距要求为主，根据缓和冲击、行驶时间及视距要求三个限制因素。《公路工程技术标准》(JTG B01—2014)规定的一般最小半径为极限最小半径的 1.5～2.0 倍，在条件许可时应尽量采用大于一般最小半径的竖曲线为宜。竖曲线最小长度相当于各级道路设计速度的 3 s 行程。

（2）凹形竖曲线最小半径和最小长度。凹形竖曲线的最小长度，应满足两种视距的要求：一是保证夜间行车安全，前灯照明应有足够的距离；二是保证跨线桥下行车有足够的视距。

根据影响竖曲线最小半径三个限制因素，可计算出凹形竖曲线最小半径。凹形竖曲线最不利的情况是径向离心力的冲击，故应以它作为有效控制。《公路工程技术标准》(JTG B01—2014)规定的一般最小半径为极限最小半径的 1.5～2.0 倍。凹形竖曲线最小长度同凸形竖曲线。

《公路工程技术标准》(JTG B01—2014)规定，各级公路在纵坡变更处均应设置竖曲线，竖曲线的最小半径和最小长度规定见表 2.6。

表 2.6　竖曲线最小半径和最小长度

设计速度/(km·h^{-1})	120	100	80	60	40	30	20
凸形竖曲线最小半径/m	11 000	6 500	3 000	1 400	450	250	100
凹形整曲线最小半径/m	4 000	3 000	2 000	1 000	450	250	100
竖曲线最小长度/m	100	85	70	50	35	25	20

4. 竖曲线的设计和计算

(1)竖曲线设计。竖曲线设计的主要内容是选定半径和做好相邻竖曲线的衔接。竖曲线半径的选定，在不过分增加工程数量的情况下，应尽量选用比表 2.6 中大得多的半径；对行车速度较高的公路，为了使公路的线形获得理想的视觉效果，还须从满足视觉的要求上确定竖曲线最小半径值，见表 2.7。

表 2.7　视觉所需的最小竖曲线半径

设计速度/(km·h^{-1})	竖曲线半径/m		设计速度/(km·h^{-1})	竖曲线半径/m	
	凸形	凹形		凸形	凹形
120	20 000	12 000	80	12 000	8 000
100	16 000	10 000	60	9 000	6 000

当相邻两坡段的转坡角较小时更应选用较大的竖曲线半径，以满足最小坡长的要求，转坡角 ω 一般宜大于 0.5%，但当转坡角 ω 小于 0.3%且有一定长度不利于排水时，应重新设计纵坡以满足排水要求。

两相邻竖曲线，当它们的转向相同(转坡角都为正或为负)时，称为同向竖曲线；当它们的转向相反(即：转坡角一个为正，另一个为负)时。称为反向竖曲线，尤其同向凹形竖曲线，如果它们之间的直线坡段不长，应合并为单个曲线或复曲线形式的竖曲线，以免形成断背曲线，对反向竖曲线，最好中间设置一段直坡，直坡段的长度一般不小于设计速度的 3 s 行程。

(2)竖曲线计算。竖曲线计算主要包括竖曲线起、终点桩号计算和竖曲线上各桩号设计标高的计算。根据已确定的纵坡和选定的竖曲线半径，即 i 和 ω 为已知，按式(2.3)计算的竖曲线基本要素 T、L 和 E，则：

$$竖曲线始点桩号＝转坡点桩号－T$$
$$竖曲线终点桩号＝转坡点桩号＋T$$

在竖曲线范围内各桩号的设计标高与拉坡线的标高差值为 y，称为竖曲线设计标高改正(修正)值，可按式(2.4)求得，则：

$$凸形竖曲线上的设计标高＝该桩号的切线标高－h$$
$$凹形竖曲线上的设计标高＝该桩号的切线标高＋h$$

【例 2.2】　某山岭区二级公路，变坡点设在 K5＋660 桩号处，其高程为 1 282.464 m。两相邻坡段前坡的 $i_1＝+4.6\%$，后坡的 $i_2＝-2.4\%$，竖曲线单径 $R＝2 000$ m。试计算竖曲线要素以及桩号 K5＋640 和 K5＋700 处的路基设计标高。

【解】

(1)竖曲线要素计算。其计算式为

转坡角：$\omega＝i_1-i_2＝0.046-(-0.024)＝0.07>0$，为凸形竖曲线。

曲线长：

$$L = R\omega = 2\,000 \times 0.07 = 140(\text{m})$$

切线长：

$$T = \frac{L}{2} = 140/2 = 70(\text{m})$$

外距：

$$E = \frac{T^2}{2R} = 70^2/(2 \times 2\,000) = 1.225(\text{m})$$

竖曲线起点桩号：

$$(\text{K5}+660) - 70 = \text{K5}+590$$

竖曲线终点桩号：

$$(\text{K5}+660) + 70 = \text{K5}+730$$

(2)桩号 K5+640 处设计标高计算。其计算式为

平距：

$$x = (\text{K5}+640) - (\text{K5}+590) = 50(\text{m})$$

竖距：

$$h = \frac{x^2}{2R} = 50^2/(2 \times 2\,000) = 0.625(\text{m})$$

切线标高：

$$1\,282.464 - [(\text{K5}+60) - (\text{K5}+640)] \times 0.046 = 1\,281.544(\text{m})$$

设计标高：

$$1\,281.544 - 0.625 = 1\,280.919(\text{m})$$

(3)桩号 K5+700 处设计标高计算。其计算式为

平距：

$$x = (\text{K5}+730) - (\text{K5}+700) = 30(\text{m})$$

竖距：

$$h = \frac{x^2}{2R} = 30^2/(2 \times 2\,000) = 0.225(\text{m})$$

切线标高：

$$1\,282.464 - [(\text{K5}+700) - (\text{K5}+660)] \times 0.024 = 1\,281.504(\text{m})$$

设计标高：

$$1\,281.504 - 0.225 = 1\,281.279(\text{m})$$

2.3.4 路线纵断面结构及线形组合

1. 纵断面结构

纵断面设计主要是指纵坡和竖曲线设计。其主要内容是根据公路等级和相关规定、自然条件和拟建构造物标高要求等，确定路线适当的标高、各坡段的坡度和坡长，并设计竖曲线。

(1)纵断面设计要求。纵断面设计首先涉及的内容是纵断面线形布置，它包括不同地形条件下的设计标高控制，各坡段的纵坡设计和转坡点位置确定等。

①各种地形条件下的标高控制。设计标高的控制是指在纵坡设计时将路线安排在哪一个高度上最为合适。

a. 在平原区，地形平坦，河沟纵横交错，水源丰富，地下水水位较高，因此，路线设计标高主要按保证路基稳定的最小填土高度控制。

b. 在丘陵地区，地面有一定的高差，除局部地段外，路线在纵断面上克服高差较容易，因此，设计标高的确定主要由土石方平衡和降低工程造价来控制。

c. 在山岭地区，地形变化频繁，地面自然坡度大，布线有一定的困难。因此，设计标高主要由坡度和坡长控制，但也要从土石方尽量平衡及路基防护工程经济性等方面考虑，力求降低工程造价。

d. 沿溪线路段，为保证路基安全稳定，路基一般应高出规定洪水频率的计算水位加壅水高度、波浪侵袭高度和 0.5 m 的安全高度以上。

另外，纵断面设计标高的控制，还应考虑公路的起终点、交叉口、垭口、隧道、桥梁、排泄涵洞、地质不良地段等方面的要求。这类地物和人工造物对设计标高控制往往起着决定性的作用。

②各种地形条件下的纵坡设计。对不同地形的纵坡设计，要在初步拟定设计标高控制的基础上以求纵坡设计合理。

a. 平原微丘地形的纵坡应均匀、平缓，并注意保证路基最小填土高度和最小排水纵坡的要求。

b. 丘陵地形的纵坡应避免过分迁就地形而使路线起伏过大。

c. 山岭重丘地形的沿溪线，应尽量采用平缓的纵坡，坡长不宜过短，纵坡度不宜过大，高等级的公路更应注意不宜采用陡坡。

d. 越岭线的纵坡应力求均匀，尽量不采用极限或接近极限的坡度，更不宜连续采用极限长度的陡坡之间夹短距离缓和坡段的纵坡线形。越岭线不应设置反坡，以免浪费高程。

e. 山脊线和山腰线，除结合地形不得已时采用较大的纵坡外，一般情况下应采用平缓的纵坡。

③转坡点位置的确定。转坡点是两条相邻设计纵坡线的交点；两转坡点之间的水平距离称为坡长。转坡点位置的确定，直接影响到纵坡度的大小，坡长，平、纵断面组合，土、石方填挖平衡和公路的使用质量。因此，在确定转坡点位置时，除要尽量使填挖工程量最小和线形最理想外，还应使最大纵坡、最小纵坡、坡长限制、缓和坡段满足相关规定的要求，同时还要处理好平、纵面线形的相互配合与协调。为方便设计和计算，转坡点的位置一般宜设在 10 m 的整数桩号处。

(2)纵断面设计方法与步骤。公路的纵坡是通过公路定线和室内设计两个阶段来实现的。在定线阶段，选线人员在现场或纸上定线时结合平面线形、地形等已对公路纵坡做了全面的考虑，所以，纵断面设计由选线人员在室内根据选线时的记录，以及桥涵、地质等方面对路线的要求，综合考虑工程技术与经济的因素，最后定出路线的纵坡。纵断面设计一般按以下步骤进行。

①准备工作。纵坡设计(俗称拉坡)前首先应收集和研究地形、地质、水文、筑路材料的各项记录、图表等野外资料，熟悉领会设计意图和各项具体要求。然后，在纵断面图上点绘出里程柱号、地面高程和地面线、直线与平曲线，并将桥梁、涵洞、隧道、交叉、地质情况等与纵坡设计有关的资料在纵断面图上标明，以便供拉坡时参考。

②标注控制点。控制点是指影响纵坡设计的高程控制点。如路线的起终点、垭口、桥涵、地质不良路段最小填土高度、最大挖深沿溪线的洪水位、隧道进出口、平面交叉和立

体交叉点、与铁路交叉位置及受其他因素限制路线必须通过的高程。这些"控制点"使路线必须通过它或限制从其上、下方通过。对于参考性的"控制点"叫作经济点，是考虑各横断面上横向填挖基本平衡的经济点，如图 2.4 所示。

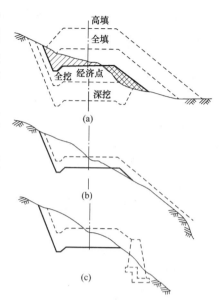

③试定纵坡。试定纵坡应以"控制点"为依据，照顾多数"经济点"的原则。试定坡度要点为"前后照顾，以点定线，反复比较，以线交点"。在满足控制点和坡度、坡长要求的情况下，尽可能地多照顾到经济控制点，才能达到符合技术标准和工程投资节省的目的。

④调整纵坡。试定纵坡之后，首先将所定的坡度与定线时所考虑的坡度进行比较，两者应基本相符，若有较大差异，应全面分析，找出原因，决定取舍。然后检查纵坡度、坡长、合成坡度等是否满足《公路路线设计规范》(JTG D20－2017)的规定，以及平、纵断面组合是否合理，若有问题应进行调整。

图 2.4　横断面上的经济点
(a)半填半挖；(b)多挖少填；(c)全挖路基

调整纵坡的方法一般有抬高、降低、延长、缩短坡线和加大减小、纵坡度等。调整时应以少脱离控制点，尽量减少填挖量，与自然条件协调为原则，使调整后的纵坡与试定纵坡基本相符。

⑤与横断面进行核对。根据已调整的纵坡线，选择有控制意义的重点横断面，如高填深挖、挡土墙、重要桥涵等横断面，在纵断面上直接估读出填挖高度，对照相应的横断面图进行认真的核对和检查。若出现填挖工程量过大、填方坡脚落空以及挡土墙工程量过大等情况，应再次调整纵坡线，直到满足要求为止。

⑥确定纵坡。公路的起点、终点设计标高是根据接线的需要事先确定的。纵坡线经调整核对无误后，即可确定纵坡。其方法是从起点开始，根据坡度和坡长分别计算出各转坡点的设计标高。转坡点设计标高确定后，公路纵坡设计线也随之确定。

2. 设计纵坡时注意事项

(1)在回头曲线地段设计纵坡时，应先确定回头曲线上的纵坡，然后从两端接坡，以满足回头曲线的特殊纵坡要求。

(2)大、中桥上，一般不宜设竖曲线，尤其是凹形竖曲线，桥头两端的竖曲线，其起点、终点应设在桥头 10 m 以外，如图 2.5(a)所示。

(3)小桥涵可设在斜坡地段和竖曲线上，但对等级较高的公路，为使公路纵坡具有一定的平顺性，应尽量避免小桥涵处出现急变的"驼峰式"纵坡，如图 2.5(b)所示。

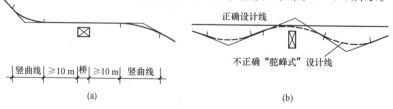

图 2.5　桥涵纵坡处理

任务 2.4 公路平、纵线形组合设计

公路线形是指公路在三维空间中的立体几何形态。公路线形设计是在路线的各项几何技术指标满足与道路等级相应的技术标准要求的前提下，进一步研究线形各要素的运用和进行巧妙组合。即结合地形、地物、景观、视觉和经济性等，研究如何满足驾驶员在视觉和心理方面的连续性、舒适性及与周围环境相协调，以保证汽车行驶的安全、舒适与经济。

2.4.1 视觉分析

1. 视觉分析的意义

公路设计除应考虑自然条件、汽车行驶力学的要求外，还要将驾驶员在心理和视觉上的反应作为重要因素考虑。汽车在公路上行驶时，驾驶员是通过视觉、运动感觉和时间的变化来判断线形的。公路的线形、周围景观、标志及其他有关信息，驾驶员几乎都是通过视觉感受到的。从视觉心理出发，对公路的空间线形及其与周围自然景观和沿线建筑的协调等进行研究分析，以保持视觉的连续性，使行车具有足够的舒适感和安全感的综合设计称为视觉分析。

2. 视觉与车速的动态规律

驾驶员的视觉判断能力与车速密切相关，车速越高，其注视前方越远，则视角逐渐变小。驾驶员的注意力集中和心里紧张程度随车速的增加而增加，注意力集中点和视野距离会随车速变化而变化，当汽车高速行驶时，驾驶员对前景细节的视觉开始变得模糊不清，而视角随车速逐渐变窄。由此可见，对于快速道路来说，必须使驾驶员明白无误地了解路线线形，尽量避免由于判断错误而导致驾驶失误。

3. 视觉评价方法

线形状况是指公路平面和纵断面线形所组成的立体形状，在汽车快速行驶中给驾驶员提供的连续不断的视觉印象。设计者通过公路透视图评价线形组合是否顺势流畅，对易产生判断失误和茫然的地方，必须在设计阶段进行修改。

2.4.2 平、纵面线形组合原则和要求

公路平、纵面线形组合应遵循以下设计原则：

(1)应在视觉上能自然地诱导驾驶员的视线，并保持视觉的连续性。

(2)平面、纵断面线形的技术指标应大小均衡，避免出现平面高标准。纵断面低标准，或与此相反的情况，使线形在视觉上、心理上保持协调。

(3)选择组合得当的合成坡度，以利于路面排水和行车安全。设计时要注意纵坡不应小于0.3%，同时，应避免形成合成坡度过大的线形。因为合成坡度过小，路面排水迟缓和滞水，妨碍汽车高速行驶；合成坡度过大，妨碍行车安全和容易发生事故，特别是在积雪严寒冰冻地区危险性更大。

(4)平、纵面线形组合应注意与周围环境相配合，充分利用公路周围的地貌、地形、天然树林、建筑物等，尽量保持自然景观的连续，以消除景观单调感，使公路与大自然融为一体起到赏心悦目的作用，减轻调整驾驶的疲劳感，合宜的景观设计还能起诱导视线的作用。

2.4.3 平曲线与竖曲线组合

(1)平曲线与竖曲线重合时，平曲线应稍长于竖曲线，即"平包纵"，如图2.6所示。

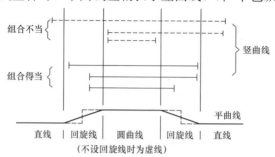

图2.6 平曲线与竖曲线组合

(2)平曲线与竖曲线的顶点对应关系，最理想的是顶点重合(即转坡点设置在平曲线的曲中点QZ位置)。若平曲线与竖曲线的顶点错开不超过1/4时，还可以得到较理想的线形；如果超过1/4，就易出现不合理的平、纵组合。

(3)平曲线和竖曲线半径大小应保持均衡，可使线形顺滑优美，视觉上获得美学上的满足，且行车安全舒适，这是平、纵线形组合设计的重要环节。平曲线半径大时，竖曲线半径也要相应的大；平曲线长时，竖曲线也须相应的长，这样就可以达到两者均衡。表2.8所列的平、竖曲线的对应关系，是考虑了视觉要求和工程费用相协调平衡的关系值，在设计时可参考采用。

表2.8 平、竖曲线半径的均衡

平曲线半径/m	竖曲线半径/m
500	10 000
700	12 000
800	16 000
900	20 000
1 000	25 000
1 100	30 000
1 200	40 000
1 500	60 000
2 000	100 000

(4)选择适宜的合成坡度，有条件时，一般最大合成坡度不宜大于8%，最小合成坡度不宜小于0.5%，应避免急弯与陡坡相重合的线形，在下列情况下，平曲线与竖曲线应避免组合：

①设计车速大于或等于40 km/h的公路，凸形竖曲线的顶部和凹形竖曲线的底部，应避免插入小半径平曲线；如果在凸形竖曲线的顶部设有小半径的平曲线，驾驶员须驶近坡顶才能发现平曲线，这就会导致制动并急转方向盘而易发行车危险，即"抬斗坡"；在凹形竖曲线的底部设有小半径平曲线，会因汽车高速下坡时急转弯，同样可能发生行车危险。

②凸形竖曲线的顶部，不得与反向平曲线的拐点重合。主要是因为这样的组合除上述所列情况外，还因组合后的扭曲使线形很不美观。

③小半径竖曲线不宜与缓和曲线相互重叠。

62

2.4.4　平面与纵坡的组合

平面与纵坡的
组合设计

长直线上不宜设置陡坡,并应避免在长陡坡下端平面与纵坡组合时,在平面的度的控制与线形组合设计相结合,特别应设置小半径平曲线。有条件时,应将合成坡度的控制与线形组合设计相结合,特别是应避免急弯与陡坡相重合的线形,以策安全。

在直线上的纵面线形应避免出现驼峰、暗凹、跳跃等使驾驶员视觉中断的线形,特别是在短直线上反复变坡更会加剧这种现象的发生,使线形不美观、不连贯,所以,公路的纵坡若有两次以上的较大起伏,就应避免采用长直线,而使平面线形随纵坡的变化略加转折,同时注意平、纵面的合理组合,如图2.7所示。

图 2.7　不利的线形组合

2.4.5　平、纵线形组合与景观的协调配合

(1)应在道路的规划、选线、设计、施工全过程中重视景观要求,尤其在规划和选线阶段。

(2)在选定路线时,应充分地利用自然风景,尽量做到路线与大自然融为一体,不产生生硬感和隔断突兀感。特别是在长直线路段上,应使驾驶者能看到前方显著的景物。

(3)对道路本身不能仅把它当作技术对象,还应将它作为景观来看待,修建时要少破坏沿线自然景观,尽量避免高填深挖。

(4)横断面设计要使边坡造型和绿化与现有景观相适应,弥补填挖对自然景观的破坏。

(5)应进行综合绿化处理,避免形式和内容上的单一化,应将绿化作为诱导视线、点缀风景,以及改造环境的一种措施而进行专门设计。

(6)应根据技术和景观要求合理选定构造物的造型、色彩,使道路构造物成为对自然景观的补充。

任务 2.5　纵断面设计要点

确定纵断面设计坡度线的过程称为拉坡。拉坡是关键的步骤,它涉及行车的安全、经济、舒适、迅速和美观,同时,还影响到将来横断面设计以及整个公路线形协调的问题,因此要综合考虑各种因素才能确定。一般至少要考虑符合标准、安全舒适、工程经济、自然条件、平纵组合、高程配合、景观协调和环境保护八个方面的原则，每个方面又根据实际情况着重考虑多方面的问题。

2.5.1 纵断面设计应符合技术标准

一般情况下，按照相关标准执行，并应注意检查以下几个方面：

(1)纵坡设计线须符合技术标准。纵坡设计时，应分别符合规定的最大纵坡、最小纵坡、最短坡长、平均纵坡、合成纵坡以及缓和坡段。

(2)调整平面线须符合技术标准。纵断面设计完成后，平曲线一般不予调整，如遇到特殊原因需调整平曲线半径时，应符合极限最小半径和不设超高最小半径的规定。另外，直线和缓和曲线的设置也应符合直线最小长度和缓和曲线合理长度的要求。

(3)设计竖曲线须符合技术标准。竖曲线半径及长度应符合规定的凸、凹形竖曲线最小长度和最小半径的要求。

2.5.2 保证安全舒适

(1)纵坡起伏不宜太大、太频繁；
(2)尽量避免采用极限指标；
(3)缓坡宜长、陡坡宜短；
(4)越岭线垭口处坡度宜缓；
(5)两相邻变坡点之间的坡长不宜太短；
(6)避免在桥涵处设置驼峰状纵断面。

2.5.3 力求工程经济

1. 纵横向填挖平衡

纵坡设计时，设计线的位置尽量使纵向挖出的土石方与所需填方大致相等，横断面上每个桩号处都尽量使其挖方和本桩利用的填方大致相等。

2. 尽量避免高填深挖

过高的路堤使填方数量大，边坡放坡过长。占地多，不经济，而且如不采取边坡防护措施，则边坡稳定性难以保证，深挖路堑常需要做支挡或防护工程，不但造价高，而且往往引发地质灾害，也对环保不利。

3. 力求减少挡土墙

一般在不稳定路基的路堤和路堑地段设置挡土墙，如在纵坡设计时有意识地避免高填深挖或绕避地质不良路段，往往可以减少挡土墙，使工程更加经济。

2.5.4 考虑自然条件

1. 挖方路段考虑边沟排水

当路线纵坡与边沟纵坡一同设计并保持一致时，边沟纵坡不宜小于0.3%，特殊困难地段不宜小于0.2%。

2. 沿溪线高出洪水位0.5 m以上

沿溪线路基一般应高出表2.9所规定的洪水频率计算水位0.5 m以上。对于桥涵高程，应在桥涵设计洪水频率水位以上，并考虑结构层厚度及涵洞的覆土要求。

表 2.9　路基和桥涵设计洪水频率

构造物名称	公路等级				
	高速公路	一级公路	二级公路	三级公路	四级公路
特大桥	1/300	1/300	1/100	1/100	1/100
大、中桥	1/100	1/100	1/100	1/50	1/50
小桥	1/100	1/100	1/50	1/25	1/25
涵洞及小桥排水构造物	1/100	1/100	1/50	1/25	不作规定

注：对于通航河流，桥梁高程应在通航水位及通航净空高度以上。

3. 保证路基最小填土高度

最小填土高度依土质情况而异，干燥路基最小填土高度应满足表 2.10 的规定。

表 2.10　干燥路基最小填土高度

土组	砂性土	粉性土	黏性土
最小填土高度/m	0.3～0.5	0.5～0.8	0.4～0.7

2.5.5　注意平纵组合

(1)竖曲线的起点、终点分别对应在平曲线的前后缓和曲线上，也就是常说的"平包纵"，这种组合是最合理的。

(2)若平曲线半径很大，大于不设超高最小半径而无须设置缓和曲线时，竖曲线的起点、终点均对应在圆曲线上。

(3)若平面采用的直线较长，只能在平面直线段上设置竖曲线时，应避免在同一直线段上连续设置竖曲线甚至驼峰状竖曲线。

(4)竖曲线的起点对应在平曲线的前缓和曲线上，整曲线的终点对应在平曲线的圆曲线上；或竖曲线的起点对应在平曲线的圆曲线上，竖曲线的终点对应在平曲线的后缓和曲线上(俗称"歪组合")，只有当地形条件受到严格限制时才能采用。

除以上几种情形外，其余的组合均认为是不合理的。

2.5.6　注意高程配合

(1)主要控制点的高程限制。设计纵断面时，要标注控制点和经济点(纵向和横向设计线均使开挖的土石方与所需填方大致相等的高程点)，并对其进行认真研究，合理控制。

(2)平交和立交点高程配合。公路与公路平面交叉时，注意公路设计线在该处最好设计一段缓坡，并让设计线高程与平交道路的路面标高保持一致；当为立体交叉时，如公路下穿应符合公路建筑限界的要求；如公路上跨则应满足既有公路建筑限界的要求。

(3)路基与构造物的高程配合。

(4)村镇、农田、灌溉系统等高程的配合。

2.5.7　重视景观协调

(1)应在公路的规划、选线、设计、施工全过程中重视景观要求。尽量减少破坏沿线景观，避免高填深挖，力求与周围的风景自然地融为一体，不得已时可采用修整、植草皮等措施予以补救。

（2）合理掌握标准，灵活运用指标；利用运行车速，优化公路线形，突出自然景观，平面截弯取直，曲线连续流畅；纵断面填挖平衡；灵活确定坡率，边坡自然流畅；生态区域分段，设计动感景观；注重细部处理，增加路容美观；修饰取土坑、弃土堆，绿化恢复生态；挡墙护栏须设计得安全而富有特色。

2.5.8 注重环境保护

（1）结合绿化处理。应进行综合绿化处理，避免形式和内容上的单一，将绿化视作点缀风景以及技术措施进行专门设计。

（2）边坡自然融合。条件允许时宜适当放缓边坡或将其边坡上修整圆滑，边坡接近自然地面起伏，增进路容美观。

任务 2.6 纵断面设计成果

纵断面设计成果，主要包括路线纵断面图和路基设计表。其中，纵断面设计图是公路设计的重要文件之一，它反映路线所经范围的中心地面起伏情况与设计纵坡之间的关系。将纵断面线形与平面线形组合起来，就能反映出公路线形在空间的位置。

路基设计表中主要填写路线平、纵面等主要测设与设计资料，里程桩号，填、挖宽度（包括加宽），超高值等有关内容，为公路横断面设计提供基本数据，同时，也可作为路基施工的依据之一。

2.6.1 路线纵断面图

纵断面图采用直角坐标，以横坐标表示水平距离，纵坐标表示垂直高程。为了明显地表明地形起伏，通常采用的纵坐标的比例尺比横坐标的大 10 倍。常用的比例尺有：横坐标采用 1∶2 000 或 1∶5 000，纵坐标采用 1∶200 或 1∶500 等。

按设计要求，纵断面图的上半部应注示出高程、地面线、设计线、竖曲线及其要素，标注出桥涵的位置、结构类型和孔径；水准点的编号、位置和高程，与公路或铁路交叉的桩号和路名，断链桩的位置、桩号和长短链关系，以及跨越河流的洪水位、影响路基高度的沿线河流洪水位、地下水水位等；图的下半部分应标出地质土壤、坡度与坡长、设计标高、地面标高、里程桩号、直线及平曲线等栏目，如图 2.8 所示。

2.6.2 路基设计表

路基设计表是公路设计文件的组成内容之一，它是路线平面设计、纵断面设计和横断面设计测设资料的综合。它基本上可以代替平面、纵断面和横断面设计图，表中填列路线的平、纵线形和所有整桩、加桩及填挖高度、路基宽度（包括加宽）、超高值等有关资料，是路基横断面设计的基本数据，也是施工的重要依据之一。高速公路的路基设计表，见表 2.11。

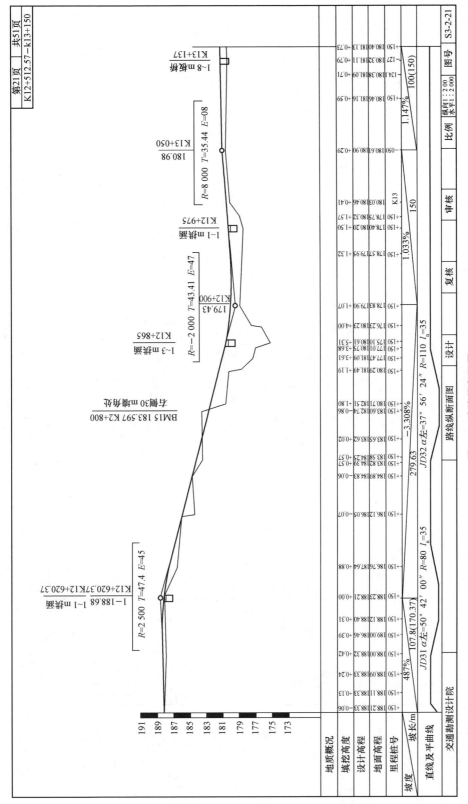

图 2.8 路线纵断面图

· 67 ·

表 2.11 高速公路

桩号	平曲线		坡度及竖曲线		地面高程/m	设计高程/m	填挖高度/m		路基宽度/m								
									左				中分带	右			
	左	右	凸	凹	/m		填	挖	W4	W3	W2	W1	W	W1	W2	W3	W4
1	2	3	4	5	6	7	8	9	10	11	12	13	14	15	16	17	18
K0+000					35.074	35.074		0.000	0.75	3.00	7.50	0.50	2.00	0.50	7.50	3.00	0.75
+020					35.174	35.306	0.132		0.75	3.00	7.50	0.50	2.00	0.50	7.50	3.00	0.75
+040					34.291	35.538	0.132		0.75	3.00	7.50	0.50	2.00	0.50	7.50	3.00	0.75
+046.5					32.755	35.613	2.858		0.75	3.00	7.50	0.50	2.00	0.50	7.50	3.00	0.75
+060					32.577	35.770	3.193		0.75	3.00	7.50	0.50	2.00	0.50	7.50	3.00	0.75
+077.2					34.548	35.969	1.421		0.75	3.00	7.50	0.50	2.00	0.50	7.50	3.00	0.75
+080					34.108	36.002	1.894		0.75	3.00	7.50	0.50	2.00	0.50	7.50	3.00	0.75
+100					33.071	36.234	3.163		0.75	3.00	7.50	0.50	2.00	0.50	7.50	3.00	0.75
+120					33.026	36.446	3.440		0.75	3.00	7.50	0.50	2.00	0.50	7.50	3.00	0.75
+140					33.985	36.698	2.713		0.75	3.00	7.50	0.50	2.00	0.50	7.50	3.00	0.75
+160.506					35.529	36.936	1.407		0.75	3.00	7.50	0.50	2.00	0.50	7.50	3.00	0.75
+180					34.424	37.162	2.738		0.75	3.00	7.50	0.50	2.00	0.50	7.50	3.00	0.75
+200					36.606	37.394	0.788		0.75	3.00	7.50	0.50	2.00	0.50	7.50	3.00	0.75
+220					37.047	37.626	0.579		0.75	3.00	7.50	0.50	2.00	0.50	7.50	3.00	0.75
+240	$R=\infty$		1.159%		37.394	37.858	0.464		0.75	3.00	7.50	0.50	2.00	0.50	7.50	3.00	0.75
+260	$L-$		600		37.577	38.090	0.513		0.75	3.00	7.50	0.50	2.00	0.50	7.50	3.00	0.75
+280	843.749				37.887	38.322	0.435		0.75	3.00	7.50	0.50	2.00	0.50	7.50	3.00	0.75
+300					37.064	38.554	1.490		0.75	3.00	7.50	0.50	2.00	0.50	7.50	3.00	0.75
+304.251					37.880	38.603	0.723		0.75	3.00	7.50	0.50	2.00	0.50	7.50	3.00	0.75
+320					35.575	38.785	3.210		0.75	3.00	7.50	0.50	2.00	0.50	7.50	3.00	0.75
+340					35.552	39.017	3.465		0.75	3.00	7.50	0.50	2.00	0.50	7.50	3.00	0.75
+360					35.679	39.249	3.570		0.75	3.00	7.50	0.50	2.00	0.50	7.50	3.00	0.75
+380					35.978	39.481	3.503		0.75	3.00	7.50	0.50	2.00	0.50	7.50	3.00	0.75
+400					35.983	39.713	3.730		0.75	3.00	7.50	0.50	2.00	0.50	7.50	3.00	0.75
+420					36.249	39.945	3.696		0.75	3.00	7.50	0.50	2.00	0.50	7.50	3.00	0.75
+440					36.416	40.177	3.761		0.75	3.00	7.50	0.50	2.00	0.50	7.50	3.00	0.75
+460					37.718	40.408	2.690		0.75	3.00	7.50	0.50	2.00	0.50	7.50	3.00	0.75
+480					38.088	40.629	2.541		0.75	3.00	7.50	0.50	2.00	0.50	7.50	3.00	0.75
+500					38.142	40.839	2.697		0.75	3.00	7.50	0.50	2.00	0.50	7.50	3.00	0.75

编制：   复核：

路基设计表

各点与设计高程之差/m								边沟及排水沟					
左				右				左			右		
A4	A3	A2	A1	B1	B2	B3	B4	坡度	底宽/m	沟底高程/m	坡度	底宽/m	沟底高程/m
19	20	21	22	23	24	25	26	27	28	29	30	31	32
−0.250	−0.220	−0.160	−0.010	−0.010	−0.160	−0.220	−0.250		0.800	34.024		0.800	34.024
−0.250	−0.220	−0.160	−0.010	−0.010	−0.160	−0.220	−0.250		0.800	34.256		0.800	34.256
−0.250	−0.220	−0.160	−0.010	−0.010	−0.160	−0.220	−0.250		0.800	34.391		0.800	33.791
−0.250	−0.220	−0.160	−0.010	−0.010	−0.160	−0.220	−0.250		0.800	33.173		0.800	32.158
−0.250	−0.220	−0.160	−0.010	−0.010	−0.160	−0.220	−0.250		0.800	34.577		0.800	31.777
−0.250	−0.220	−0.160	−0.010	−0.010	−0.160	−0.220	−0.250		0.800	33.748		0.800	34.919
−0.250	−0.220	−0.160	−0.010	−0.010	−0.160	−0.220	−0.250		0.800	33.942		0.800	31.708
−0.250	−0.220	−0.160	−0.010	−0.010	−0.160	−0.220	−0.250		0.800	33.955		0.800	32.271
−0.250	−0.220	−0.160	−0.010	−0.010	−0.160	−0.220	−0.250		0.800	33.526		0.800	32.226
−0.250	−0.220	−0.160	−0.010	−0.010	−0.160	−0.220	−0.250		0.800	33.585		0.800	32.985
−0.250	−0.220	−0.160	−0.010	−0.010	−0.160	−0.220	−0.250		0.800	35.029		0.800	33.529
−0.250	−0.220	−0.160	−0.010	−0.010	−0.160	−0.220	−0.250		0.800	35.524		0.800	35.153
−0.250	−0.220	−0.160	−0.010	−0.010	−0.160	−0.220	−0.250		0.800	36.344		0.800	36.344
−0.250	−0.220	−0.160	−0.010	−0.010	−0.160	−0.220	−0.250		0.800	36.247		0.800	35.745
−0.250	−0.220	−0.160	−0.010	−0.010	−0.160	−0.220	−0.250		0.800	36.594		0.800	35.189
−0.250	−0.220	−0.160	−0.010	−0.010	−0.160	−0.220	−0.250		0.800	36.777		0.800	34.877
−0.250	−0.220	−0.160	−0.010	−0.010	−0.160	−0.220	−0.250		0.800	37.087		0.800	37.087
−0.250	−0.220	−0.160	−0.010	−0.010	−0.160	−0.220	−0.250		0.800	36.264		0.800	36.264
−0.250	−0.220	−0.160	−0.010	−0.010	−0.160	−0.220	−0.250		0.800	35.590		0.800	37.080
−0.250	−0.220	−0.160	−0.010	−0.010	−0.160	−0.220	−0.250		0.800	34.375		0.800	37.735
−0.250	−0.220	−0.160	−0.010	−0.010	−0.160	−0.220	−0.250		0.800	34.752		0.800	37.352
−0.250	−0.220	−0.160	−0.010	−0.010	−0.160	−0.220	−0.250		0.800	34.879		0.800	35.279
−0.250	−0.220	−0.160	−0.010	−0.010	−0.160	−0.220	−0.250		0.800	35.178		0.800	35.178
−0.250	−0.220	−0.160	−0.010	−0.010	−0.160	−0.220	−0.250		0.800	35.783		0.800	35.183
−0.250	−0.220	−0.160	−0.010	−0.010	−0.160	−0.220	−0.250		0.800	36.449		0.800	35.449
−0.250	−0.220	−0.160	−0.010	−0.010	−0.160	−0.220	−0.250		0.800	36.494		0.800	35.616
−0.250	−0.220	−0.160	−0.010	−0.010	−0.160	−0.220	−0.250		0.800	38.018		0.800	36.218
−0.250	−0.220	−0.160	−0.010	−0.010	−0.160	−0.220	−0.250		0.800	37.688		0.800	37.488
−0.250	−0.220	−0.160	−0.010	−0.010	−0.160	−0.220	−0.250		0.800	38.142		0.800	37.342

总页次：

表 2.11 的填算方法如下：

第(1)栏"桩号"和第(6)栏"地面高程"都是从有关测量记录上抄录；

第(2)、(3)栏"平曲线"中，可只列转角号和半径，供计算加宽超高之用；

第(4)、(5)栏"坡度及竖曲线"是从纵断面图上抄录的，转坡点要注明桩号和高程，竖曲线要注明起、终点桩号；

第(7)栏"设计高程"在直坡段为切线高程，在竖曲线段应考虑"改正值"，用公式 $h=\dfrac{x^2}{2R}$ 算出，其中 x 为各桩距竖曲线起点或终点的距离，R 由第(4)、(5)栏或直接由纵断面图上抄录，凹形整曲线改正值为"＋"号，凸形整曲线改正值为"－"号；第(7)栏"设计高程"在竖曲线内，则为该桩号的切线高程与改正值的代数和；

第(8)、(9)栏"填挖高度"内的"填""挖"是第(6)栏与第(7)栏之差，"＋"号为挖，"－"号为填；

第(10)～(18)栏"路基宽度"为左土路肩、左硬路肩、左行车道、左路缘带、中分带、右路缘带、右行车道、右硬路肩、右土路肩宽度；

第(19)～(26)栏为"各点与设计高程之差"；

第(27)、(30)栏的"坡度"为左右边沟纵坡度；

第(28)、(31)栏的"底宽"为左右侧边沟底宽；

第(29)、(32)栏的"沟底高程"为左右边沟沟底高程。

▶ 基础练习

一、填空题

1. 在纵断面图上一般有两条线：一条是地面线；另一条是_____。

2. 竖曲线要素有：_____、_____、_____。

3. 竖曲线一般用_____线。

4. 在长路堑、低填方以及其他横向排水不畅通的地段，为了防止积水渗入路基影响其稳定，均应采用不小于_____的纵坡。

5. 设计速度为 100 km/h，最大纵坡为_____。

二、单项选择题

1. 最大坡长限制是根据(　　)来决定的。
   A. 汽车动力性能　　　B. 汽车类型　　　C. 汽车发动机　　　D. 汽车制动能力

2. 设计速度为 100 km/h 时，凸型曲线视距所需的最小竖曲线半径为(　　)m。
   A. 10 000　　　B. 16 000　　　C. 12 000　　　D. 11 000

3. 以下(　　)m 满足平、纵曲线半径的均衡参数表的要求。
   A. 500、12 000　　　B. 700、10 000　　　C. 700、12 000　　　D. 300、9 000

4. 标准规定凸形竖曲线的一般最小半径为(　　)m。
   A. 1.5～1.0　　　B. 1.5～2.0　　　C. 1.5～3.0　　　D. 1.2～2.0

5. 设计速度为 80 km/h 时，公路最小坡长为(　　)m。
   A. 230　　　B. 140　　　C. 200　　　D. 220

三、简答题

1. 道路纵断面线形要素有哪些？

2. 高速公路和一级公路路基设计标高与二级、三级、四级公路路基设计标高在横断面上位置是否相同？有何区别？

3. 各种线形组合的要点和原则是什么？

4. 试分析纵断面设计的一般步骤和方法。

5. 某公路变坡点的桩号为 K2+260，高程为 387.62 m，前一坡段 $i=5\%$，后一坡段 $i=1\%$；竖曲线的半径 $R=5\,000$ m；试确定：

(1) 判别竖曲线的凹凸性，计算竖曲线的要素；

(2) 计算竖曲线起点、终点的桩号；

(3) 计算 K2+200.00、K2+240.00、K2+380.00、K2+500.00 各点的设计高程。

> 技能实训

根据上一单元技能实训完成的平面设计图，以学习小组为单位，考虑汽车的动力特性、公路等级、地形、地物、水文地质等因素，综合考虑行车安全、快速、舒适以及工程经济性等因素，确定纵坡的大小、长短、竖曲线半径以及与平面线形的组合关系，进行纵坡和竖曲线的设计，绘制纵断面设计图，填写路基设计表，能准确、快速地完成纵断面设计（完成一段 1 km 左右的公路纵断面设计）。

项目 3 公路横断面设计

公路横断面设计

知识目标

1. 了解横断面设计的主要内容。
2. 熟悉路基标准横断面、典型横断面、公路建筑限界与公路用地。
3. 掌握公路横断面的组成及各组成部分的功能与技术要求。
4. 掌握路基土石方数量计算方法。
5. 掌握路基横断面设计的过程和方法。

技能目标

1. 能合理运用公路的标准横断面图进行各级公路的路基横断面设计。
2. 能进行路基横断面设计成果的编制。

学时建议

6 学时

任务 3.1 路基横断面的组成

3.1.1 路基横断面组成分析和设计

公路横断面图是指道路中线的法线方向的竖向剖面图。公路横断面设计是根据行车对公路的要求，结合当地的地形、地质、水文、气候等自然因素，确定横断面的形式、各组成部分的位置和尺寸。设计的目的是保证足够的断面尺寸、强度、稳定性，使之经济合理，同时，为路基土石方工程数量计算、公路施工和养护提供依据。

1. 路基横断面的组成

公路横断面图是由横断面设计线和地面线所构成的。横断面设计线应包括行车道、路肩、分隔带、边沟、边坡、截水沟、护坡道以及取土坑、弃土堆、环境保护等设施，如图 3.1 所示。高速公路和一级公路上还有变速车道、爬坡车道、紧急停车带等。而地面线是表征地面起伏变化的那条线，通过现场实测或由大比例尺地形图、航测像片、数字地面

公路横断面的组成

模型等途径获得。路线设计中所讨论的横断面设计仅限于与行车直接有关的那一部分，即各组成部分的宽度、横向坡度等问题，所以，路线横断面设计也称为"路幅设计"。

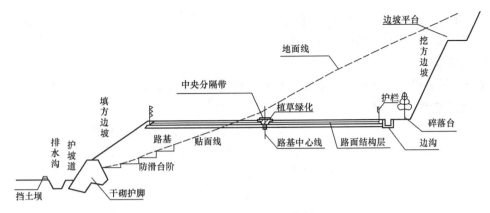

图 3.1 路基横断面的组成

2. 标准路基横断面

高速公路和一级公路的路基标准横断面左右幅或上下行用中央分隔带分开。其横断面由行车道、中间带、路肩以及紧急停车带、爬坡车道、变速车道等组成，如图 3.2(a)所示；二、三、四级公路的路基横断面由行车道、路肩以及错车道组成，如图 3.2(b)所示。

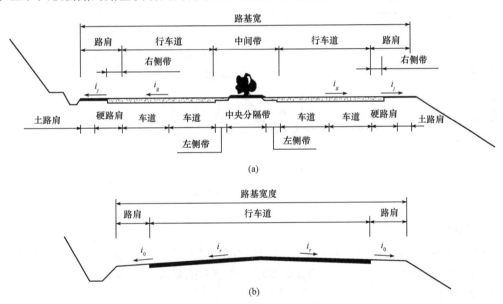

图 3.2 各级公路标准横断面图
(a)高速公路和一级公路横断面；(b)二、三、四级公路横断面

公路路基宽度为行车道与路肩宽度之和。当设有中间带、变速车道、爬坡车道、应急停车带时，还应包括这些部分的宽度。《公路工程技术标准》(JTG B01—2014)对路基横断面各个组成部分均规定了一般值或最小值，而不再规定各级公路路基总宽度。

3.1.2 路基横断面的特殊组成及作用

1. 紧急停车带

高速公路和作为干线的一级公路右侧硬路肩宽度小于 2.5 m 时，为使发生故障的车辆因避让其他车辆能尽快离开行车道，应设置紧急停车带。紧急停车带的间距不宜大于500 m，宽度为 3.50 m，长度不应小于 40 m。

2. 爬坡车道

爬坡车道是设置在陡坡路段正线行车道外侧，专供载重车辆上坡行驶的专用车道。

3. 变速车道

互通式立体交叉、服务区、停车区、公共汽车停靠站、管理设施等的出入口处，以及高速公路、一级公路应设置加（减）速车道。变速车道是供车辆驶入或驶出高速车流之前（后）加速（减速）用车道，其宽度一般为 3.5 m。

4. 错车道

当采用单车道的四级公路及等外级公路时，在适当的可通视的距离内为供车辆交错避让而设置的加宽车道称为错车道。

5. 护坡道

护坡道是减缓路堤边坡的平均坡度，保证路堤稳定的措施之一，如图 3.3 所示，当路堤填土高度小于或等于 2 m 时可不设护坡道；当路堤填土高度大于 2 m 时，应设置宽度为 1 m 的护坡道；当路堤填土高度大于 6 m 时，应设置宽度为 2 m 的护坡道。为利于排水，护坡道表面应设置成向外侧倾斜 2％的横坡。

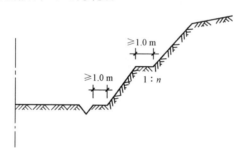

图 3.3　路堤护坡道

6. 碎落台

碎落台是在路堑边坡坡脚与边沟外侧边缘之间或边坡上，为防止碎落物落入边沟而设置的具有一定宽度的纵向平台，如图 3.3 所示。碎落台的宽度一般为 1.0～2.0 m。

7. 截水沟

截水沟是位于路堤上方或路堑上方，为拦截由路堤或路堑上方的水流，保证路基稳定，在路堤上方或路堑坡顶以外设置的排水设施。

3.1.3　典型横断面

在公路几何线形设计中，通常将经常采用的具有代表性的公路路基横断面称为典型横断面。在典型横断面中，高于原地面的填方路基称为路堤[图 3.4(a)]；低于原地面的挖方路基称为路堑[图 3.4(b)]；在同一断面内，一部分填方一部分挖方的路基称为半填半挖路基[图 3.4(c)]。由于自然地形、地质条件的多样性，因此产生了一系列类似的断面形式，它们在公路设计中经常被采用。另外，为了保证路基稳定和行车安全。应根据实际需要设置取土坑、弃土堆、护坡道、碎落台、堆料坪等，这些都是路基主体工程不可缺少的部分。

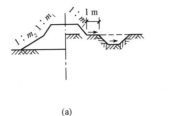 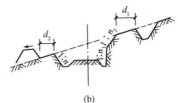 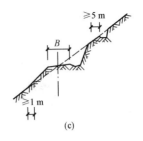

(a)   (b)   (c)

图 3.4 路基典型横断面图

(a)路堤；(b)路堑；(c)半填半挖路基

1. 常见的公路路基典型横断面形式

(1)路堤。路堤是指填筑在地面线以上的路基形式，也称填方路基。路堤包括一般路堤、沿河路堤、吹(填)砂(粉煤灰)路堤、挖沟填筑路堤、矮路堤、高路堤、陡坡路堤、护脚路堤等。

填土高度小于 18 m(土质)或 20 m(石质)的路堤为一般路堤，如图 3.5(a)所示。

填土高度小于 1.0 m 的路堤称为矮路堤，在填土高度小于 0.5 m 时，为保证路基最小填土高度以及能顺利排除路面、路肩及边坡处表面水，应设置边沟。

平原区公路为满足填土需要，将路基两侧或一侧的边沟断面扩大成取土坑的路基称为挖沟填筑路基[图 3.5(j)]，为保证边坡的稳定性，应在坡脚与取土坑之间设置宽度不小于 1 m 的护坡道。

填土高度大于 18 m(土质)或 20 m(石质)的路堤为高路堤，为保证边坡稳定性，应采用折线形边坡形式。

在山区陡坡路段上填筑的路基称为陡坡路堤。当填方坡脚过远时，为避免多占用耕地或拆迁其他建筑，可采用图 3.5(i)所示的护脚路堤。

沿河路堤是指桥头引道和河滩路堤，如图 3.5(d)所示。路堤没水部分边坡，除应采用较缓和坡度外，还应视水流情况采用相应的加固防护措施。

吹(填)砂(粉煤灰)路堤：为了保护边坡的稳定和植物的生长，边坡表层 1～2 m 应用黏质土填筑，路床顶面可采用 0.3～0.5 m 粗粒土封闭，如图 3.5(k)所示。

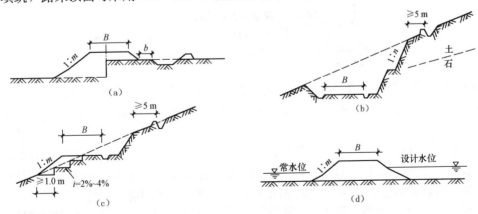

图 3.5 路基典型横断面

(a)一般路堤；(b)挖方路基；(c)半填半挖路基；(d)沿河路堤

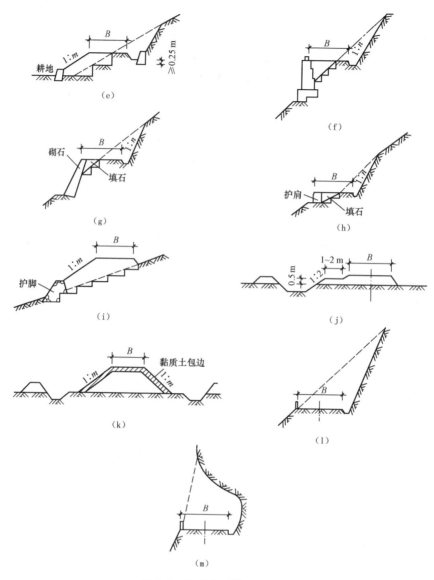

图 3.5 路基典型横断面(续)

(e)矮墙路基；(f)挡土墙路基；(g)砌石路基；(h)护肩路基；(i)护脚路堤；
(j)挖沟填筑路堤；(k)吹(填)砂(粉煤灰)路堤；(l)台口式路堑；(m)半山洞

(2)路堑。路堑是指全部在原地面开挖而成的路基，也称挖方路基，如图 3.5(b)所示，路堑路段均应设置边沟：为拦截和排除上侧地面水以保证边坡稳定。应在坡顶 5 m 外设置截水沟。

挖路堑所废弃的土石方，应弃置于坡顶外至少 3 m，并做成规则形状的弃土堆；当挖方高度较大或土质变化处，边坡应随之做成折线形或台阶式边坡以保证稳定。当边坡坡面易风化时，可在坡脚处设置 0.5～1.0 m 的碎落台，坡面可采用防护措施。

路堑还包括台口式路堑和半山洞。其中，台口式路堑是指山体的自然坡面为路堑的下边坡[图 3.5(l)]。其适用于地质状况良好的地段；半山洞适用于整体坚硬的岩石层上[图 3.5(m)]，其是为节省工程量采用的一种形式，应用时注意公路的安全和建筑限界的要求。

(3)半填半挖路基。当原地面横坡大，且路基较宽，需一侧开挖另一侧填筑时，为挖填结合路基，也称半填半挖路基。在丘陵或山区公路上，挖填结合是路基横断面的主要形式[图3.5(c)]。当地面横坡大于1：5时(包括般路堤在内)，为保证填土的稳定。应将原地面挖成台阶，台阶的高度应视填料性质和施工方法而定。挖方部分与一般路堑相同。

在陡坡路段，其路基的填土高度虽不大，但地面横坡较陡，坡脚太远且不易填筑时，可采用图3.5(h)所示的护肩路基；填土高度较大难以填筑，或地面横坡太陡以致坡脚落空不能填筑时，可采用图3.5(g)所示的砌石路基或图3.5(f)所示的挡土墙路基。前者是干砌或浆砌片石，能支持填土的稳定，片石与路基为一个整体，而挡土墙是不依靠路基也能独立稳定的支挡结构物；当挖方边坡土质松软易碎落时，可采用图3.5(e)所示的矮墙路基；当挖方地质不良可能产生滑塌时，可采用图3.5(f)所示的挡土墙路基。

各种典型路基横断面要结合实际地形选用，且应以路基稳定、行车安全、工程量小和经济适用为前提。

2. 取土坑与弃土堆

取土坑分为路侧取土和路外集中取土两种。当地面坡度不大于1：10的平坦地区，可在路基两侧设置取土坑。取土坑一般设置在地势较高的一侧，其深度和宽度应视取土数量、施工方法及用地许可条件而定。平原区一般深度为1.0 m，为防止坑内积水，路基坡脚与坑之间，当堤顶与坑底高差超过2 m时，须设宽度为1.0 m的护坡道，坑底应设置纵横排水坡及相应设施，如图3.6所示。

河流淹没地段的桥头引道两侧一般不设取土坑。河滩上的取土坑，应与调治构造物的位置相适应，一般距离河流水位界10 m以外，并不得长期积水从而危害路基或构造物的稳定。

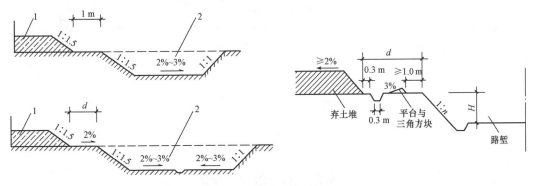

图3.6 取土坑、弃土堆布置
1—路堤；2—取土坑

对开挖路基的废方，应妥善处理，充分利用，如用于公路农田水利、基建等，做到变废为宝，弃而不乱，对无法加以利用的弃土，应防止乱弃而造成水土流失，危害路基及农田水利，淤塞河道。

废方一般选择在沿线附近低洼荒地或路堑下坡一侧堆放。对沿河路基的废石方，条件允许时，可以占用部分河道，但不能造成河道上游塞水，危及路基及附近农田。如需在路堑上侧弃土，要求堆弃平整，顶面具有适当横坡，并设置平台三角土埝及排水沟渠。积砂或积雪地段的弃土堆，为有利于防砂防雪，一般设在迎风一侧路堑深度大于1.5 m时，弃土堆应距离坡顶至少20 m，浅而开阔的路堑两旁不得设弃土堆。

任务 3.2 公路建筑限界与用地范围

3.2.1 公路建筑限界

公路建筑限界又称净空，是为保证车辆、行人的通行安全，对道路和桥面上以及隧道中规定的一定高度和宽度范围内不允许有任何障碍物侵入的空间界限。它由净高和净宽两部分组成，建筑限界的上缘边界线为水平线（超高路段与超高横坡平行），两侧边界线与水平线垂直（超高路段与路面垂直）。在横断面设计时，应充分研究各路幅组成要素与公共设施之间的关系，在有限的空间内合理安排、正确设计。公路标志标牌、护栏、照明灯柱、电杆、行道树、桥墩桥台等设施的任何部件均不能侵入建筑限界之内。

我国《公路工程技术标准》(JTG B01-2014)规定，各级公路建筑限界如图 3.7 所示。

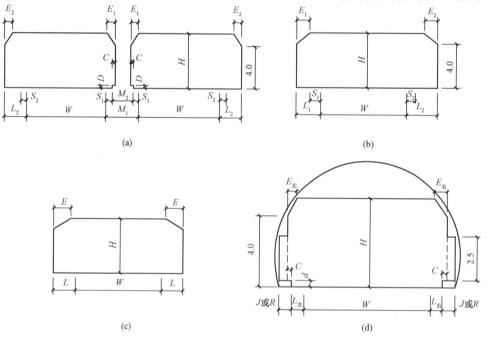

图 3.7 各级公路建筑限界

(a)高速公路、一级公路(整体式)；(b)高速公路、一级公路(分离式)；(c)二、三、四级公路；(d)公路隧道

图中 W——行车道宽度；

   L_1——左侧硬路肩宽度；

   L_2——右侧硬路肩宽度；

   S_1——左侧路缘带宽度；

   S_2——右侧路缘带宽度；

   L——侧向宽度。二级公路的侧向宽度为硬路肩宽度。三、四级公路的侧向宽度为路肩宽度减去
      0.25 m。设置护栏时，应根据护栏需要的宽度加宽路基；

   $L_左$——隧道内左侧侧向宽度；

   $L_右$——隧道内右侧侧向宽度；

   C——当设计速度大于 100 km/h 时为 0.5 m，小于或等于 100 km/h 时为 0.25 m；

D——路缘石高度，小于或等于 0.25 m。一般情况下，高速公路可不设路缘石；

M_1——中间带宽度；

M_2——中央分隔带宽度；

J——检修道宽度；

R——人行道宽度；

d——检修道或人行道高度；

E——建筑限界顶角宽度，当 $L \leqslant 1$ m 时，$E=L$；当 $L>1$ m 时，$E=1$ m；

E_1——建筑限界顶角宽度，当 $L_1<1$ m 时，$E_1=L_1$；或 $S_1+C<1$ m，$E_1=S_1+C$；当 $L_1 \geqslant 1$ m 或 $S_1+C \geqslant 1$ m 时，$E_1=1$ m；

E_2——建筑限界顶角宽度，$E_2=1$ m；

$L_左$——建筑限界左顶角宽度，当 $L_左 \leqslant 1$ m 时，$E_左=L_左$；当 $L_左>1$ m 时，$E_左=1$ m；

$L_右$——建筑限界右顶角宽度，当 $L_右 \leqslant 1$ m 时，$E_右=L_右$；当 $L_右>1$ m 时，$E_右=1$ m；

H——净空高度。

(1)设置加(减)速车道、紧急停车带、爬坡车道、错车道、慢车道、车道隔离设施等路段，行车道应包括该部分的宽度。

(2)八车道及以上的高速公路(整体式)，设置左侧硬路肩时，建筑限界应包括左侧硬路肩宽度。

(3)一条公路应采用同一净高。高速公路、一级公路、二级公路的净高应为 5.00 m；三级公路、四级公路的净高应为 4.50 m。

(4)人行道、自行车道、检修道与行车道分开设置时，其净高应为 2.50 m。

(5)路基、桥梁、隧道相互衔接处，其建筑限界应按过渡段处理。

3.2.2 公路用地

公路用地是指为修建、养护道路及其沿线设施而依照国家规定所征用的地幅。公路用地的征用，必须严格遵守国家相关土地法，依据横断面设计的要求，在保证修建、养护的前提下尽量节约每一寸土地，见表 3.1。

不同类型的公路用地范围也不同。

1. 新建公路

新建公路路堤两侧排水沟外缘(无排水沟时为路堤或护坡道坡脚)以外，路堑坡顶截水沟外边缘(无截水沟为坡顶)以外不小于 1 m 的土地为公路用地范围，在有条件的地段，高速公路、一级公路不小于 3 m，二级公路不小于 2 m 的土地为公路用地范围。

2. 改建公路

现有公路保持不变，改建路段按新建公路确定。

3. 特殊情况

如平面交叉、互通式立体交叉、分离式立体交叉、服务区、安全设施、管理设施、苗圃、绿化及料场、风沙、雪灾等地段，应根据实际需要确定用地范围。

在公路设计图纸中，根据路线设计的平面图结合公路用地的要求，对路线两侧的公路用地情况需要在设计文件中反映出来。同时，在公路用地范围内涉及的树木青苗砍树挖根、拆迁建筑物、拆迁电力、通信等情况都要统计出来，因为这也是公路建设造价的一部分内容。

××高速公路工程

表3.1 公路用地表

起终点桩号	长度/m	所属单位	基本农田/亩 水田	基本农田/亩 旱地	基本农田/亩 菜田	农村集体耕地/亩 水田	农村集体耕地/亩 旱地	农村集体耕地/亩 菜田	工矿及住宅地/亩	林地/亩	果园/亩	荒地/亩	旧路/亩	河流沟渠/亩	灌木/亩	其他农用地/亩	备注
K26+460～K27+100	640.0	中潮镇柏果树村	16.92								7.04						
K27+100～K27+800	700.0	中潮镇柏果树村		3.05						34.17	5.48						
K27+800～K28+500	700.0	中潮镇长春村	78.15	4.27						23.47	22.72						
K28+500～K29+200	700.0	中潮镇长春村		6.26						28.91	5.06	2.88	7.87		28.97		
K29+200～K29+900	700.0	中潮镇梨子园村	22.8	2.83						15.4	1.24				19.87		料场7.07亩
K29+900～K30+600	700.0	永从乡黄泥盘村								5.08	25.44	7.03	0.19		11.03		
K30+600～K31+300	700.0	永从乡黄泥盘村	17.86							32.2	34.53						
K31+300～K32+000	700.0	永从乡黄泥盘村	0.6								49.22						
K32+000～K32+700	700.0	永从乡永从村	14.22							13.81	19.09				3.01		
K32+700～K33+400	700.0	永从乡永从村	33.2							10.74					8.26		
K33+400～K34+100	700.0	永从乡永从村	22.16							4.55	18.05				6.78		
K34+100～K34+800	715.15	永从乡永从村	28.39	5.74						15.33					4.12		料场7.07亩
K34+800～K34+980	180.0	永从乡永从村								15.88							
LK0+100～LK0+191.219	191.2	中潮镇柏果树村	3.13	3.89													
总计			266.8	26.04						199.57	187.87	9.91	8.06		82.04		

任务 3.3　机动车道、路肩与中间带

3.3.1　机动车道

1. 机动车道行车道宽度

机动车道宽度是根据设计车辆宽度、设计交通量、交通组成和汽车行驶速度确定的。公路的行车道一般包括两条以上车道。高速公路和一级公路有四条以上车道，每侧再划分为快车道和慢车道或超车道和主车道。

一般双车道公路行车道宽度确定：双车道公路有两条车道，行车道宽度包括汽车宽度和富余宽度。汽车宽度取载重汽车车厢的总宽度 2.5 m；富余宽度是指对向行驶时两车箱之间的安全间隙、汽车轮胎至路面边缘的安全距离。双车道公路每条单向行驶的车道宽度可用式(3.1)计算：

$$B_{单}=\frac{a+c}{2}+x+y \tag{3.1}$$

两条车道：

$$B_{双}=a+c+2x+2y$$

式中　a——车厢宽度(m)；

　　　c——汽车轮距(m)；

　　　$2x$——两车厢安全间隙(m)；

　　　y——轮胎与路面边缘之间的安全距离(m)。

根据试验观测，计算 x、y 的经验公式为

$$x=y=0.50+0.005v \tag{3.2}$$

式中　v——行驶速度(km/h)。

从式(3.2)可知，行车道的富余宽度不仅与车速有关，还与路侧环境、驾驶员心理、车辆状况等有关。当双车道公路设计速度为 80 km/h 时，取一条车道宽度为 3.75 m 是合适的。对车速较低、交通量不大的公路可取较小宽度，双车道公路行车道宽度根据设计速度般取 7.5 m、7.0 m、6.5 m、6.0 m，见表 3.2。

2. 有中央分隔带公路行车道宽度

高速公路、一级公路有四条以上车道，一般设中央分隔带。分隔带两侧的行车道只有同向行驶的汽车。车速、交通组成和大型车混入率对行车道宽度确定有较大影响。根据实地观测，得出下列关系式：

$$y=0.010\ 3v_1+0.56 \tag{3.3}$$

$$D=0.000\ 066(v_2^2-v_1^2)+1.49 \tag{3.4}$$

$$M=0.010\ 3v_2+0.46 \tag{3.5}$$

式中　D——两汽车后轮外缘之间的安全间隙(m)；

　　　M——左后轮外缘与车道(或路缘带)左侧之间的安全间隙(m)；

　　　y——右后轮外缘与车道(或路缘带)右侧之间的安全间隙(m)；

v_1，v_2——分别为被超车与超车的车速(km/h)。

则单侧两条行车道宽度：

$$B = y + D + M + 2c - \omega_z - \omega_y \tag{3.6}$$

式中 ω_z，ω_y——车道左侧与右侧路缘带宽度(m)；

c——汽车后轮外缘间距(m)。

根据式(3.6)计算，设计速度≥80 km/h时，每条车道的宽度可采用3.75 m；当设计速度≤80 km/h时，每条车道的宽度可采用3.50 m，见表3.2，当高速公路的交通量超过4个车道的容量时，其车道数可按双数增加。

表3.2 各级公路行车道宽度

公路等级	高速公路、一级公路					
设计速度/(km·h⁻¹)	120、100			80		60
车道数	8	6	4	6	4	4
车道宽度/m	3.75	3.75	3.75	3.75	3.75	3.50
行车道宽度/m	2×15.0	2×11.25	2×7.5	2×11.25	2×7.5	2×7.0

公路等级	二、三、四级公路				
设计速度/(km·h⁻¹)	80	60	40	30	20
车道数	2	2	2	2	1或2
车道宽度/m	3.75	3.50	3.50	3.25	3.5或3.0
行车道宽度/m	7.5	7.0	7.0	6.5	3.5或6.0

3.3.2 路肩

1. 路肩的作用

位于行车道外缘至路基边缘具有一定宽度的带状构造物称为路肩。各级公路都要设置路肩。其作用如下：

(1)保护及支撑路面结构。

(2)供临时停车之用。

(3)作为侧向余宽的一部分。能增加驾驶的安全和舒适感，尤其在挖方路段，可增加弯道视距，减少行车事故。

(4)提供道路养护作业、埋设地下管线的场地。

(5)对未设人行道的道路，可供行人及非机动车使用。

2. 路肩的宽度

路肩从构造上可分为硬路肩、土路肩。硬路肩是指进行了铺装的路肩，可承受汽车荷载的作用力，在混合交通的公路上便于非机动车、行人通行。在填方路段，如采用集中排水方式，为使路肩能汇集路面积水，在路肩边缘应设缘石。土路肩是指不加铺装的土质路肩，起保护路面和路基的作用，并提供侧向余宽。道路一般应设右路肩；对于高速公路、一级公路，当采用分离式断面时，行车道左侧应设左路肩。高速公路、一级公路，有条件时宜采用大于或等于 2.50 m 的右侧硬路肩。当右侧硬路肩的宽度小于 2.50 m 时，应设紧急停车带。紧急停车带的设置间距不宜大于 2 km，宽度包括硬路肩在内为 5.00 m，有效长度大于或等于 50 m。从干线进入和驶出紧急停车带应设过渡段，其长度分别为 100 m 和 150 m。各级公路的路肩宽度见表 3.3。

表 3.3 各级公路右侧路肩宽度

公路等级（功能）		高速公路			一级公路（干线功能）	
设计速度/(km·h⁻¹)		120	100	80	100	80
右侧硬路肩宽度/m	一般值	3.00 (2.50)	3.00 (2.50)	3.00 (2.50)	3.00 (2.50)	3.00 (2.50)
	最小值	1.50	1.50	1.50	1.50	1.50
土路肩宽度/m	一般值	0.75	0.75	0.75	0.75	0.75
	最小值	0.75	0.75	0.75	0.75	0.75
公路等级（功能）		一级公路（集散功能）和二级公路		三级公路、四级公路		
设计速度/(km·h⁻¹)		80	60	40	30	20
右侧硬路肩宽度/m	一般值	1.50	0.75	—	—	—
	最小值	0.75	0.25			
土路肩宽度/m	一般值	0.75	0.75	0.75	0.50	0.25 （双车道）
	最小值	0.50	0.50			0.50 （单车道）

注：1. 正常情况下，应采用"一般值"，在设爬坡车道、变速车道及超车道路段，受地形、地物等条件限制路段及多车道公路特大桥，可论证采用"最小值"。

2. 高速公路和作为干线的一级公路以通行小客车为主时，右侧硬路肩宽度可采用括号内数值。

3. 高速公路局部设计速度采用 60 km/h 的路段，右侧硬路肩宽度不应小于 1.5 m。

3.3.3 中间带

1. 中间带的作用

中间带是高速公路、一级公路上用于分隔对向车辆的带状构造物。中间带由两条左侧路缘带和中央分隔带组成。其作用可概括如下：

(1)分隔上、下行车流。防止车辆驶入对向车道，减少道路交通干扰，提高通行能力和行车安全。

(2)可作为设置道路标志及其他交通管理设施的场地，也可作为行人过街的安全岛。

(3)有一定宽度的中间带并种植花草灌木或设置防眩网，可防止对向车辆灯光眩目，还可起到美化路容和环境的作用。

(4)设于中央分隔带两侧的路缘带，有一定宽度且颜色醒目，既引导驾驶员视线，增加行车侧向余宽，提高行车的安全性和舒适性。

2. 中间带的宽度

中间带的宽度是根据行车道外侧向余宽、护栏、种植、防眩网、桥墩等所需设施带宽度确定。对于用地紧缺地区要采用较宽的中间带是有困难的，所以，在我国基本上是采用窄的中间带。《公路工程技术标准》(JTG B01—2014)中规定：中间带宽度不指定推荐值，但强调中央分隔带应从对向隔离、安全防护的主要功能出发，综合考虑中央分隔带防护栏形式和防护能力确定。左侧路缘带常用宽度为 0.50 m 或 0.75 m。中间带的宽度一般应保持等宽。若需变宽度时，宽度变化地点应设过渡段。过渡段以设在回旋线内为宜，其长度应与回旋线长度相等。宽度大于 4.50 m 的中间带过渡段以设在半径较大的平曲线路段为宜。

3. 中间带的开口

为便于养护作业、临时调整行车方向和某些车辆必要时掉头，中央分隔带应按确定距离设置开口。开口一般以每 2 km 的间距设置为宜，太密会造成交通紊乱。

中央分隔带开口应设在通视良好的路段，若在平曲线上开口，其圆曲线半径宜大于 700 m。在互通式立体交叉、隧道、特大桥、服务区等设施的前后须设开口，分离式路基应在适当位置设横向连接道，以供维修或抢险时使用。

开口端的形状，常用半圆形和弹头形两种，对窄的中央分隔带($M<3.00$ m)可用半圆形，宽的中央分隔带($M\geqslant3.00$ m)可用弹头形，弹头形如图 3.8 所示，图 R、R_1 和 R_2 为控制设计半径。只有在 R、R_1 足够大时，才能保证汽车以容许速度驶离主车道进行左转弯。R 一般采用 $25\sim120$ m，R 切于开口中心线，其值取决于开口的大小。为避免过大的开口并方便行车，一般采用 R 的最小值为 15 m，弹头尖端圆弧半径 R 可采用分隔带宽度的 1/5，这样从外观上看比较悦目。

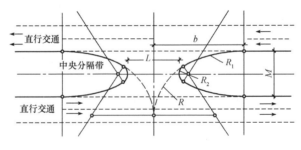

图 3.8 中间带开口

4. 中间带的表面形式

中间带的表面形式有凹形和凸形两种，凹形用于宽度大于 4.5 m 的中间带，凸形用于宽度小于或等于 4.5 m 的中间带。宽度大于 4.5 m 的中间带，一般可植草皮、栽灌木；宽度小于或等于 4.5 m 的可植矮灌木或铺面封闭。凸形中间带中设于护栏前端的路缘石对安全行车不利，存在以下问题：

(1)超车时，驾驶员为避让左侧路缘石和右侧被超车辆，处于车辆高速、心理高度紧张的状态，容易导致操作失误；

(2)护栏上有反光标志，路缘石上没有，夜间行车视线不良时易撞击凸起的路缘石，发生侧倾或翻滚事故；

(3)研究表明，车辆碰撞路缘石不能改变其运动方向，易发生车辆弹跳而碰撞护栏；

(4)车辆碰撞路缘石时易发生前胎爆胎事故，易使撞击作用点升高。因此，道路宜采用无凸起路缘石的中间带，或采用低矮光滑的斜式或平式路缘石。路缘石最高点应小于 12 cm 且位于护栏之后。

任务 3.4 路拱与曲线超高、加宽

3.4.1 路拱横坡度

为利于路面横向排水将路面做成中央高于两侧且具有一定横坡的拱起形状，称为路拱。其倾斜的大小以百分率表示。

路拱对排水有利，但对行车不利。路拱横坡度使车重产生水平分力，不但增加了行车的不稳定性，也给乘客带来不舒适的感觉。当车辆在有水或潮湿的路面上制动时，会有侧向潜移的危险且制动距离增加。为此，对路拱大小及形状的设计应兼顾两方面的影响。不同类型的路面因其表面平整度和透水性不同，根据当地自然条件可选用不同的路拱横坡度，应符合表 3.4 规定的数值。

表 3.4 路拱横坡度

路面类型	路拱横坡度/%	路面类型	路拱横坡度/%
水泥混凝土路面、沥青混凝土路面	1.0～2.0	碎、砾石等粒料路面	2.5～3.5
其他黑色路面、整齐石块	1.5～2.5	低级路面	3.0～4.0
半整齐石块、不整齐石块	2.0～3.0		

高速公路和一级公路路面较宽，为迅速排除路面降水，当处于降雨强度较大地区时应采用高值。分离式路基，其每侧行车道可设置双向路拱，对排除路面降水有利；在降水量不大的地区，也可采用单向横坡，并向路基外侧倾斜，但在积雪冻融地区应设置双向路拱。路拱的形式有抛物线形、直线形、直线接抛物线形、折线形等。根据路面宽度及类型，低等级公路可采用抛物线形路拱，高等级公路一般采用直线形或直线接抛物线形路拱，多车道的水泥混凝土路面可采用折线形路拱。土路肩的排水性低于路面，其横坡度较路面宜增大 1.0%～2.0%。硬路肩视具体情况（材料、宽度）可与路面横坡相同，也可稍大。非机动车道一般为单面坡，横坡度可根据路面面层类型参考选用。人行道宜采用单面坡，横坡度为 1%～2%。路缘带横坡与路面相同。路肩的横向坡度一般应较路面横向坡度大 1%～2%。

《公路路线设计规范》(JTG D20—2017)对于路拱横坡有关规定如下：

(1)路拱坡度一般应采用双向坡面，由路中央向两侧倾斜。当在六、八车道的超高过渡段中出现宽而平缓的路面时，可根据实际情况在短段落内设置两个路拱。

(2)二、三、四级公路的路拱坡度应根据路面类型和当地自然条件确定，最小宜采用 1.5%。

(3)高速公路、一级公路位于中等强度降雨地区时，路拱坡度宜采用 2%；位于严重强度降雨地区时，路拱坡度可适当增大。

(4)分离式路基，每一侧车道可设置双向路拱；也可采用单向横坡，并向路基外侧倾斜。但在积雪冻融的地区，宜设置双向路拱。

3.4.2 平曲线加宽设计

汽车在曲线路段上行驶时，靠近曲线内侧后轮行驶的曲线半径最小，靠近曲线外侧前

轮行驶的曲线半径最大。为适应汽车在平曲线上行驶时后轮轨迹偏向曲线内侧的需要，平曲线内侧相应增加的路面、路基宽度称为平曲线加宽（又称弯道加宽），如图 3.9 所示。

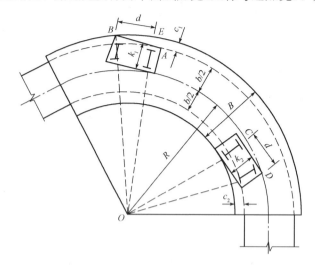

图 3.9　平曲线加宽

1. 平曲线上设置加宽的原因和条件

（1）圆曲线上设置加宽的原因。

①汽车在圆曲线上行驶时，各个车轮的轨迹半径是不相等的，后轴内侧车轮的行驶轨迹半径最小，前轴外侧车轮的行驶轨迹半径最大。因而，在圆曲线半径较小时，车道内侧需要更宽些的路面以满足后轴外侧车轮的行驶轨迹要求，故当曲线半径小时需要加宽曲线上的行车道宽度

②汽车在圆曲线上行驶时，驾驶员前轴中心的轨迹与理论轨迹之间有一定的摆幅（其摆幅值的大小与实际行车速度有关），汽车在圆曲线上行驶时的摆幅要比在直线上大。所以，当圆曲线半径小时，要加宽曲线上的行车道宽度，以利于安全。

（2）圆曲线上设置加宽的条件。《公路工程技术标准》（JTG B01—2014）规定，当平曲线半轻小于或等于 250 m 时，应在平曲线内侧设置加宽。

（3）全加宽值的确定。

①加宽值计算。其计算式为

a. 圆曲线上的全加宽值计算（图 3.9）。

$$B_j = \frac{d^2}{R} + \frac{0.1V}{\sqrt{R}}$$

式中　d——汽车后轴至前保险杠的距离（m）；

　　　B_j——圆曲线上的全加宽值（m）；

　　　R——圆曲线的半径（m）；

　　　V——设计速度（km/h）；按会车时的车速度计，一般取 $V = 40$ km/h。

b. 半挂车加宽值计算。半挂车对加宽的要求由牵引车、半挂车和不同车速时汽车的摆动偏移三部分组成，可按式（3.7）计算：

$$B_j = \frac{d_1^2}{R} + \frac{d_2^2}{R} + \frac{0.1V}{\sqrt{R}} \tag{3.7}$$

式中 d_1——牵引车后轴至保险杠前缘距离(m);

d_2——牵引车后轴至拖车后轴的距离(m)。

式中其余符号意义同前。

②加宽的规定和要求。当圆曲线半径小于或等于 250 m 时，双车道的全加宽值见表 3.5；圆曲线上的路面加宽应设置在圆曲线的内侧，四级公路和设计速度为 30 km/h 的三级公路采用第 1 类加宽值，但交通量很小的单车道公路，受条件限制时可不加宽；不经常通行集装箱运输半挂车的公路，宜采用第 2 类加宽值；经常有大型集装箱运输的半挂车行驶的公路，可采用第 3 类加宽值。港口、场站联络公路还应调查半挂车的类型，必要时应按大型超长车进行加宽验算。加宽应设置在曲线内侧。双向行驶整体式断面加宽，应先于曲线内侧设置整幅加宽总值，之后调整中心标线或者分隔带位置，以使双向两幅加宽均位于曲线内侧。

表 3.5 双车道的全加宽值

加宽类别	圆曲线半径/m 汽车轴距加前悬	250～200	<200～150	<150～100	<100～70	<70～50	<50～30	<30～25	<25～20	<20～15
1	5	0.4	0.6	0.8	1.0	1.2	1.4	1.8	2.2	2.5
2	8	0.6	0.7	0.9	1.2	1.5	2.0	—	—	—
3	5.2＋8.8	0.8	1。0	1.5	2.0	2.5	—	—	—	—

2. 加宽缓和段

(1)加宽缓和段设置原因。当圆曲线段设置全加宽时而直线段不加宽，为了使路面由直线段正常宽度断面过渡到圆曲线段全加宽断面，需要在直线和圆曲线之间设置加宽缓和段。在加宽缓和段上，路面宽度应逐渐变化。加宽过渡段设置应根据公路性质和等级可采用不同的方法。

(2)加宽缓和段形式。

①比例过渡。二级、三级、四级公路的加宽缓和段的设置，应采用在相应的缓和曲线或超高、加宽缓和段全长范围内按长度成比例增加的方法，如图 3.10 所示。

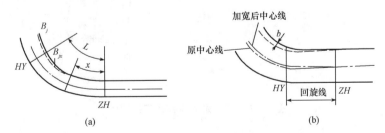

图 3.10 平曲线缓和段

$$B_{jx} = \frac{x}{L_s} B_j \tag{3.8}$$

式中 B_{jx}——加宽缓和段上任意点加宽值(m);

x——任意点距加宽缓和段起点的距离(m);

B_j——圆曲线上的全加宽值(m);

L_s——加宽缓和段全长,可取缓和曲线长为加宽缓和段长度。

②高次抛物线过渡。对于高等级公路设置加宽缓和段时,应采用高次抛物线过渡形式:

$$B_{jx} = \left[4 \left(\frac{x}{L_s} \right)^3 - 3 \left(\frac{x}{L_s} \right)^4 \right] B_j \tag{3.9}$$

式中各符号意义同前。

(3)加宽缓和段长度。

①对于设置有缓和曲线的平曲线,加宽缓和段应采用缓和曲线相同的长度。

②对于不设缓和曲线的平曲线,但设置有超高缓和段的平曲线,可采用与超高缓和段相同的长度。

③对于不设缓和曲线又不设置超高缓和段的平曲线时,其加宽缓和段长度应按渐变率为1∶15且长度不小于10 m的要求设置。

3.4.3 平曲线超高设计

当圆曲线半径小于不设超高最小半径时,公路平曲线是由圆曲线与缓和曲线构成的,从直线到圆曲线上的全超高是在缓和曲线段上过渡变化完成的。

1. 平曲线上设置超高的原因和条件

为了减小汽车在圆曲线路段上行驶时所产生的离心力,在该路段横断面上设置的外侧高于内侧的单向横坡,称为超高。当圆曲线半径小于不设超高的最小半径时,半径越小,离心力越大,汽车行驶条件就越差,为改善汽车行驶条件,减小横向力,将此弯道横断面做成向内倾斜的单向横坡形式,利用重力向内侧分力来减小、平衡离心力的影响,改善汽车的行驶条件,如图3.11所示。

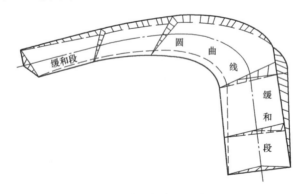

图3.11 平曲线超高和超高缓和段

2. 圆曲线上全超高横坡度的确定与最大值

(1)圆曲线上全超高横坡度的确定。圆曲线超高横坡度应按公路等级、设计速度、圆曲线半径、路面类型、自然条件和车辆组成等情况查《公路工程技术标准》(JTG B01—2014)确定,见表3.6。在圆曲线段半径不变,故超高横坡度从圆曲线起点至圆曲线终点是一个不变的定值,称为全超高。

表3.6 直线、曲线及转角一览表

设计速度/(km·h⁻¹)	120 km/h				100 km/h				80 km/h				60 km/h				
	一般地区			积雪冰冻地区	一般地区			积雪冰冻地区	一般地区			积雪冰冻地区	一般地区				积雪冰冻地区
超高/%	10%	8%	6%		10%	8%	6%		10%	8%	6%		10%	8%	6%	4%	
2	5 500~(7 550)	5 500~(7 550)	5 500~(7 550)	5 500~(7 550)	4 000~(5 250)	4 000~(5 250)	4 000~(5 250)	4 000~(5 250)	2 500~(3 350)	2 500~(3 350)	2 500~(3 350)	2 500~(3 350)	1 500~(1 900)	1 500~(1 900)	1 500~(1 900)	1 500~(1 900)	1 500~(1 900)
3	2 950~2 080	2 860~1 990	2 730~1 840	2 780~1 910	2 180~1 520	2 150~1 480	2 000~1 320	2 090~1 410	1 460~1 020	1 410~960	1 360~890	1 390~940	900~620	870~590	800~500	610~270	860~570
4	2 080~1 590	1 990~1 500	1 840~1 340	1 910~1 410	1 520~1 160	1 480~1 100	1 320~920	1 410~1 040	1 020~770	960~710	890~600	940~680	620~470	590~430	500~320	270~150	570~410
5	1 590~1 280	1 500~1 190	1 340~970	1 410~1 070	1 160~920	1 100~860	920~630	1 040~770	770~610	710~550	600~400	680~490	470~360	430~320	320~200		410~290
6	1 280~1 070	1 190~980	970~710	1 070~810	920~760	860~690	630~440	770~565	610~500	550~420	400~270	490~360	360~290	320~240	200~135		290~205
7	1 070~910	980~790			760~640	690~530			500~410	420~320			290~240	240~170			
8	910~790	790~650			640~540	530~400			410~340	320~250			240~190	170~125			
9	790~680				540~450				340~280				190~150				
10	680~570				450~360				280~220				150~115				

设计速度/(km·h⁻¹)	40 km/h					30 km/h					20 km/h				
	一般地区				积雪冰冻地区	一般地区				积雪冰冻地区	一般地区				积雪冰冻地区
超高/%	8%	6%	4%	2%		8%	6%	4%	2%		8%	6%	4%	2%	
2	600 (800) ~ 470	600 (800) ~ 410	600 (800) ~ 330	600 (800) ~ 75	600 (800) ~ 430	350 (450) ~ 250	350 (450) ~ 230	350 (450) ~ 150	350 (450) ~ 40	350 (450) ~ 270	150 (200) ~ 140	150 (200) ~ 110	150 (200) ~ 70	150 (200) ~ 20	150 (200) ~ 120
3	470~310	410~250	330~130		430~280	250~170	230~140	150~60		270~180	140~90	110~70	70~30		120~80
4	310~220	250~150	130~70		280~190	170~120	140~80	60~35		180~120	90~70	70~40	30~15		80~60
5	220~160	150~90			190~130	120~90	80~50			120~90	70~50	40~30			60~40
6	160~120	90~60			130~90	90~60	50~35			90~55	50~40	30~15			40~25
7	120~80					60~40					40~30				
8	80~55					40~30					30~15				

注：括号内值为路拱坡度大于2%时的不设超高最小半径

（2）圆曲线上的超高横坡度的最大值。为了保证慢车特别是停在弯道上的车辆，不产生向内侧滑移现象，尤其是冬季路面有积雪结冰的情况下，有可能出现滑移危险，所以超高横坡度不能太大。《公路路线设计规范》(JTG D20—2017)限制了各级公路圆曲线最大全超高值，见表1.3。

（3）圆曲线上的超高横坡度的最小值。

（4）各级公路圆曲线部分的最小超高模坡度应是该级公路直线部分的路拱横坡度。

3. 超高缓和段

（1）超高缓和段设置条件和原因。平面圆曲线部分，当半径小于不设超高的最小半径时必须设置超高，汽车从没有超高的双向横坡直线段进入设有单向横坡全超高的圆曲线上是一个突变，不能顺利行车；从立面来看，这个突变也影响美观。所以，在直线和圆曲线之间必须设置超高缓和段，完成从直线双向横坡逐渐过渡到圆曲线上的单向超高横坡，使汽车顺势地从直线驶入圆曲线。

汽车从双向路拱横坡度过渡到单向全超高横坡度，有一个逐渐变化的区段，称为超高缓和段，如图 3.12 所示。

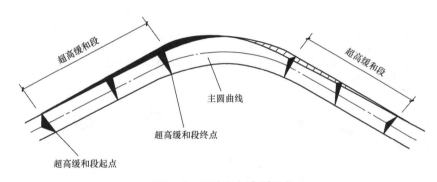

图 3.12　超高和超高缓和段

（2）超高缓和段形式。超高缓和段上的超高横坡度从直线上的双向横坡逐渐过渡到圆曲线上的单向超高横坡 i_b，其间每一个微分横断面上的公路横断面随前进方向逐渐旋转过渡，这时缓和段上超高横坡度会逐渐变化形成以下几个规律：

①无中间带公路的超高过渡。

a. 当超高横坡度等于路拱坡度时，将外侧车道绕中线旋转，直道路拱横坡度值。

b. 当超高横坡度大于路拱坡度时，可分别采用以下三种方式：

（a）绕内边缘线旋转。先将外侧车道绕路面未加宽时的中心线旋转，待达到与内侧车道构成单向横坡后，整个断面绕路面未加宽时的内侧边缘线旋转，直至全超高横坡度值（图 3.13）。

（b）绕中线旋转。先将外侧车道绕路面未加宽时的路中心线旋转，待达到与内侧构成单向横坡后，整个断面绕路面未加宽时的路中心线旋转，直至全超高横坡度值（图 3.14）。

（c）绕外边缘线旋转。先将外侧车道绕路面外侧边缘旋转，与此同时，内侧车道随中线的降低相应降低，此时内侧横坡不变，待达到单向横坡后，整个断面仍绕外侧车道边缘旋转，直至全超高横坡值（图 3.15）。

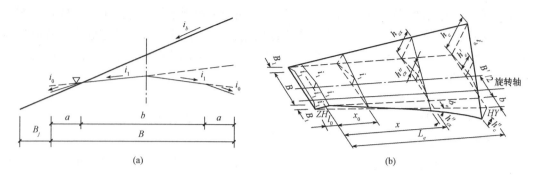

图 3.13 无中间带公路绕内边缘线旋转的超高方式

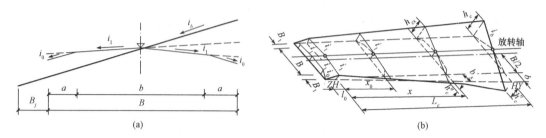

图 3.14 无中间带公路绕中线旋转的超高方式

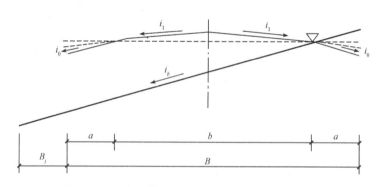

图 3.15 无中间带公路绕外边缘线旋转的超高方式

由于行车道内侧不降低,绕内边缘线旋转有利于路基纵向排水,一般新建公路多用此种方式。绕中心线旋转可保持中线高程不变,且在超高坡度一定的情况下,外侧边缘的超高值较小,多用于旧路改建工程。而绕外侧边缘线旋转是一种比较特殊的设计,仅用于某些为改善路容的地点。

②有中间带公路的超高过渡。

a. 绕中央分隔带的中心线旋转。先将外侧行车道绕中央分隔带的中心线旋转,待达到与内侧行车道构成单向横坡后,整个断面一同绕中央分隔带的中心线旋转,直至全超高横坡值[图 3.16(a)]。

b. 绕中央分隔带两侧边缘线旋转。将两侧行车道分别绕中央分隔带两侧边缘线旋转,使之各自成为独立的单向超高断面。此时中央分隔带维持原水平状态[图 3.16(b)]。

c. 绕各自行车道中心线旋转。将两侧行车道分别绕各自的行车道中心线旋转,使之各自成为独立的单向超高断面，此时中央分隔带两边缘分别升高与降低而成为倾斜断面[图3.16(c)]。

三种超高过渡方式各有优点、缺点，中间带宽度较窄时可采用绕中央分隔带的中心线旋转；各种中间带宽度的公路都可以采用绕中央分隔带的两侧边缘旋转；对于车道数大于4条的公路可采用绕各自行车道中心线旋转；对于分离式断面的公路由于上、下行车道是各自独立的，其超高的设置及其过渡可按两条无分隔带的公路分别予以处理。

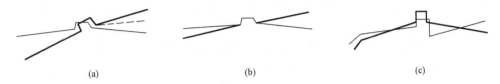

图3.16　有中央分隔带公路的超高过渡
(a)绕中央分隔带的中心线旋转；(b)绕中央分隔带两侧边缘线旋转；(c)绕各自行车道中心线旋转

(3)超高缓和段长度。由于在超高缓和段上逐渐超高，引起行车道外侧边缘或内侧边缘的纵坡逐渐增大或减小，使边缘纵坡与路线纵坡不一致，这个由于逐渐超高而引起外侧边缘或内侧边缘的纵坡的差值称为超高渐变率。在考虑超高缓和段长度时，应将超高渐变率控制在一定的数值范围内。超高渐变率的取值要考虑以下两个方面的问题：

①要控制路面外侧边缘的加高速度(或路面内侧边缘的降低速度)。

②以路面前进方向为旋转轴的路面旋转轴的角速度不超过一定的限度。

超高渐变率越大，渐变速度越快，所需的缓和段长度可短些，但会使乘客感到不舒适；反之，渐变率太小，即渐变速度越慢，乘客感觉越舒适，但所需的缓和段长度太长，使设计和施工变得烦琐。《公路路线设计规范》(JTG D20—2017)对超高渐变率的规定见表3.7。

表3.7　超高渐变率

设计速度/(km·h⁻¹)	超高旋转轴位置		设计速度/(km·h⁻¹)	超高旋转轴位置	
	中线	边线		中线	边线
120	1/250	1/200	40	1/150	1/100
100	1/225	1/175	30	1/125	1/75
80	1/200	1/150	20	1/100	1/50
60	1/175	1/125			

双车道公路超高缓和段长度按下式计算：

$$L_s = \frac{B\Delta_i}{p} \tag{3.10}$$

式中　L_s——超高缓和段长度(m)；

　　　B——旋转轴至行车道外侧边缘的宽度(m)；

　　　Δ_i——超高旋转轴外侧的最大超高横坡度与原路拱坡度的代数差；

　　　p——超高渐变率(m/m)。

(4)横断面超高值计算。在明确超高缓和段的构成及缓和段长度计算的基础上，可以计算缓和段上任意一桩位处横断面的超高值。在设计中考虑到施工方便，实际使用的不是超高横坡度，也不是路面内（外）侧的超高值，而是加宽后由超高横坡度推算出路肩内（外）边缘和路中线与原设计高程（未加宽和超高时的路肩边缘设计高程）的抬高成降低值。

路基设计高程是指路基断面上某位置相对于水平面基准点的相对高度。高速公路、一级公路设计高程一般指中央分隔带的外侧边缘高程，二、三、四级公路一般指未超高加宽之前的路肩边缘高程。改建公路的设计高程，一般按新建公路的规定办理，也可按行车道中线高程或公路中心线高程办理。

当圆曲线半径小于不设超高最小半径时，圆曲线段应按表 3.6 要求设置全超高，在直线和圆曲线相连接处应设置超高缓和段。对公路中线和路基内、外侧边缘线与路基设计高程的差应予以计算并列于"路基设计表"中，以便于施工。对于新建公路二、三、四级公路，圆曲线半径小于不设超高最小半径时，平曲线段超高值计算公式，对于改建公路二、三、四级公路超高值的计算公式，列于表 3.8、表 3.9 中。

表 3.8　绕内边轴旋转的超高值计算公式

<table>
<tr><td colspan="2" rowspan="2">超高值</td><td colspan="2">计算公式</td><td rowspan="2">备注</td></tr>
<tr><td>$0 \leqslant x \leqslant L_1$</td><td>$L_1 \leqslant x \leqslant L_c$</td></tr>
<tr><td rowspan="3">圆曲线段</td><td>外缘</td><td colspan="2">$ai_0 + (a+b)i_b$</td><td rowspan="6">各超高值均与设计高程比较，h_c''、h_{cx}'' 为降低值

$L_1 = \dfrac{i_1}{i_b} L_c$

$B_{jx} = \dfrac{x}{L_c} B_j$</td></tr>
<tr><td>中线</td><td colspan="2">$ai_0 + \dfrac{b}{2} i_b$</td></tr>
<tr><td>内缘</td><td colspan="2">$ai_0 - (a+B_j)i_b$</td></tr>
<tr><td rowspan="3">超高缓和段</td><td>外缘</td><td colspan="2">$a(i_0 - i_1) + [ai_1 + (a+b)i_b]\dfrac{x}{L_c}$ 或 $\dfrac{x}{L_c} h_c$</td></tr>
<tr><td>中线</td><td>$ai_0 + \dfrac{b}{2} i_1$</td><td>$ai_0 + \dfrac{b}{2}\dfrac{x}{L_c} i_b$</td></tr>
<tr><td>内缘</td><td>$ai_0 - (a+B_{jx})i_1$</td><td>$ai_0 - (a+B_{jx})\dfrac{x}{L_c} i_b$</td></tr>
</table>

表 3.9　绕中轴旋转的超高值计算公式

<table>
<tr><td colspan="2" rowspan="2">超高值</td><td colspan="2">计算公式</td><td rowspan="2">备注</td></tr>
<tr><td>$0 \leqslant x \leqslant L_1$</td><td>$L_1 \leqslant x \leqslant L_c$</td></tr>
<tr><td rowspan="3">圆曲线段</td><td>外缘</td><td colspan="2">$a(i_0 - i_1) + \left(a + \dfrac{b}{2}\right)(i_1 + i_b)$</td><td rowspan="6">各超高值均与设计高程比较，h_c''、h_{cx}'' 为降低值

$L_1 = \dfrac{2i_1}{i_1 + i_b} L_c$

$B_{jx} = \dfrac{x}{L_c} B_j$</td></tr>
<tr><td>中线</td><td colspan="2">$ai_0 + \dfrac{b}{2} i_1$</td></tr>
<tr><td>内缘</td><td colspan="2">$ai_0 + \dfrac{b}{2} i_1 - \left(a + \dfrac{b}{2} + B_j\right)i_b$</td></tr>
<tr><td rowspan="3">超高缓和段</td><td>外缘</td><td colspan="2">$a(i_0 - i_1) + \left(a + \dfrac{b}{2}\right)\dfrac{x}{L_c}(i_1 + i_b)$ 或 $h_{cx} = \dfrac{x}{L_c} h_c$</td></tr>
<tr><td>中线</td><td colspan="2">$ai_0 + \dfrac{b}{2} i_1$</td></tr>
<tr><td>内缘</td><td>$ai_0 - (a+B_{jx})i_1$</td><td>$ai_0 + \dfrac{b}{2} i_1 - \left(a + \dfrac{b}{2} + B_{jx}\right)\dfrac{x}{L_c} i_b$</td></tr>
</table>

式中　h_c——路肩外边缘最大超高值；

　　　h_c'——路中线最大超高值；

h_c''——路基内边缘最大降低值；

h_{cx}——缓和段上任意断面处，外侧路肩的超高值；

h_{cx}'——缓和段上任意断面处，加宽前路中线的超高值；

h_{cx}''——缓和段上任意断面处，加宽后路肩内边缘的降低值；

L_c——缓和段长度全长；

L——双向坡路面过渡到超高坡度为路拱坡度时所需的临界长度；

B_j——圆曲线部分路基的全加宽值；

B_{jx}——缓和段上 x 距离处路基加宽值；

a——路肩宽度；

b——路面宽度；

i_0——原路肩横坡度；

i_1——原路拱横坡度；

i_b——圆曲线超高横坡度；

x——缓和段内任意点处距缓和段起点的距离。

任务 3.5　爬坡车道、变速车道与避险车道

爬坡车道是指设置在陡坡路段上坡方向右侧供慢速车行驶的附加车道。一般通过精选路线，最理想的路线纵断面应按不设爬坡车道设计，但会造成路线迂回或路基高填深挖而增大工程费用。在某些情况下，采用稍大的纵坡增设爬坡车道会产生经济而安全的效果。

3.5.1　爬坡车道

1. 设置爬坡车道的条件

在公路纵坡较大路段上，载重车爬坡时需克服较大的坡度阻力，使输出功率与车重比值降低，车速下降，大型车与小型车的速差变大，超车频率增加，对行车安全不利。速差较大的车辆混合行驶，必然减小快车的行驶自由度，导致通行能力降低。为消除上述不利影响，宜在陡坡路段增设爬坡车道，将载重车从正线车流中分离出去，以提高小客车行驶的自由度，确保行车安全，提高路段的通行能力。

四车道高速公路、一级公路及双车道二级公路连续上坡路段、应对载重车上坡行驶速度的降低值、通行能力及技术经济性进行验算，符合下列情况之一者，可在上坡方向行车道右侧设置爬坡车道：

(1)沿上坡方向载重车的行驶速度降低到表 3.10 的容许最低速度以下时，可设置爬坡车道。

表 3.10　上坡方向最低容许速度

设计速度/(km·h^{-1})	120	100	80	60	40
容许最低速度/(km·h^{-1})	60	55	50	40	25

（2）上坡路段的设计通行能力小于设计小时交通量时，应设置爬坡车道。

（3）经设置爬坡车道与改善主线纵坡不设爬坡车道技术经济比较论证，设置爬坡车道的效益费用比、行车安全性较优时，可设爬坡车道。

爬坡车道设计通行能力的计算方法与正线通行能力的计算方法相同。对隧道、大桥、高架构造物及深挖路段，当因设置爬坡车道使工程费用增加很大时，经论证爬坡车道可以缩短或不设。对山岭区高速公路，因地形复杂，纵坡设计控制因素较多，设计速度一般在80 km/h以下，是否设置爬坡车道。必须在上述基本条件下，从公路建设的目的、服务水平，工程建设投资规模等方面综合分析比较后确定。

2. 爬坡车道的设计

（1）横断面组成。爬坡车道设于上坡方向正线行车道右侧，宽度一般为3.5 m，包括设于其左侧路缘带的宽度0.5 m，如图3.17所示。爬坡车道的平曲线需要加宽时，应按一个车道规定的加宽值设计。

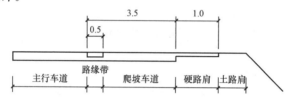

图3.17　爬坡车道的横断面组成

高速公路和爬坡车道可占用原有的硬路肩宽度，爬坡车道的外侧可只设土路肩。

一级公路、二级公路的爬坡车道紧靠称行车道外侧设置，原硬路肩部分移至爬坡车道的外侧，供混合车辆行驶。窄路肩不能提供停车使用，对高速公路、一级公路爬坡车道长度大于500 m时，其右侧应按规定设置紧急停车带。

（2）横坡度。因爬坡车道的行驶速度比正线低，为行车安全，正线超高坡度与爬坡车道的超高坡度之间对应关系见表3.11。

表3.11　爬坡车道的超高坡度

正线的超高坡度/%	10	9	8	7	6	5	4	3	2
爬坡车道的超高坡度/%	5				4			3	2

超高的旋转轴为爬坡车道内侧边缘线。

若爬坡车道位于直线路段时，其横坡度的大小同正线路拱坡度，采用直线式横坡，坡向向外。另外，爬坡车道右侧路肩的横坡度大小和坡向参照正线与右侧路肩之间关系确定。

（3）平面布置与长度。爬坡车道的平面布置如图3.18所示。其总长度由分流渐变段长度、爬坡车道长度和合流渐变段长度组成。

爬坡车道的起点应设于陡坡路段上载重车运行速度降低到表3.10中"最低容许速度"处。

爬坡车道的终点应设于载重车爬经陡坡路段后恢复至"最低容许速度"处，或陡坡路段后延伸附加长度的端部。该陡坡路段后延伸的附加长度规定，见表3.12。

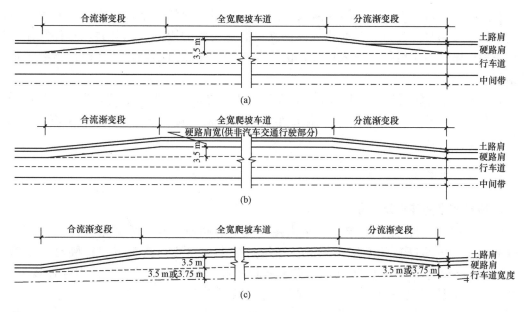

图 3.18 爬坡车道的平面布置

表 3.12 陡坡路段后延伸的附加长度

附加路段的纵坡/%	下坡	平坡	上坡			
			0.5	1.0	1.5	2.0
附加长度/m	100	150	200	250	300	350

相邻两爬坡车道相距较近时，宜将爬坡车道直接相连，成为一个连续的爬坡车道。分流渐变段长度用以使正线车辆驶离正线进入爬坡车道，合流渐变段长度用以使车辆驶离爬坡车道进入正线(表3.13)。

表 3.13 渐变段长度

公路等级	分流渐变段长度/m	合流渐变段长度/m
高速公路、一级公路	100	150～200
二级公路	50	90

爬坡车道起点、终点的具体位置除按上述方法确定外，还应考虑与线形的关系，通常应设在通视条件良好、容易辨认并与正线连接顺适的地点。

3.5.2 变速车道

变速车道是指高速公路出入口附近外侧的车道，供在高速公路上行驶的机动车出入高速公路加减速。汽车要下高速公路，必须转到这个车道开始减速并驶入出口匝道去收费站。汽车若要通过收费站上高速公路，须通过入口匝道进入这个车道加速，而后逐渐并入正常行车道。因此，变速车道是高速公路、城市快速路等道路上的加速车道和减速车道的总称。

连接高速公路和出入口之间或两条互通高速公路之间的联络道是匝道。变速车道应用于平面交叉信号交叉口、互通式立体交叉、高速公路的服务区和公共汽车停靠站、管理与养护设施等与主线衔接出入口处，由于各自的使用特点不同，其几何设计要求也不尽相同。

加速车道是为保证驶入干道的车辆，在进入干道之前，能安全加速以保证汇流所需的距离而设的变速车道。减速车道是为保证车辆驶出高速车流以安全进入低速车道所需的距离而设的变速车道。

3.5.3 避险车道

1. 避险车道的作用及组成

(1)避险车道的作用。避险车道是指在长陡下坡路段行车道外侧增设的供速度失控车辆驶离正线安全减速的专用车道。在连续长陡下坡路段，汽车下坡行驶时速度增加较快，使制动次数增加，汽车制动器升温较快且高，易发生制动失效而引起速度失控；另外，在长下坡路段较小半径平曲线前，重型载重车会因速度过高导致减速不及而使速度失控。长陡下坡行驶速度失控，易发生侧翻、冲出路基、撞击前方车辆的恶性交通事故，甚至造成车毁人亡。若在长陡下坡路段适当位置设置避险车道，供速度失控车辆驶入，利用制动坡床的滚动阻力和坡度阻力迫使汽车减速停车，可避免或减轻车辆和人员损伤。

(2)避险车道的组成。避险车道主要由引道、制动车道、服务车道及辅助设施(路侧护栏、防撞设施、施救锚栓、呼救电话、照明等)组成，如图3.19所示。

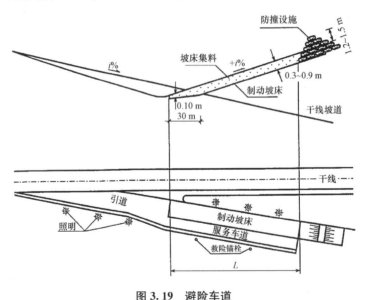

图 3.19 避险车道

2. 避险车道的类型

避险车道主要有上坡道型、水平坡道型、下坡道型和砂堆型四种，如图3.20所示。上坡道型[图3.20(a)]。车辆的停止，是通过坡床材料与轮胎间的滚动阻力和坡床面的坡度阻力共同作用实现，所需长度短，为常用形式。水平坡道型[图3.20(b)]。车辆的停止，全靠坡床材料与轮胎间的策动力实现，所需长度较长，特殊情况下可采用。下坡道型[图 3.20(c)]。车辆的停止，仅凭被床材料与轮胎间滚动阻力实现，且坡度阻力助推汽车向前滑行，所需长度更长。在不得已情况下论证采用砂堆型[图 3.18(d)]。车辆的停止，其原理与上坡道型相似，区别是坡床砂堆厚度和滚动阻力系数渐变增大，而且所需长度更短。但因砂堆减速过于强烈，易发生二次事故，故较少采用。

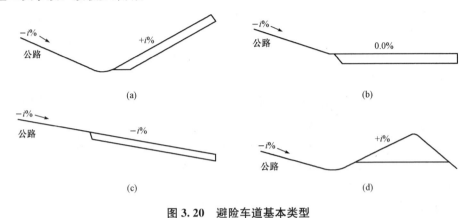

图 3.20　避险车道基本类型

(a)上坡道型；(b)水平坡道型；(c)下坡道型；(d)砂堆型

任务 3.6　横断面设计方法

横断面设计方法俗称"戴帽子"或"戴帽"，如图 3.21 所示。其是在横断面测量所得各桩号的横断面地面线上，按纵断面设计确定的填挖高度和平面设计确定的路基宽度、超高、加宽值，结合当地的地形、地质等自然条件，参考典型横断面图式，逐桩号绘出的横断面图；对采用挡土墙、护坡等结构物的路段，所采用结构物应绘于相应的横断面图上，并注明其起讫桩号、圬工种类和断面的尺寸。结构物的尺寸要根据土压力的大小、经稳定性验算确定。

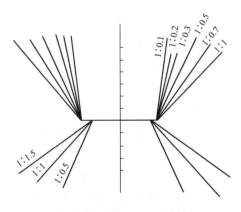

图 3.21　横断面设计方法

横断面除有与行车有关的路幅宽度外，还有与路基工程、排水工程、环保工程有关的各种设施。这些设施的位置和尺寸均应在横断面设计中有所体现。路基横断面形式和尺寸是在平面设计中确定的，在纵断面设计中应根据路线的标准和地形的条件对路基的合理高度、横断面设计，必须结合地形、地质、水文等条件，本着节约用地的原则选用合理的断面形式，以满足行车顺适、工程经济、路基稳定且便于施工和养护的要求。

在设计每个横断面时，应参考路基典型横断面图示，断面中的边坡坡率、边沟尺寸、挡土墙断面必须按现行《公路路基设计规范》(JTG D30—2015)的规定办理。对高填、深挖、特殊地质、浸水路基应单独设计。横断面设计步骤如下：

(1)按照 1∶200 的比例绘制横断面地面线；在定测阶段，横断面地面线是现场绘制的，若纸上定线，可在大比例地形图上内插获得。

(2)从"路基设计表"中抄入路基中心填挖高度，对于有超高和加宽的曲线路段，还应抄入"左高""右高""左宽""右宽"等数据。

(3)根据现场调查所得来的"土壤、地质、水文资料"，参照"标准横断面图"设计出各桩号横断面，确定路幅宽度，填或挖的边坡坡线，在需要各种支挡工程和防护工程的地方画出该工程结构的断面示意图。

(4)根据综合排水设计，画出路基边沟、截水沟、排灌渠等的位置和断面形式。必要时需注明各部分尺寸。注：不必绘出路拱，但必须绘出超高、加宽。另外，对于取土坑、弃土堆绿化等结构物也需尽可能画出。经检查无误后，修饰描绘。

(5)分别计算各桩号断面的填方面积(A_r)、挖方面积(A_w)，并标注于图上。一条道路的横断面图数量极大，为提高手工绘制的工作效率，可事先制作若干透明模板。但根本的解决办法是"路线计算机辅助设计"，它不但能准确绘制横断面图，而且能自动解算横断面面积。

任务 3.7 路基土石方数量计算及调配

3.7.1 路基横断面土石方量计算

路基土石方是公路工程的一项主要工程量，在公路设计和路线方案比较中，路基土石方数量的多少是评价公路测设质量的主要技术经济指标之一。在编制公路施工组织计划和工程概预算时，还需要确定分段和全线路基土石方的数量。

地面形状是很复杂的，填方、挖方不是简单的几何体，所以，其计算只能是近似的，计算的精确度取决于中桩间距、测绘横断面时采点的密度和计算公式与实际情况的接近程度等。计算时一般应按工程的要求，在保证使用精度的前提下力求简化。

1. 横断面面积计算

路基的填挖断面面积是指断面图中原地面线与路基设计线所包围的面积，设计标高高于地面线者为填，低于地面线者为挖，两者应分别计算。横断面面积的计算通常采用积距法和坐标法两种方法。

(1)积距法。如图 3.22(a)所示，将断面按单位横宽划分为若干个梯形和三角形，每个小条块的面积近似等于每个小条块中心高度与单位宽度的乘积，即

$$A_i = bh_i$$

则横断面面积：

$$A = bh_1 + bh_2 + \cdots + bh_n = b\sum h_i$$

当 $b=1$ m 时，则 A 在数值上就等于各个小条块平均高度之和 $\sum h_i$。

(2)坐标法。图 3.22(b)所示，已知断面图上各特折点坐标 (x_i, y_i)，则断面面积为

$$A = \frac{\sum (x_i y_{i+1} - x_{i+1} y_i)}{2}$$

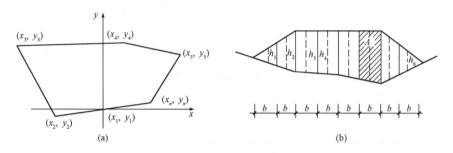

图 3.22　横断面面积计算

(a)积距法；(b)坐标法

坐标法的计算精度较高，适宜用计算机计算。

2. 土石方数量计算

路基土石方计算工作量较大，加之路基填挖变化的不规则性，要精确计算土石方体积是十分困难的。在工程上通常采用近似计算。即假定相邻断面间为一棱柱体，则其体积为

$$V = (A_1 + A_2)\frac{L}{2} \tag{3.11}$$

式中　V——体积，即土石方数量(m^3)；

　　　A_1，A_2——相邻两断面的面积(m^2)；

　　　L——相邻断面之间的距离(m)。

此种方法称为平均断面法，如图 3.23 所示。

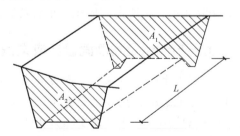

图 3.23　平均断面法

用平均断面法计算土石方体积简便实用，是公路上常采用的方法。但平均断面法精度较低，只有当 A_1、A_2 相差不大时才较准确。当相差较大时，则按棱台体公式计算更为接近，其计算公式为

$$V=\frac{1}{3}(A_1+A_2)L\left(1+\frac{\sqrt{m}}{1+m}\right) \tag{3.12}$$

式中，$m=\dfrac{A_1}{A_2}$，其中 $A_1 < A_2$。

用上述方法计算的土石方体积中，包含了路面结构层体积。

（1）若所设计的纵断面有填有挖，且基本平衡则填方断面中多计算的路面面积与挖方断面中少计算的路面面积相互抵消，其总体积与实施体积相差不大。

（2）若路基是以填方为主或以挖方为主则应在计算断面面积时将路面部分计入，也就是填方要扣除、挖方要增加路面所占的那部分面积，特别是路面结构层厚度较大时更不能忽略。

（3）计算路基土石方数量时，应扣除大、中桥及隧道所占路线长度的体积；桥头引道的土石方，可视需要全部或部分列入桥梁工程项目中，但应注意不要遗漏或重复；小桥涵所占的体积一般可不扣除。

在路基工程中的挖方按天然密实方体积计算，填方按压实后的体积计算，各级公路各类土石方与天然密实方换算系数见表 3.14。土石方调配时注意换算。

表 3.14 路基土石方换算系数

公路等级	土石类别			
	土方			石方
	松土	普通土	硬土	
二级及二级以上公路	1.23	1.16	1.09	0.92
三、四级公路	1.10	1.05	1	0.84

土石方数量计算还应注意以下问题：

（1）填方、挖方数量应分别计算（填、挖方面积分别计算）；

（2）土方、石方数量应分别计算（土、石方面积分别计算）；

（3）换土、挖淤泥或挖台阶等部分应计算挖方工程量，同时还应计算填方工程量；

（4）路基填、挖方数量中应考虑路面结构层所占的体积（填方扣除、挖方增加）；

（5）路基土石方数量中应扣除大中、桥所占的体积，小桥及涵洞可不予考虑。

3.7.2 路基横断面图土石方调配及横断面设计成果识读

土石方调配的目的是确定填方用土（石）的来源、挖方弃土（石）的去向，以及计价土石方的数量和运量等，通过调配合理地解决各路段土石方平衡与利用问题，从路堑挖出的土石方，在经济合理的调运条件下以挖作填，尽量减少路外借土（石）和弃土（石），少占用耕地以求降低公路造价。

1、土石方调配计算的几个概念

（1）平均运距。土方调配的平均运距，是从挖方体积的重心到填方体积的重心之间的距离。在路线工程中为简化计算起见，这个距离可简单地按挖方断面间距中心至填方断面间距中心的距离计算，称为平均距离。

（2）免费运距。土石方作业包括挖、装、运、卸等工序。在某一特定距离内，只按土石方数量计价而不计运费，这一特定的距离称为免费运距。施工方法的不同，其免费运距也不同，如人工运输的免费运距为 20 m，铲运机运输的免费运距为 100 m。

在纵向调配时，当其平均运距超过定额规定的免费运距时，应按其超运距计算土石方运量。

（3）经济运距。填方用土石来源，一是沿路线纵向调运；二是就近路外借土。一般情况用路堑挖方调去填筑距离较近的路堤还是比较经济的，但如调运的距离过长，以至运价超过了在填方附近借土所需的费用时，移挖作填就不如在路堤附近就地借土经济。因此，采用"借"还是"调"，有个限度距离问题，这个限度距离即所谓"经济运距"，其值按下式计算：

$$L_经 = \frac{B}{T} + L_免$$

式中　B——借土单价(元/m³)；

　　　T——远运运费单价[元/(m³·km)]；

　　　$L_免$——免费运距(km)。

经济运距是确定借土或调运的界限，当调运距离小于经济运距时，采取纵向调运是经济的；反之，则可考虑就近借土。

（4）运量。土石方运量为平均超运距单位与土石方调配数量的乘积。

在生产中，如工程定额是将人工运输免费运距 20 m，平均每增运距 10 m 划为一个运输单位，称之为"级"。当实际的平均运距为 40 m，则超运距为 20 m 时，则为两个运输单位，称为二级，在路基土石方数量计算表中记作②。土石方运量的计算公式为

$$土石方运量 = 调配(土石方)数量 \times n$$

$$n = (L - L_免)/A$$

式中　n——平均超运距单位(四舍五入取整数)；

　　　L——土石方调配平均运距(m)；

　　　$L_免$——免费运距(m)；

　　　A——超运距(m)，如人工运输 $A = 10$ m，铲运机运输 $A = 50$ m。

（5）计价土石方数量。在土石方计算与调配中，所有挖方均应予计价。但填方则应按土的来源决定是否计价，如果是路外就近借土就应计价；如果是移挖作填的纵向调配利用土石方，就不应再计价，否则会形成双重计价。即计价土石方数量为

$$V_计 = V_挖 + V_借$$

式中　$V_计$——计价土石方数量(m³)；

　　　$V_挖$——挖方数量(m³)；

　　　$V_借$——借方数量(m³)。

2. 土石方调配原则

（1）在半填半挖的断面中，应首先考虑在本路段内移挖作填进行横向平衡，然后再将多余的土石方作纵向调配，以减少总的运量。

（2）土石方调配应考虑桥涵位置对施工运输的影响，一般大沟不作跨越运输，同时，应注意施工的可能与方便，尽可能避免和减少上坡运土。

（3）为使调配合理，必须根据地形情况和施工条件，选用适当的运输方式，确定合理的

经济运距，用以分析工程用土是调运还是外借。

（4）土方调配"移挖作填"固然要考虑经济运距问题，但这不是唯一的指标，还要综合考虑弃方和借方的占地，赔偿青苗损失及对农业生产的影响等，有时路堑的挖方纵调作路堤的填方，虽然运距超出一些，运输费用可能会高一些，但如能减少占地、减少对农业生产的影响，对整体来说未必是不经济的。

（5）不同的土方和石方应根据工程需要分别进行调配，以保证路基稳定和人工构造物的材料供应。

（6）位于山坡上的回头曲线路段，要优先考虑上下线的土石方竖向调运。

（7）土方调配对于借土和弃土事先应与当地政府商量，妥善处理。借土应结合地形、农田规划等选择借土地点，并综合考虑借土还田、整地造田等措施。弃土应不占或少占耕地，在可能的条件下宜将弃土平整为可耕地，防止乱弃乱堆，或堵塞河流，损害农田。

3. 土石方调配方法

土石方调配方法，目前生产上采用土石方计算表调配法，直接在土石方表上进行调配，其优点是方法简单，调配清晰，精度符合要求。该表也可由计算机自动完成，具体调配步骤如下：

（1）土石方调配是在土石方数量计算与复核完毕的基础上进行的，调配前应将可能影响运输调配的桥涵位置、陡坡大沟等注明在表旁，供调配时参考。

（2）计算并填写表中"本桩利用""填缺""挖余"各栏。当以石作填土时，应将石方数量填入"本桩利用"的"土"一栏，并以符号区别，然后按填、挖方分别进行闭合核算，其核算式为

$$填方＝本桩利用＋填缺$$
$$挖方＝本桩利用＋挖余$$

（3）在作纵向调配前，根据"填缺""挖余"的分布情况，选择适当施工方法及可采用的运输方式定出合理的经济运距，供土方调配时参考。

（4）根据填缺、挖余分布情况，结合路线纵坡和自然条件，本着技术经济少占用农田的原则，拟订具体调配方案。将相邻路段的挖余就近纵向调配到填缺内加以利用，并把具体调运方向和数量用箭头表明在纵向调配栏中。

（5）经过纵向调配，如果仍有填缺或挖余，则应会同当地政府协商确定借土或弃土地点，然后将借土或弃土的数量和运距分别填注到借方或废方栏内。

（6）调配完成后，应分页进行闭合核算，其核算式为

$$填缺＝远运利用＋借方$$
$$挖余＝远运利用＋废方$$

（7）本公里调配完毕，应进行本公里合计，总闭合核算除上述内容外，尚有：

$$跨公里调入方＋挖方＋借方＝跨公里调出方＋填方＋废方$$

（8）土石方调配一般在本公里内进行，必要时也可跨公里调配，但需将调配的方向及数量分别注明，以免混淆。

（9）每公里土石方数量计算与调配完成后，须汇总列入"路基每公里土石方表"，并进行全线总计与核算。至此完成全部土石方计算与调配工作。

任务 3.8　横断面设计成果

路基横断面设计的主要成果是"两图两表"，即路基横断面设计图、路基标准横断面图、路基设计表与路基土石方数量表。

3.8.1　路基横断面设计图

路基横断面设计图是路基每一个中桩的法向剖面图，它反映每个桩位处横断面的尺寸及结构，是路基施工及横断面面积计算的依据，图中应给出地面线与设计线，并标注桩号、施工高度与断面面积。相同的边坡坡度可只在一个断面上标注，挡墙等圬工构造物可只绘出形状，不标注尺寸。边沟也只需绘出形状。横断面设计图应按"从下到上，从左到右"的方式进行布置，一般采用 1∶2 000 的比例。

3.8.2　路基标准横断面图

路基横断面设计图是将设计过程中所出现的所有路基形式进行汇总。它显示出了所有设计线（包括边坡边沟、挡墙、护肩等）的形状、比例及尺寸，用以指导施工，这样路基横断面设计图就不必对每个断面都进行详细的标注（其中很多断面的比例、尺寸都是相同的），避免了工作的重复与烦琐，也使横断面设计图比较简洁。

3.8.3　路基设计表

路基设计表严格地说不能只作为横断面设计的成果，它是路线设计成果的一个汇总，其前半部分是平面与纵断面设计的成果。横断面设计完成后，再将"边坡""边沟"等栏填上。其中，"边沟"一栏的"坡度"如不填写，表明沟底纵坡与道路纵坡一致，如果不一致，则需另外填写。

3.8.4　路基土石方数量表

路基土石方是公路工程的一项主要工程量，所以，在公路设计和路线方案比较中，路基土石方数量的多少是评价公路测设质量的主要技术经济指标之一，也是编制公路施工组织计划和工程概预算的主要依据。其表格形式见表 3.15。

3.8.5　其他成果

对于特殊情况下的路基（如高填深挖路基、沿河路基，不良地质地段路基等）应单独设计，并绘制特殊路基设计图。图中应出示缘石大样、中央分隔带开口设计图等。

表 3.15　路基土石方

桩号	横断面面积/m² 挖	横断面 填土	横断面 填石	平均面积/m² 挖	平均 填土	平均 填石	距离/m	总数量	松土 %	松土 数量	普通土 %	普通土 数量	硬土 %	硬土 数量	软石 %	软石 数量	次坚石 %	次坚石 数量	坚石 %	坚石 数量
1	2	3	4	5	6	7	8	9	10	11	12	13	14	15	16	17	18	19	20	21
K14+000	60.0																			
+017	82.2			71.1			17	1 209			20	242	10	121			50	604	20	242
+025	86.4	10.0	*4.0	84.3	5.0	*2.0	8	674				135		67				337		135
+037		78.0		43.2	39.0	5.0 *2.0	12	518				103		52				259		104
+041	69.6				73.8		4													
+050	78.4			39.2	34.8		9	353					20	71				176	30	106
+060	34.4			56.4			10	564						113				282		169
+072	86.8			60.6			12	727						145				364		218
+080	25.0			55.9			8	447						89				224		134
+086		24.6	54.6	12.5	12.3	27.3	6	75						15				37		23
+094		28.0	56.0		26.3	55.3	8													
+100		20.0	56.0		24.0	56.0	6													
+108		24.0	44.0		22.0	50.0	8													
+114	24.0		*2.0	12.0	12.0	22.0 *1.0	6	72						14				36		22
+124	46.0		*1.0	35.0		*1.5	10	350						70				175		105
+140	16.0	8.0		31.0	4.0	*0.5	16	496						99				248		149
+160	42.0	6.0		29.0	7.0		20	580						116				290		174
+180	62.0			52.0	3.0		20	1 040						208				520		312
+190	14.0	21.0		38.0	10.5		10	380						76				190		114
+200		36.0		7.0	28.5		10	70						14				35		21
小计							200	7 555						1 270				3 777		2 208

注：1.(24)、(30)栏中,"( )"表示以石代土;

　　2.(31)、(32)、(33)、(34)栏中分子为数量,分母为运距;

　　3.(31)、(32)栏是指普通土和次坚石,如有不同,须加注明;

　　4."*"表示砌石;

　　5.(30)、(31)、(32)、(33)、(34)栏中,"○"内数字为平均超运距单位数。

数量计算表

填方数量/m³		利用方数量/m³ 及运距(单位)							借方数量/m³ 及运距(单位)		弃方数量/m³ 及运距(单位)		总运量/m³ (单位)	
		本庄利用		填缺		挖余		远运利用纵向调配示意						
土	石	土	石	土	石	土	石		土	石	土	石	土	石
22	23	24	25	26	27	28	29	30	31	32	33	34	35	36
						363	846	调至上里程:				346/③		1 038
	40 *16		56			202	416	土363 石500				329/③		987
468	60 *24	155 (279)	84	34				石(87) 土202						
468	60	155	84	34				石(40)						
313		71 (242)				40								
						113	451					443/②		886
						145	582							
						89	358	土247						
74	164	15	60	59	104									8
210	442			210	442			石882(66)					694	1 896
144	336			144	336			土105						
176	400			176	400			石480(129)					105	609
72	132 *6	14	58	58	80									
	*15		15			70	265							
64	*8	64	8			35	389					45		
140		115 (24)					440					440		
60		60				148	832				148	832		
105		76 (29)					275					60		
285		14 (56)		215				石(215)						
								土654 石1 362(537)						
2 406	1 574 *60	585 (630)	281	1191	1 362	1 165	4 898				148	2 495	799	5 416

基础练习

一、填空题

1. 无中间带公路的超高线缓和段过渡形式可采用三种方式，即_____、_____和_____。

2. 圆曲线上全加宽值的大小与_____、_____和_____等因素有关。

3. 当公路需要加宽时，四级公路和山岭重丘区的三级公路采用第_____类加宽值；其余各级公路采用_____类加宽值；对于不经常通集装箱半挂车的公路，可采用第_____类加宽值。

4.《公路工程技术标准》(JTG B01—2014)规定，当圆曲线半径小于等于_____m时，应在平曲线_____设置加宽。

5. 高速公路和一级公路的路基横断面由_____、_____、_____以及紧急停车带、爬坡车道、变速车道等组成

6. 二、三、四级公路的路基横断面由_____以及错车道组成。

7. 计价土石方数量 $V_{计}=$_____＋_____。

填方＝本桩利用＋_____；挖方＝本桩利用＋_____。

填缺＝远运利用＋_____；挖余＝远运利用＋_____。

8. 本公里段土石方调配完毕，应进行公里合计，总闭合核算式为：_____＋挖方＋_____＝_____＋_____＋废方。

9. 横断面设计成果主要是_____和_____。

二、单项选择题

1.《公路工程技术标准》(JTG B01—2014)规定：四级公路采用( )加宽

   A. 1 类   B. 2 类   C. 3 类   D. 4 类

2. 二级公路的加宽类别一般采用( )。

   A. 1 类   B. 2 类   C. 3 类   D. 4 类

3. 新建四级公路，其超高旋转点是指( )。

   A. 公路中线   B. 未超高、加宽前的路基边缘

   C. 分隔带边缘   D. 未超高、加宽前的路面边缘

4. 超高缓和段的横坡度由2%(或1.5%)过渡到0%路段的超高渐变率不得小于( )

   A. 1/100   B. 1/150   C. 1/200   D. 1/330

5. 各级公路超高横坡度的最小值为( )。

   A. 1.5%   B. 2%   C. 3%   D. 路拱横坡度

6. 超高附加纵坡度(即超高渐变率)，是指超高后的( )纵坡比原设计纵坡增加的坡度。

   A. 外侧路肩边缘   B. 外侧路面边缘   C. 路面中心   D. 以上均不正确

7. 二级以下公路路基设计标高一般是指( )。

   A. 路基中线标高   B. 路面边缘标高   C. 路肩边缘标高   D. 以上均不正确

8. 路基设计表汇集了路线( )的设计成果。

   A. 平面   B. 纵断面   C. 横断面   D. 平、纵、横断面

三、简答题

1. 简述路基横断面的组成。

2. 路拱横坡的概念和作用分别是什么？其大小如何确定？

3. 路基边坡对路基稳定性和工程数量有何影响？路基边坡如何确定？

4. 土石方调配过程中要遵循的原则是什么？

5. 横断面设计内容是什么？

➤ 技能实训

1. 能够熟练地看懂公路横断面图和路基土石方数量表，对图纸中设计的各个组成部分的作用能够描述清楚。

2. 计算路基土石方填挖数量。

3. 进行路基土石方调配，并完成路基土石方数量计算表。

项目 4　公路选线

任务 4.1　概　述

4.1.1　自然条件对公路选线的影响

选线是包括选择路线方案、确定路线布局并具体定出路线中线位置的全过程。选线是整个公路设计的关键，其对公路的施工难度、工程造价、使用情况、环境保护及道路使用效率有很大的影响。

选线是在规划道路的起点与终点之间选定一条技术上可行、经济上合理、又能符合使用要求的道路中心线的工作。选线需要评估各种复杂的自然环境和社会条件，综合考虑施工难度、工程量等多方面的因素。为减少选线工作量，选线时必须由粗到细、由轮廓到局部，逐步深入，分阶段分步骤地加以分析比较，才能定出最合理的路线。

自然条件对选线有很大的影响。影响道路的主要因素有地形、气候、水文、地质条件、土质、植被等情况。

1. 地形

地形是选线的主要条件，在很大程度上会影响路线的技术标准。按当地布线范围内地形地貌形态、地面起伏程度、倾斜度及平整度，可对各类地形特征描述如下：

（1）平原、微丘地区。

①平原。平原地势低平、起伏平缓、相对高度一般不超过 50 m，地面自然坡度一般在

5 度以内。

②河湾。河湾是指顺适、地形开阔、且有连续的宽缓台地的河谷地形。河床坡度大部分在 5 度以下,地面自然坡度在 20 度以下。沿河布线一般不受限制,但路线纵坡平缓或略有起伏。

③微丘地形。微丘地形是指起伏较大的丘陵,其丘岗较低,相对高度在 100 m 以下,地面自然坡度平缓,在 20 度以下,公路设线一般不受地形限制。

(2)山岭、重丘地区。

①重丘地形。重丘地形是指有连续起伏的山丘,且有深谷和较高的分水岭,地面自然坡度在 20 度以上,路线平、纵面大部分受自然地形限制。

②山岭地形。山岭地形是指山脊、陡峻山坡、悬崖、峭壁、峡谷、深谷等。地形变化复杂,地面自然坡度大部分在 20 度以上,路线平面、纵面、横面大部分受自然地形限制。

③高原地带的深侵蚀沟,以及有明显分水线的绵延较长的高地。其自然坡度大部分在 20 度以上,路线平面、纵面、横面大部分受自然地形限制。

2. 气候

气候状况直接或间接地影响着地面水或地下水水位高度、降水量及其降水的强度和形态、路基水文状况、泥泞期、冬季积雪和冰冻延续期。这些气候环境不仅影响公路的稳定性和使用的安全性,还在一定程度上限制了公路的施工环境和条件。

3. 水文

水文情况决定排水结构物(包括地面排水和地下排水结构物)的设置情况,包括数量、大小及分布情况。而水文地质情况决定了含水层的厚度和位置,以及地基或路基岩层滑塌的可能性。

4. 地质条件

地质构造决定了路基、桥梁地基及隧道构筑物的稳定性,确定了是否滑塌、碎落和崩塌的可能性,对路线布线位置具有极大影响,同时,还决定了土石方工程施工难易程度和筑路材料的质量。

5. 土质

不同土质具有不同的承载力,它影响着路基的形态和尺寸,路面形式和路基结构物的选择。

6. 植被情况

地面的植物覆盖情况影响暴雨径流、水土流失程度,有些经济种植物也会影响路线的走向。

4.1.2 公路选线的原则

选线是公路设计的重要环节,选线的质量直接关系到工程施工的工程数量、施工难易程度和工程费用,以及今后公路使用的适用性、安全性、可靠性和耐久性。在选线时,应综合考虑各种因素,妥善处理好各方面的关系。选线的基本原则如下。

1. 处理好近期与远期的关系

选线根据公路的性质和任务,应综合考虑沿线城镇、乡村的国民经济发展情况和道路的远景规划,正确处理好远期规划与近期适用性的关系,使路线在路网中发挥较好的作用。

2. 采用多方案比选

在路线的各个设计阶段，应运用各种先进手段对路线方案做深入、细致的研究，在多方案论证、必选的基础上，选定最优路线方案。

3. 正确掌握和运用公路技术标准

路线设计应满足各项技术标准，在保证行车安全、舒适、顺畅并快速通过的前提下，使工程量最小、造价低、运营费用省、效益好，并有利于公路的施工和养护。公路路线设计是路线的空间几何线形设计，应注意立体线形设计中保证平、纵、横断面的协调性、顺适性。在工程量增加不大时，平、纵线形应尽量采用较高的技术标准，不应轻易采用指标最小值或极限值，也不应片面追求高指标而大幅增加工程数量。

4. 注意路线与农业的配合

选线应利于农业的发展和建设，应注意与农业基本建设相配合，做到少占田地或尽量不占高产田、经济作物田或经济林园等。

5. 路线周围景观的协调

公路在途经名胜古迹、风景区时，应与周围环境、景观相协调。路线设计中的桥梁、隧道和沿线设施应与该地区自然景观相适应，与环境融为一体。

6. 重视水文、地质问题

选线时应对路线范围内地质、水文条件进行深入勘查，查清其对公路工程的影响。对于软土地基滑坡、崩塌、错落、岩堆、泥石流、熔岩、盐渍土等严重不良地质地段，沙漠、多年冻土、积雪、膨胀土等特殊地区，需慎重对待。一般情况下，选线时应设法加以绕避。当必须穿过时，应选择恰当的位置，缩小穿越范围，并采取必要的工程措施保证路基的稳定性。

对于高铁路堤、深挖路堑地段，应做好路基边坡岩质情况的勘察工作，查清边坡及基底情况，据此进行填挖边坡的稳定性计算，必要时可采取切实可行、安全可靠的边坡防护措施。

7. 重视环境保护工作

选线应重视环境保护工作。对修建公路及公路运营对周围环境产生的影响与污染等问题应加以重视，采取相应的措施，保证环境不受到破坏。具体应注意以下几个方面：

(1)平原、微丘区公路选线应着重论证的影响因素：填方、取土、弃土对农业资源、土壤耕作条件的影响；对农田水利排灌系统的影响；路面径流对养殖业水体的影响。

(2)山岭、重丘区公路选线应着重论证的影响因素：高填、深挖对自然景观、植被、生态环境的影响；开挖、弃方堆砌、爆破作业等可能诱发的自然灾害的影响。

(3)绕城线或城市出入口的公路选线应着重论证的影响因素：拆迁的影响；占地的影响；阻隔出行的影响；交通噪声的影响；空气污染的影响；与环境敏感点的距离的影响。

4.1.3 公路选线的步骤

一条公路的起点、终点确定以后，在起点、终点之间有许多种路线方案，选线的任务就是在众多的方案中选出一条符合设计要求、经济合理的最优方案。选线的范围是从面到带，再到线的过程，选线一般按以下三个步骤进行：

1. 全面布局

全面布局主要解决路线的基本走向问题，即在路线总方向（路线的起点、终点和路线规定经过的中间控制点）之间，寻找出最合理的"通过点"作为大的控制点。这就是在路线的起点、终点之间进行"面"的搜索，通筛会有几个有比较价值的路线方案。此项工作通常是在工程可行性研究阶段进行的，先在小比例尺（1∶10 000 或 1∶50 000）地形图上从"面"出发找出各种可能的方案，然后进行现场勘察确定控制点，收集各可能方案的有关资料。将多个有比较价值的方案列入工程可行性研究报告（以下简称《工可报告》），供《工可报告》评审、采用。

2. 逐段安排

逐段安排是解决局部性路线方案，在路线基本走向确定的前提下，根据沿线的地形、地质、水文等自然条件结合技术标准进一步加密控制点，然后连接这些控制点，即构成路线带。在《工可报告》评审批复后，路线的基本走向问题，即路线"面"的问题得到解决。路线基本走向选定后需要进一步加密控制点，解决局部路线方案问题，此项工程通常在初步设计阶段进行。先在 1∶1 000～1∶5 000 比例尺地形图上研究，然后到现场进行初测工作，逐段结合地形、地质水文等自然条件选定一些细部控制点，将一些具有比较价值的细部方案列入初步设计文件。

3. 具体定线

具体定线是确定路线中心具体位置的过程，经过上述两个步骤的工作后，路线的基本雏形已勾绘出来，定线就是根据技术标准和路线方案，结合有关条件在有利的定线带内进行平、纵、横综合设计，具体定出道路的中线。选定公路中线位置按具体做法不同有实地选线、纸上选线和自动化选线等方法。具体定线的内容将在下个项目中进行讲述。

任务 4.2　路线方案的比选

4.2.1　路线方案比选的种类

路线方案比较是在选线时确定路线总体布局的行之有效方法，在可行的多种初步布线方案中，通过方案比较和取舍，选取技术合理、费用经济、切实可行的最优方案。路线方案的取舍是路线设计中的关键问题，方案是否合理，不仅关系到公路本身的投资费用和运输效率，更重要的是影响到路线在公路网中的作用，是否能够满足国家政治、经济及国防的要求和长远利益。

根据方案比选深度上的不同，可分为原则性方案比较和详细方案比选。

1. 原则性方案比选

从形式上看，方案比选可分为"质"的比选和"量"的比选。

对于原则性方案比选，主要是"质"的比选，多采用综合评价的方法，这种方法不允许通过详细计算经济和技术指标进行比较，而是综合各方面因素进行评比。

主要综合考虑的因素有以下几项：

（1）路线在政治、经济、国防上的意义，国家和地方建设对路线使用任务、性质的要求，以及战备、支农、综合利用等重要方面的贯彻和体现程度。

（2）路线在铁路、公路、航道等运输网络系统中的作用，与沿线工矿、城镇等规划的关系以及与沿线农田水利建设的配合及用地情况。

（3）沿线地形、地质、水文、气象、地物、地貌等自然条件对公路的影响；要求的路线等级与实际可能达到的技术标准，以及其对路线的使用任务、性质的影响；路线的长度、筑路材料的来源、施工条件以及工程量大小、三材（钢材、木材、水泥）用量。工程造价、工期长短、劳动力大小等情况及其运营、施工、养护等路线的影响。

（4）路线与沿线历史文物古迹、革命史迹、旅游风景区等的联系。

2. 详细方案比选

详细方案比选一般在原则性方案比选之后进行。对于详细的方案比较，则属于"量"的比较，主要是通过详细计算投资与工程量等技术指标、经济指标来进行比较。

（1）主要的工程技术指标。路线长度及延长系数、转角数、转角总合和转角平均值、最大与最小平曲线半径、回头曲线的数目、最大与最小纵坡、最大与最小竖曲线半径、与即有路线及铁路的交叉数目（包括平面交叉和立体交叉）、限制车速的路段长度（指居住区、小半径转弯处、交叉点、陡坡路段等）。

（2）主要的经济指标。路基土石方工程数量、桥涵工程数量（大桥、中桥、小桥涵的座数、类型及其程度）、隧道工程数量、挡土墙工程数量、征占土地数量及费用、拆迁建筑物及管线设施的数量、主要材料数量、主要机械、劳动力数量、工程总造价、投资成本—效益比、投资利润率、投资回收期。

以上的各项技术、经济指标，在进行路线方案比选时并不是每项都可能计算出来的，而是根据工程项目的具体情况，抓住可比的关键问题的重点指标加以对比分析，从而得出正确的结论。

4.2.2 公路方案比较的步骤和实例

1. 公路方案比选的步骤

路线方案选择是在具体设计之前的工程可行性研究阶段解决的。指定的两个据点之间的自然情况越复杂、距离越长，可能的比较方案就越多，需要淘汰的方案也就越多。

路线方案选择的一般步骤如下：

（1）收集有关资料。在路线选择以前，首先要尽可能多地收集与方案有关的资料。如规划设计资料、交通资料、地形图、地质、水文、气象等资料。

（2）确定初步方案。根据已确定的路线总走向和已收集到的有关资料，在1：5万或1：10万的地形图上，初步研究各种可能的路线走向。经比较确定几个可供下一步野外实地调查的初步方案。确定初步方案的形式有以下几种：

①利用地形图确定（常规方法）。一般用1：5万或1：10万比例尺的地形图，在室内分析研究，初步选择路线走向。在这种地形图上，可以看出地形、地物、特殊不良地质等。在据点之间可以找出几种可能的走法，经过比较，选择合理的方案。这时，主要解决路线与地形、地物等的矛盾。例如，路线可能沿哪些河沟、走哪些垭口；路线是穿过、靠近，还是避开城镇或工矿区等。

②利用航测像片确定。目前，国外日本、德国、美国等都采用这种方法进行初步方案

选择，我国还处于研究阶段。

③利用飞机确定。主要是利用直升机或轻型飞机从空中俯视选线，多用于地形特别困难、无地形图、人员无法抵达的重山区。这种形式目前极少采用。

（3）野外实地调查（也称踏勘或视察）。根据上面室内确定的初步方案，可到实地进行调查，调查中要坚持跑到、看到、调查到，不遗漏任何一个可能方案。对调查中发现的新方案也要进行调查。

①调查准备：应在实地视察前全部做好，主要有下列工作：

a. 收集资料：地形图（1∶5万和1∶1万）、水文、气象、地质资料。

b. 组织工作：人员组成要有选线、桥梁、地质专业的工程师；还要有负担生活的专门人员；一定数量的工人负责开路和搬运行李等。

c. 编制调查计划：包括调查目的任务、调查路线、调查内容、吃住行等。

d. 携带仪器：对讲机、地质罗盘、手水准、望远镜、海拔仪、皮尺等。

②调查内容。

a. 各据点调查落实：路网规划指定的控制点若发现不合理时，要提出充分的变更理由，报上级审批。

b. 对路线、大桥、隧道调查，提出推荐方案。对大桥和隧道，一般路线应服从桥位和隧道位置的要求，对中、小桥应服从路线的基本走向。

c. 采用标准落实：根据地形情况，可以分段提出采用的技术标准和主要技术指标。

d. 线位调查：主要是确定路线的必经控制点，如越岭垭口、跨河桥位、与铁路或公路交叉点、与城镇或不良地质地段关系等。另外，还有旧路利用情况。

e. 估算各种工程数量。

f. 筑路材料调查：调查当地出产材料如砂石材料、石灰等和外购材料如钢筋、水泥、木材等的规格、价格、运距、运输方式、供应数量等情况。

g. 经济调查：主要为经济分析之用，内容较多，直接经过区域重点调查，周边影响区域也应调查。

h. 其他调查：征地、拆迁、风俗、材料供应等。

（4）分项整理汇总调查成果，编写工程可行性研究报告，为上级编制或补充修改设计任务书提供依据。

2. 路线方案选择实例

某省际公路干线，根据公路网规划要求按二、三级路线标准进行调查，共调查了两个方案作为路线基本走向的选择。其中，方案1布线时尽量避开了集镇。方案2利用老路，通过该集镇。两种方案的主要指标汇总见表4.1。

比选结果：方案1尽量绕开集镇，路线线形好，线形通畅，道路指标高，虽然路线偏长，但仍能连接个县市，对经济发展有一定作用；方案2的路线较大的利用了老路，路线短，但途经山岭区，增加了桥涵，防水工程量，使施工难度增加。最后通过综合考虑，选择推荐了路线基本走向合理、线形标准较高、用地省、投资也比较经济的方案1。

表4.1 某路两种方案主要指标汇总表

指标	单位	方案1	方案2
路段长度	km	256	204

指标		单位	方案1	方案2
	其中：新建	km	236	150
地形	平原、微丘	km	185	84
	山岭、重丘	km	51	120
	用地	亩	288	226
工程数量	土方	1 000 m³	380	290
	石方	1 000 m³	150	80
	次高级路面	1 000 m³	530	558
	大、中桥	米/座	252/3	180/2
	小桥	米/座	108/5	84/8
	涵洞	道	10	12
	防排水工程	m³	53 500	83 300
路线指标	平曲线最小半径	m	140	50
	最大纵坡	%	3	5.5
	路基宽度	m	8.5	8.5
	劳动力	万工日	161	193
	总造价	万元	22 401	21 567
	比较结果		推荐	

任务 4.3　平原地区选线

4.3.1　平原区路线的特点

1. 地形特点

(1)地面坡度平缓，相对高差较小(地面横坡<3%，相对高差<30 m)。路线纵坡不受限制。

(2)一般多为耕地，地物障碍多。除不适宜耕作地外多为耕地，良田多，土地昂贵；居民点较密，各种建筑物分布较广。

(3)沟渠密布，河网池塘多。平原地区分布有大量灌溉沟渠，天然河道、湖泊、池塘等。

(4)地下水水位较高，取土困难，缺乏筑路材料。

2. 路线特点

(1)线形好，标准高。路线纵坡小，平曲线半径大，技术指标较高。

(2)路线短捷、顺直。地形对路线的限制不大，主要是地物障碍的限制使路线有所转折。

如果两个控制点之间没有任何障碍物，就可以走直连线。如果两控制点之间有城镇、工厂、村庄、湖泊、水塘、风景点、水田、沟渠等障碍物时，通过实地调查，确定路线是穿过、靠近还是绕避，从而加密中间控制点，这些中间控制点之间也是走直连线，并在转折处设置平曲线。

(3)前期工程为后期所利用。由于平原区路线平、纵面线形指标较高，后期改建提高等级时多数路段可以利用，减少了改造工程费用。

3. 平原区路线布局原则(选线原则)

以方向为主导，正确安排平面线形，合理解决避让、穿越、趋近等问题，纵坡一般不受限制。

4. 平原区路线布设方式

先将路线总方向内所规定经过的地点如城镇、工厂、农场以及文物风景地点作为大控制点；然后在大控制点之间进行实地勘察，了解农田优劣及地物分布情况，确定哪些可穿越，哪些该绕避，以及怎样绕避，从而建立一系列中间控制点。路线一般应由一个控制点直达另一个控制点，不作任意的扭曲。

4.3.2 平原区路线布设

平原区路线，地形限制不大，布线应在基本符合路线走向的前提下，重点考虑政治、经济、沿线城市的发展等因素，正确处理对地物、地质的避让与趋就，找出一条理想的路线。

综合平原地区的自然特征及路线特点，布线时应注意以下要求。

1. 以平面为主安排路线

平面线形应尽可能采用较高的技术指标，不片面追求直线，也不应无故转弯，在避让局部障碍物时，要注意线形的平顺和过渡，穿越时应有合理可靠的技术保障措施。

深入调查研究沿线自然环境，正确处理好地物、地质的避让与趋就，选择一条短捷顺直的路线方案。一般来说，路线方案应在符合路线总方向的前提下，在各个必须避让的障碍物之间穿行。选线时，首先在路线起讫点间把经过的城镇、厂区、农场及风景区作为大的控制点，在控制点之间通过实地考察，进一步根据地形条件和水文条件选择中间控制点，除一般较大的建筑群、水电设施、跨河桥位、洪水泛滥影响范围以及其他必须绕过的障碍物外，均可作为中间控制点。在中间控制点之间，无充分理由一般不设交点。在安排迎面线形时，既要使路线短捷顺直，又要注意避让过长的直线，可能条件下多采用转角小、半径大的缓和平曲线线形。纵面线形应综合考虑桥隧、通道、交叉等构造物，合理确定路基设计高度，以避让纵坡起伏频繁，但也不应过于平缓，造成排水不畅且工程量增大等问题。

路线布线时应注意以下几点：

(1)合理选用直线长度。平原区路线应以直线为主，当必须采用长直线时，应做好平、纵线形组合设计，以消除长直线的弊端。

(2)直线与半径的关系。长直线的尽头不得连接急弯，且保证与前后线形平顺相接。

(3)保证路基稳定。平原区路线一般纵坡较为平缓，对排水不利。因此，在做平面线形设计时应考虑纵坡影响，保证路基有利排水，以利于路基稳定。

2. 正确处理路线与农业的关系

平原区有大量农田，渠道纵横交错，处理好公路与农田规划，农业灌溉，水利设施等的关系，是平原区选线的重要问题。

(1)平原区新建道路需要占用一些农田，这是不可避免的，但要尽量做到少占和不占高产田。布线要从路线的地位、支农运输、地形条件、工程数量、运营费用等方面全面分析比较，既不片面追求直线而占用大片良田，也不片面强调不占某块田，使路线弯曲，造成行车条件恶化。如图 4.1 所示，道路通过某河附近时，如按虚线方案走田中间穿线，路线短、线形好，但多占良田，填筑路基取土困难；如将路线移向坡脚(实线)，里程虽略有增长，但避开了大片高产田，而且沿坡脚布线，路基可以半填半挖，既节省了土方，又避免了填方借土的远运。

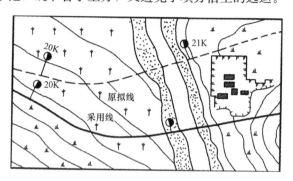

图 4.1 跨河路线方案比较

(2)路线应与农田水利建设相配合，有利于农田灌溉，尽可能少与灌溉渠道相交，将路线布置在渠道上方非灌溉的一侧或渠道尾部。当路线走向与渠道方向基本一致时，可沿渠堤布线，使堤路结合、桥闸结合，以减少占田和便利灌溉。路线必须跨水塘时，可考虑设在水塘的一侧，并拓宽水塘取土填筑路堤，使水塘面积不致缩小。

(3)当路线靠近河边低洼的村庄或田地通过时，应争取靠河岸布线，利用道路的防护措施，兼作护村保田之用。

(4)布线时要注意考虑为农业服务。对于一般公路，应较多的靠近居民点，为地方交通出行提供方便，并需注意与农村公路和机耕道的连接及与土地规划利用相结合，方便地方群众。

3. 正确处理路线与村镇的关系

主要解决路线与城镇村庄、工矿以及管线的关系问题，正确处理穿越和绕避问题。

(1)高等级公路和国防公路。一般以绕避为主，避免直穿，但也不宜离开过远，必要时可设支线连接，做到"靠村不进村，利民不扰民"，既方便运输又保证安全。

(2)一般公路。一般以方便群众为主，宜靠近村镇，如地方同意可以穿过村镇，但应保证足够的路基宽度和行车视距。

甘肃梧桐路连接铁路与煤矿的公路，原设计方案为 I 方案。当地居民为自己方便一再要求路线穿过村庄，后改为 II 方案。通车以后，随着交通量的增长，运煤车较多，且为多夜间行车，严重影响了村民的生活，环境污染非常严重，如图 4.2 所示。

(3)应避开通信线路和其他管线，与铁路尽量少交叉，避开文物古迹及风景点。

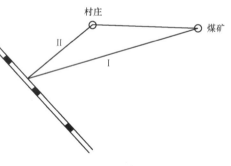

图 4.2 甘肃梧桐路

4. 处理好路线与桥位的关系

(1)大、中桥(跨径大于 20 m)。对于大、中桥，一般其桥位在满足路线总方向的前提下，都作为路线的控制点(即可以适当选择合适的桥位)。桥位应选在河床稳定、河道顺直、河面较窄、地质良好以及两岸地形有利于桥头引线布设的河段。

一般情况下，桥位中线应尽可能与洪水主流流向正交，桥和引道最好都在直线上。如果两端引道必须设置曲线时，应在桥两端以外保持一定的直线段，半径应尽量采用较大值。若不能做到正交时，也可设置斜桥和曲线桥。

防止以下两种偏向：

①不应片面强调桥位，以致造成路线过分迂回，或过分强调正交桥位，出现桥头急弯，影响行车安全。

②不应只顾线形顺直，造成桥位不合适或斜交角度过大，增大工程投资或增加施工难度，如图4.3所示。

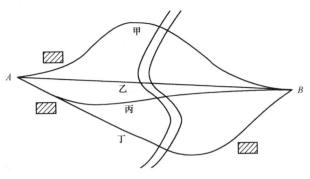

图4.3　路线跨河方案

甲、丁：桥位正，但偏总方向远，桥头引线不好；

乙：线形好，但桥位在河弯且斜交大；

丙：在"S"形河腰部跨河，线形好，不偏离总方向，桥位略斜交，为可取方案。

（2）小桥涵（跨径小于等于 20 m）。小桥涵的位置应服从路线走向，不要过多考虑小桥涵跨河位置，一般可能出现斜交。但遇到斜交过大或河沟过于弯曲时，可采取改移河道或改移路线进行适当调整。

改移路线是使斜交角度不要过大。

改移河道的做法在河沟过于弯曲的情况下有时也采用，但改移长度和数量不应过大。

（3）渡口位置。在路线走向基本确定以后选择渡口位置，应选在易于摆渡、易于修建码头的地方，要避开浅滩和暗礁等。

5. 注意土地水文条件

平原地区河道、湖泊、池塘等较多，地势低，地下水水位高，使得水文地质条件较差，容易影响路基的稳定性。

在设计中，除保证最小填土高度，采取必要的路基稳定性处理措施外（如换土、清淤、降低地下水等），在选线中还应尽量沿接近分水岭的高地布线，沿旱地布线。

一般应避免直穿较大面积的湖泊、水塘、泥沼和洼地等。若必须穿越时，应选择最窄、最浅、基底平缓的部位，尽可能靠近边上通过，并应采取必要的措施。

6. 正确处理旧路的利用

平原地区常有比较宽的乡村道路和等级不高的公路，新建公路应尽可能利用旧路，以减少工程造价和占用地面积。旧路直线较长，但平曲线半径较小，应保证技术标准的要求，不能因为旧路限制而降低公路的标准。

高速公路和一级公路与旧路的关系（可以讨论）如下：

（1）现有公路为二级，且交通量很大需建高等级公路时，一般可利用旧路改建，并另建辅道供其他车辆行驶。有时也可新建高等级公路，将原二级路作为辅道。

（2）现有公路等级低于二级时，宜新建高等级公路，原有公路留作辅道。

7. 尽量靠近建材产地

平原地区地形平坦，但一般缺乏石料等建筑材料。对于填方和砌筑工程可能会出现原材料不足的情况，因此，路线设计应尽可能采用低路堤，降低路堤填土高度，以减少填土工程和砌筑工程量。另外，路线还应尽可能靠近建筑材料产地，以减少材料运输及施工、养护等费用。

任务 4.4　山岭区选线

4.4.1　概述

1. 山区自然条件与路线关系

(1)地形复杂：地面横坡在 25°以上，起伏多变，山高谷深，水流较急。但山脉水系清晰，为山区选线指明了方向，不是顺山沿水，就是横越山岭。山区地形是影响路线布局的主要因素。

(2)地质复杂：山岭地区地质现象比较复杂，常见的不良地质现象主要有滑坡、碎落、泥石流等不良地质构造，对公路的影响很大。在选线中，应特别注意对于这些不良地质现象的分布区域、活动规律进行详细调查研究，决定采取必要的措施，如绕避、靠近还是穿越。地质影响线位布设。

泥石流的破坏仅次于水毁，其特点是：爆发突然，危害大，直接冲毁或淤埋公路，堵塞河道，造成河水上涨，淹没公路、村庄和农田。

(3)水文径流复杂：水文径流复杂表现在沟底比降大，导致水流很差。平时水量不大，但在雨季水量很大，山洪猛起猛落，破坏性大。水文径流复杂对公路的危害主要是水毁。因此，在选线时要充分考虑洪水的威胁。

(4)气候多变复杂：表现在气候的多变性。夏季雨多，冬季雪多，冰冻严重，高山地区雾多，高原地区气压低，气温变化大。这些气候条件对汽车行驶不利。

(5)材料来源方便：砂、石、水源丰富，方便，可以做到就地取材，减少造价。

2. 山岭区路线布局原则

以纵坡为主导，以安排纵坡为主，其次考虑横断面及平面线形。

3. 山区公路路线布局形式

根据山区地形特点，路线与地形的相互关系，按路线所走的部位不同，可将山区公路分为沿河(溪)线、越岭线、山脊线和山腰线四种形式。其中，沿河(溪)线是沿着河岸(溪岸)布设的路线；越岭线是翻越山岭的路线；山脊线是沿着分水岭布设的路线；山腰线是离开河流一定高度在山坡上布设的路线。由于这四种线形所处的位置不同，因而选线中要解决的主要问题也不同。其中，山腰线可归属于沿河线的高线，也可为越岭线的一部分或为山脊线的一部分，因此，对山腰线不做单独介绍。下面分别介绍沿河(溪)线、越岭线和山脊线的布设特点和应注意的主要问题。

山区公路选线

4.4.2　沿河(溪)线

沿河(溪)线是沿着河(溪)岸布设的路线，如图 4.4 所示。

优点：①路线走向明确。只能顺山沿水布线。②线形好。纵坡一般<5%，线形平缓、顺直，可达到较高的标准。③材料来源方便。河谷内一般都有丰富的砂、砾、石料以及水，可就地取用，为施工和以后的养护工作创造了条件。④联系居民点多，服务性好。山区居民一般沿河谷两岸居住，沿河谷修路，能很好地为群众服务。

图 4.4 沿河(溪)线

缺点：①洪水威胁大。暴雨时水位猛涨猛落，冲刷力大。若线位高度设计得不合理，公路将受到水毁，使交通中断。②艰巨工程多。河谷一般含石头较多，悬崖陡壁多，而且间断出现，导致石方工程集中，开挖困难。③桥涵防护工程多。由于沿岸两侧地质、地形复杂，常常需要跨河换岸以避让艰巨工程。另外，支沟多，使得桥涵多，路基支挡防护工程多。④占地多。主要指占用农田较多。山区良田大多是沿河两岸阶地分布，而线形也要利用阶地布线，所以占用良田较多。

1. 沿河(溪)线布局要求

沿河(溪)线布局的主要矛盾是解决路线与水的问题，以防止水毁。为此，路线布局时需要解决河岸选择、路线高度和桥位选择的问题。

(1)河岸选择：确定路线走河的哪一岸的问题。一般来说，河谷两岸地形、地质、水文等条件各不相同，各有利弊，而且往往两岸交替出现。由于布设路线要充分利用有利的一岸，有时需要跨河换岸。对于小河沟，跨径不大，换岸比较方便，造价增加不会太大。但对于大的河流，跨径较大，建桥费用增加较大，是否建桥换岸，应经过技术经济的比较，慎重考虑。

选岸应考虑以下因素确定：

①地形、地质条件。一般应选择地形平坦，有长段阶地可以利用支沟少而小，水文地质条件良好的一岸布线。有利的条件往往在两岸交替出现，有时，是否一定要跨河换岸，要深入调查，全面分析，不能只片面强调局部，如图 4.5 所示。

沿响水河一段路线，左岸地形陡峻，有连续陡崖。原乙方案跨河利用

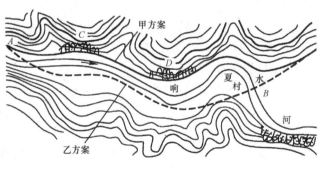

图 4.5 跨河择岸的比较

了右岸一段较好的线形，但在夏村前方遇到更陡峻的悬崖，不宜布线，只好再跨回左岸，在三公里内反复跨河，需建中桥两座。如路线不跨河，虽需集中开挖一段石方，但比建桥经济得多，因此，不需要跨河换岸。但有时悬崖、岩堆不好处理时，也考虑反复跨河换岸。

②积雪、冰冻地区。一般山坡有阳坡、阴坡之分，也有迎风面和背风面之分。他们对路线的影响也不同。一般应选择阳坡、迎风的一岸布线，减少冬季路面积雪。

③考虑村镇、居民点的分布。一般除国防公路以及高速公路、一级公路外，尽可能选择在村镇多、人口密的一岸布线，以便于为群众服务。

总之，一般应选择地形平坦、支沟少，水文地质良好、阳坡、迎风、人口密的一岸。

(2)路线高度：确定线形应放在什么高度的问题。

沿河线线位高度的选择是至关重要的问题。假若高度选择的不合适，道路经常会受到洪水的威胁和冲毁，影响路基的稳定性和安全性。一般应考虑洪水高度、地形、地质条件

等，并进行综合分析确定。

根据路线相对于沟底的不同位置，沿河线可分为低线和高线两种，如图4.6所示。

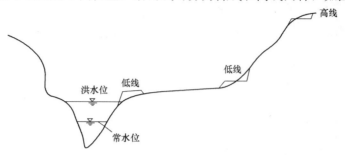

图4.6 路线跨河线位比较

①低线：高出设计洪水水位不多，路基顺水一侧边坡常受到洪水威胁的路线。

优点：线形好。无论是平面或纵断面都容易达到较高的标准。土石方工程量省、边坡低、易稳定。由于河谷地形平坦，有阶地可以利用，使得路基土石方工程数量较小，路基高度降低，路基稳定性好；路线活动范围相对较大，便于选择有利地形和避让不良地形。跨支沟和主流方便。

缺点：受洪水威胁大；防护工程多；占田多，废方不好处理。

②高线：高出设计洪水水位较多，基本不受洪水威胁的路线。

优点：不受洪水威胁；废方较易处理；遇有不宜设低线的河谷，可将路线提到谷地以上的山坡上。

缺点：路线在山坡通过，路线曲折，纵坡起伏，线形差，工程量大。跨河较难。跨主河时，由于路线过高，常需展线急下才能跨过；跨支流时，需建大跨径高桥，或路线绕进很多，使线形标准降低，里程增长，工程增大。遇到不良地质地带，避让或处理都比较困难。施工和养护用水、运料都不如低线方便。如路基一旦损坏，抢修较难。

综合高线和低线的特点，一般情况下，低线优于高线。原则上"宁低勿高"，在满足规定的设计洪水水位前提下，路线越低，工程越经济，线形越好。但应注意修建必要的防护工程（如挡土墙、护坡、护脚等）。防护工程做得比较好、比较完善时，可不怕洪水的侵袭。

（3）桥位选择：确定在什么地点跨河换岸的问题。一般按路线与河流的关系，可划分为跨主河道和跨支流两种桥位。

①跨主河道。跨主河道的桥位一般属于决定路线走向的控制点，其桥位地点的选择属于路线布局的问题。因此，这种桥位要慎重选择确定。在山区，一般要求选在河段顺直、河面较窄、河岸稳定、施工方便以及桥头引线舒顺的地方。

当需要跨主河道时，常见的有利跨河地点有以下几种：

a. 在"S"形河道腰部跨河。这种情况桥头引道线形平顺、舒畅。如果为大桥，应力求正交。若为中、小桥梁，可采用适当斜交，有利于路桥配合。

b. 在河湾附近跨河。这种情况桥头引道也比较平顺。要注意的是河湾水流对桥的影响，应采取防护措施。

c. 在顺直河道跨河。当路线与河道接近平行时，若需要跨河，为行车安全，必须处理好桥头引线。图4.7(a)所示的线形应尽量避免。当必须在这种河段跨越时，中、小桥可考虑设置斜桥以改善桥头线形；如为大桥，当不宜设置斜桥时，需对桥头路线作适当处理，如图 4.7(b)所示。

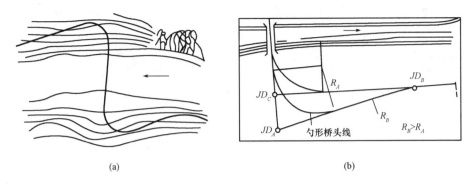

图 4.7 跨河桥头的线形

②跨支流。跨支流的桥位选择一般属于局部方案问题，不作为控制点。

跨支流的跨越方式有两种：一是在沟口直跨；二是绕进支沟上游的绕跨。

具体采用哪一种方法，应根据道路等级、地形、地质等决定。一般高等级公路宜采用直跨，低等级公路可采用绕跨。

2. 几种特殊地形路线布局

(1)开阔河谷布线。这种开阔河谷的地形平缓，大多为农田或为山区居民点。一般路线有沿河布线、直穿布线和山脚布线三种方法。

①沿河布线：坡度均匀，线形好，但洪水威胁大，防护工程多，可采用路堤结合，如图 4.8(a)中的虚线所示，路线坡度均匀平缓，线形指标高，在临河一侧受洪水威胁，须做防护工程。

②直穿布线：标准高，但占田多，一般不采用。

③山脚布线：平纵线形较差，但不占农田的常用布线形式。如图 4.8(b)图中的实线所示，路线略有增长，纵面有一定起伏，可不占用或少占用良田，且不受洪水威胁，路基稳定，是常采用的一种布线方案。

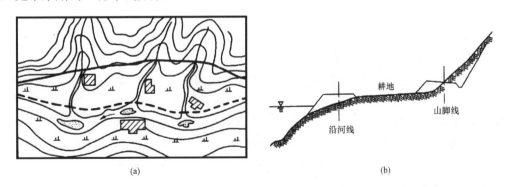

图 4.8 沿河与山脚线示意
(a)沿河与山脚线平面示意；(b)沿河与山脚线横断面示意

(2)河弯和山咀布线。

①河弯布线。对于河弯，有三种布线方式：一是沿自然河弯绕线；二是两次跨河取直线；三是改移河道取直线。

具体采用哪种走法要通过技术经济比较决定。一般高等级公路应采用直穿的方案，而低等级公路多采用绕线的方案，但有时山区低等级公路考虑填河造田的需要，也有采用改移河道取直线的做法，如图4.9(b)所示。

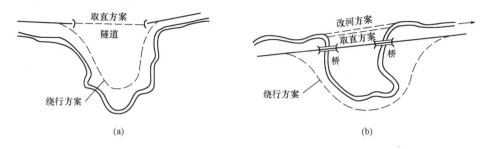

图4.9 山咀和河弯

(a)山咀；(b)河弯

②山咀布线。对于山咀布线，有以下两种布线方式：

a.沿山咀自然地形绕行：这种路线由于线路展长，在坡度受限地段有利于争取高度（隧道情况除外），但易受不良地质的危害和河流冲刷的威胁，路线安全条件较差，如图4.9(a)所示

b.以路堑或隧道取直通过：这种布线方式路线短而顺直，安全条件较好，但隧道较长时，工程费较大，应全面分析，综合进行比选。

具体采用哪种方式，要经过技术、经济的比较确定。

③陡崖峭壁布线。在山区河谷两岸，常常分布有悬崖峭壁，有时两岸都是悬崖峭壁，此时称为峡谷，峡谷可分为"U"形谷和"V"形谷。这种地形河床狭窄，水流很急。

路线通过峡谷和悬崖峭壁时，一般可采用绕避和直穿两种方案。

a.绕避。绕崖顶方案：要求崖顶要有可供布线的合适地形，崖顶过高时不宜采用。局部越岭方案：崖顶以上应有符合走向的垭口。

分析：共同点是纵断面上而复下，需要相当长的过渡段，上下线位高差大；适应条件是崖顶过高，峡谷不长时不宜采用。

b.直穿。直穿悬崖峭壁或峡谷，路线平面和纵断面比较死，活动余地不大。直穿峡谷可根据河床宽窄情况，采用不同的通过方案。

(a)占河路基。适用于河床较宽，压缩河道后洪水位抬高不多，靠河侧应修建漫水挡墙。

(b)筑路与治河结合。当河床较窄时，压缩河道后使洪水位抬高较大时可采用。要开挖对岸突出的山咀，清除河床的漂石，增大过水面积。

(c)台口式路基。在河床一侧硬开路基，要注意废方的处理，不能堆入河道。

(d)半山洞和隧道。

(e)悬出路台和半山桥，适用于"V"形谷。参见路基工程。

(f)顺水桥，适用于两岸石壁非常接近的情况。

④河床纵坡陡峻的河段布线。在山区河谷中，有时会遇到急流和跌水，河床沟底纵坡在短距离内突然下降几米至几十米。而路线即使用最大纵坡也不能下至河谷，此时，为了尽快降低路线，避免将路线吊在半山腰，可利用平缓的山坡或利用支沟展线，即延长路线，克服高差，如图4.10所示。

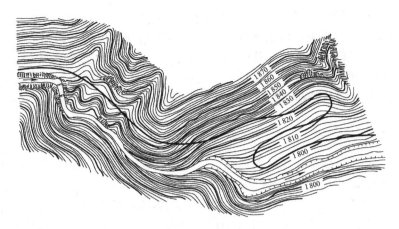

图 4.10   急流河段展线

4.4.3   越岭线

沿分水岭一侧山坡爬上山脊，在适当地点穿过垭口，再沿另一侧山坡下降的路线，称为越岭线。

越岭线的特点是路线克服高差大，路线的长度和平面位置主要取决于路线的纵坡度，因此，越岭线选线是以纵坡为主导，结合平面和路基的横断面来安排路线。

越岭线布局主要解决的问题是：垭口选择、过岭标高的确定和垭口两侧路线的展线方式的确定。它们是相互联系，相互影响的，布局时应综合考虑，处理好三者的关系。

1. 垭口的选择

垭口是指分水岭上一些马鞍形的凹口。对越岭线来说，垭口是路线方案的重要控制点。垭口的位置、高低，决定了将来路线的长度和标准。一般应在基本符合路线走向的较大范围内选择，综合考虑垭口的位置、标高、展线条件以及地质情况。

（1）垭口位置的选择。垭口的位置、标高和垭口两侧的展线条件这三个方面是密切相关的，垭口位置选择时必须对三者进行综合考虑。

在基本符合路线走向的前提下，首先应考虑上下高差较小，展线降坡后路线能直接抵达控制点，不出现无效的延长路线（即走了一段平路或出现反坡）。其次才考虑稍微偏离路线方向的其他垭口，基本要求还是接控制点要顺，不增长路线。接控制点要顺是指路线方向要与控制点以后的方向一致。如图 4.11 所示，图 4.11(a)所示的情况要比图 4.11(b)所示的情况方向要顺。

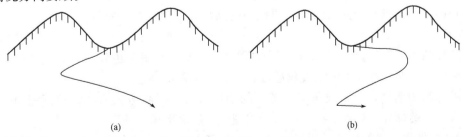

      (a)   (b)

图 4.11   垭口位置的选择

（2）垭口标高的选择。垭口与山下控制点的高差，直接影响路线里程长短、工程量大小和运营条件好坏。为便于垭口两侧展现，一般应选择高程较低的垭口，但在高寒地区，特别是有积雪、冷冻地区，海拔高的路线对行车极为不利时需另做考虑。选线时，有时为了走低垭口，即使位置偏离路线方向较远，也可作为选线方案进行比较。但若积雪、冰冻不是太严重，对于基本符合路线走向、展线条件较好、连线方向较顺、地质条件较好的垭口，即使数位稍高，也可考虑。

一般应选择标高较低的垭口为宜。高海拔地区常有积雪、结冰、大雾等气候，对行车很不利，有时为避免这种不利气候的影响也应选择海拔标高较低的垭口。有时为了走低垭口，即使方向有些偏离，距离有些绕远，也应注意比较。

（3）垭口展线条件的选择。垭口两侧山坡展线是越岭线的主要组成部分。而山坡坡面的陡坡程度、坡面连续性、地质完整性等情况，都直接影响路线的线形标准和工程量大小。因此。选择垭口必须综合山坡展线条件一起考虑。若有地质条件较好、地形缓和、有利于展线降坡的缓坡，即使垭口的位置略偏或均高，也可考虑。

（4）垭口地质条件选择。垭口一般地质构造薄弱，常有不良地质存在，应深入调查研究其地层构造(图 4.12)。探明其性质及对公路的影响。对软弱层型、构造型、松软层型和侵蚀型的垭口，应注意到岩层产状及水对其影响，路线通过一般问题不大。但对断层破碎带型及断层陷落型垭口，一般应尽量避开；必须通过时，应查清破碎带的大小及破碎程度，选择有利部位通过，并采取可靠工程措施以保证路基稳定(如设置挡土墙、明洞等)。对地质条件恶劣的垭口，当局部移线或采取工程措施都解决不了问题时，应予以放弃。

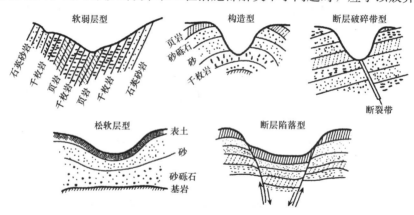

图 4.12 垭口的底层构造

2. 过岭标高的选择

垭口的标高是没有开挖之前垭口原地面的高程；过岭标高是指路线采用不同方式通过垭口的标高。

过岭标高不同时，路线的长度、工程量大小、投资费用等也就不同。过岭标高越低，路线就越短，但路堑或隧道的长度就越深、越长，工程量也越大。

过岭标高的选择，与路线等级、垭口的地质条件、过岭方式有关。根据垭口的地形、地质条件，过岭标高一般有浅挖低填、深挖垭口、隧道穿越三种。

（1）浅挖低填。浅挖低填适用于垭口宽而厚(肥大)、地质条件差的垭口。这种垭口往往有沼泽，一般不宜深挖，过岭标高基本上就是垭口标高。

（2）深挖垭口。深挖垭口适用于垭口较瘦，地质条件好的垭口。可以采用深挖路堑的形式通过，但应注意挖方边坡的稳定性，一般挖深在 20～30 m 以内。

深挖垭口，虽土石方工程较集中，但由于降低了过岭标高，相应缩短了展线长度，其总工程量并不一定增加。即使有所增加，也可从改善行车条件，节约运营费中得到补偿，如图 4.13 所示。

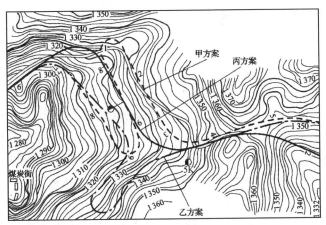

图 4.13 垭口采用不同挖深的展线布局方案

从图 4.13 中可以看出，甲方案挖深 9 m，需要设两个回头曲线；乙方案挖深 13 m，需设一个回头曲线；丙方案挖深 20 m，即可顺山势布线，不需设回头曲线。丙方案线形好，路线最短，有利于行车和节约运营费用。

（3）隧道穿越。隧道穿越适用于垭口挖深超过 20～30 m 又不宜深挖路堑的情况。当垭口挖深在 20～30 m 以上时，应与隧道方案进行比较。

隧道穿越的优点是具有路线短、线形好、路线隐蔽和路基稳定、保护环境等优点，在高寒山区降低了标高，不受冰冻、积雪、大雾等的影响，大大改善了行车条件；其缺点是隧道造价较高，受地质条件影响大，施工技术复杂。

隧道的标高直接影响着路线的长短、建设投资费用、环境保护以及以后营运费用等。一般情况下，隧道标高越低，路线越短，技术指标也越易提高，对运营也越有利。但标高低，隧道就长，造价就高，工期也长。应将采用隧道通过的建设费用、营运费用、环境保护情况与不采用隧道方案进行比较，哪一个方案可取就采用哪一种方案。

隧道标高的选定不能单纯着眼于经济一个方面，还应考虑以下因素：

①地质和水文条件是对选择标高具有决定意义的因素，要尽可能将隧道放在较好的地层中。

②隧道标高应设在常年冰冻线和常年积雪线以下，以保证施工和行车安全。

③隧道长度要考虑施工期限和施工技术条件等。

④在不过多增加工程造价的情况下，要适当考虑远景的发展，尽可能把隧道标高降低一些。

⑤隧道标高和长度要考虑对环境和生态的影响。

3. 垭口两侧路线的展线

展线就是采用延长路线的方法，逐渐升坡（或降坡），以克服高程。

（1）展线布局。越岭线的高程是通过垭口两侧的山坡展线来克服利用的。路线布局以纵坡为主导，利用有利地形，避让不良地形和地质，通过合理调整纵坡度，并设置必要的回头来实现。展线布局的工作步骤如下：

①拟定大致走法，如图 4.14 所示。

从图 4.14 中可以看出，A、B 为方案选择阶段野外调查所确定的主要控制点，A、B 之间的自然坡度往往大于最大坡度，需要进行展线布局，通过延长路线，克服高差。A、B 之间的大致走法通常不是唯一的，这时，要求选线人员经过广泛的深入调查，用手水准确定的大概坡度作为引导，充分利用有利地形，避让不良地质，拟定路线的大致走法。

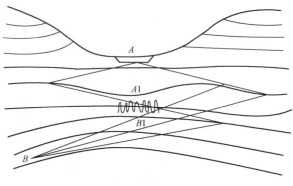

图 4.14　路线展现布局方案

生产中大概坡度采用 3°，即 tan3°＝5.25%，称为 3 度草坡，由 A 点开始利用有利地形，一直放坡到山下终点 B 点，高程和平面位置接近。

这一步相当于打草稿，大致拟定路线走法，为下一步工作提供方向上的参考。

②试坡定线。就是在两控制点之间（A、B）用手水准以平均坡度从上而下放通坡。

目的：落实上面拟定的大致走法，发现和加密中间控制点，发现局部新的比较方案，拟定路线布局。

试坡是从垭口 A 点开始向下进行的，因为由上而下视野开阔，便于了解和掌握地形的变化。

另外，要说明的是必须以平均坡度放通坡（5% 或 5.5%），否则就无法控制路线的长度，也就很难保证任意连续三公里的平均坡度不大于 5.5%。

③分析、落实控制点，决定路线布局方案。按控制点的位置和高程是否可变动，可将控制点分为固定控制点和活动控制点。

固定控制点一般较少，大多数控制点是有活动的余地的，只是可活动的范围不同而已。在调整中，可先将活动范围小的控制点的平面位置和高程确定下来，然后适当调整坡度，再定出活动范围大一点的控制点。

调整控制点应注意以下事项：

a. 相邻控制点之间坡度调整范围：$i_{min} \leqslant i < i_{max}$。

b. 相邻控制点之间不能出现反坡。

调整方法如下：

a. 先定控制点，后定两点之间的匀坡线。如先定回头地点，后向两侧定匀坡线。

b. 用匀坡线交汇出活动控制点。利用匀坡线定出回头地点，路线展线布局的结果还是一些控制点，将起、终点之间的所有控制点落实，它们的连线就是一个路线方案，在下一章定线方法中将具体定出路线的中线。

（2）展线方式。总体来说，越岭线的展线方式有自然展线、回头展线和螺旋展线三种。

①自然展线。自然展线可以适当地坡度，顺着自然地形，绕山咀、侧沟来延展距离，克服高差。

自然展线的优点是路线走向与地形走向基本一致，顺应地形自然升降，路线最短。与回头展线相比，线形简单，技术指标较高，路线不重叠，对行车、施工、养护有利；其缺点是避让艰巨工程和不良地质能力差，只有调整纵坡这一途径解决。

②回头展线。回头展线是指路线从一侧山坡上回头后再回到该山坡上的展线方式。其适用场合：当控制点间的高差大，靠自然展线无法取得需要的距离以克服高差，或因地形、地质条件限制，不宜采用自然展线时，路线可利用有利地形设置回头曲线进行展线。回头展线的优点是便于利用有利地形，避让不良地质、地形和艰巨工程；其缺点是同一面坡上，上下线重叠，工程集中，互相干扰，线形差，不利于行车、养护和施工。

在实际工作中，当必须采用回头展线时，有以下两点要特别注意：

a. 正确选择回头地点。对回头曲线工程量大小和使用质量关系很大。

如图 4.15 所示，适宜于设置回头曲线的有利地形包括：利用山包；利用平缓山脊；利用平缓的山坡；利用较缓的山沟；利用较缓的山坳。

b. 尽可能拉长两回头之间的距离，避免一面山坡上多层展线，减少回头个数。

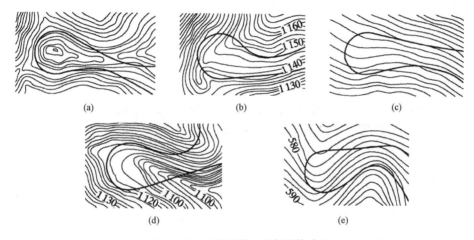

图 4.15 适宜设置回头曲线的地形

(a)利用山包回头；(b)利用山脊平台回头；(c)利用缓坡回头；(d)利用山沟回头；(e)利用山坳回头

③螺旋线。当路线受到限制，需要在某处集中地提高或降低某一高度才能充分利用前后有利地形时，可考虑采用螺旋展线。

螺旋展线一般多在山脊利用山包盘旋，以旱桥或隧道跨线，如图 4.16 中的实线所示；也有的在峡谷内，路线就地迂回，利用建桥跨沟跨线。如图 4.17 中的实线所示。

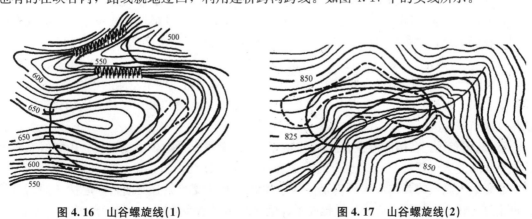

图 4.16 山谷螺旋线(1)　　　　**图 4.17 山谷螺旋线(2)**

这种展线方式目前生产中采用很少，只在个别工程中的局部路段采用。

4.4.4　山脊线

1. 选线的特点及布线条件

大体上沿山脊布设的路线，称为山脊线。山脊又称分水岭，山脊顺直平缓、起伏不大、岭肥脊宽的地形是布设路线的理想地带，路线大部分或全部设在山脊上。山脊常是峰峦、垭口相间排列，有时相对高差较大，山脊线多为一些较低垭口控制，路线须沿山脊的侧坡在垭口之间穿行，线位大部分设在山坡上。山脊线一般线形大多起伏、曲折、其起伏和曲折程度是山脊的形状，控制垭口间的高差和地形而已。

山脊线一般具有土石方工程小、水文和地质情况好、桥涵构造物较少等优点；山脊线线位较高，空气稀薄，有云雾、积雪、结冰等对行车和养护不利等缺点。

2. 控制垭口的选择

(1)分水岭的方向不能偏离路线总方向过远；

(2)分水岭平面较顺直，纵断面各垭口之间高差不过大；

(3)控制垭口间山坡的地质情况较好，地形不过于陡峻零乱；

控制垭口：在山脊上一系列垭口中，起控制作用的垭口。当垭口高差不大时，每一个垭口都可作为控制垭口；当高差悬殊时，低垭口为控制垭口。

(4)上下山脊的引线要有合适的地形可利用，否则，山脊本身条件再好也难以利用。

3. 山脊线的布设

山脊线布局主要解决控制垭口、试坡布线。

(1)控制垭口的选择。每一种控制垭口代表着一个山脊线的方案，选择控制垭口是山脊线选线的关键。当山脊方向顺直，起伏不大时，几乎每个垭口都可暂定为控制点。如地形复杂，各垭口高低悬殊，则高垭口之间的低垭口一般为路线的控制点；在支脉横隔时，相距不远，并排的几个垭口中，只选择其中一个与前后联系条件较好的垭口，凸出的高垭口可舍去。

控制垭口的选择还应与山脊两侧山坡的路线条件综合考虑，在侧坡选择和试坡布线中，对初步选留的控制点加以取舍、落实。

(2)侧坡的选择。山脊线的侧坡是山脊线的主要布线地带。应选择布线条件较好的一侧，以保证平、纵线形好，工程量小和路基稳定。坡面整齐、横坡平缓、路线短捷、地质稳定、无支脉横隔的向阳山坡布线较为理想。除两个侧坡优劣十分明显的情况外，两侧都要做比较以定取舍。同一侧坡可能有不同的路线方案，可通过试坡布线决定。多数初选的垭口，在侧坡选择过程中可决定取舍，少数则需在试坡布线中落实。

如图 4.18 所示，A、D 两垭口是由前后路线所定的路线控制点，其中 B、C、D 等垭口，选择哪个为中间控制点，取决于路线布设在山的哪一侧。位于左侧的甲线应舍去 C、E 而取 B，位于右侧的乙线应舍去 B 而取 C 和 E。C、E 的取舍以及甲、乙方案的比选，则又依靠试坡布线解决。

(3)试坡布线。在两固定控制点之间布线，应力求线形平顺，坡度平缓。山脊线有时因控制点间高差大，需要展线；也有时为避免路线过于迂绕，直接升(降)坡，以缩短距离，但应注意最大纵坡的要求应得到满足。从总体看，山脊线难免有所曲折、起伏，但不可使其过于急促转折和频繁变坡，尽量提高平、竖曲线和视距等指标，以利于行车。

山脊布线常见的有以下三种情况：

①控制垭口之间平均坡度不超过规定。在两控制垭口之间，若地形、地质方面没有太大障碍，应以均匀坡度沿侧坡布线。若控制垭口之间平均坡度较缓，但其间有障碍和难点工程时，可加设中间控制点，局部调整路线走向避让，中间控制点和个垭口之间仍应以均匀坡度布线。

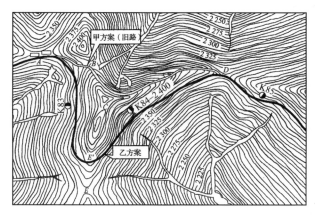

图 4.18　山脊线布局方案示意

②控制垭口之间有支脉横隔。路线穿过支脉，要在支脉上选择合适的垭口作为中间控制点。该垭口应不致使路线过于迂绕和偏离主线方向，采用合理挖深后，两侧展线纵坡都不超过规定，并能使路线在较好的地形、地质带通过。有时在支脉上选择的控制垭口虽能满足纵坡要求，但线形过于迂绕。为了缩短路线里程，控制点也可选择垭口进行局部调整。

如图 4.19 中的乙线是穿过支脉的路线，支脉上有 C、E 两个垭口，选中间控制点时，首先考虑垭口 C，因其位置过高，合理挖深后两侧路线坡度仍超过规定，只好放弃垭口 E。垭口 E 的两翼自然纵坡均低于规定值，为了既保证坡度符合要求，又能尽量缩短距离，从低垭口 D 以 $5\% \sim 5.5\%$ 的坡度沿山坡向垭口 E 试坡，定出控制点具体位置 E'，使乙线得到合理的最短长度。AE' 之间则按均匀坡度（约 3%）布线，乙线虽较甲线长 740 m，但工程量小，易施工，当交通量小时，宜采用该方案。

③控制垭口间平均坡度超过规定要求。根据具体地形条件、地质情况，采用填挖工程、旱桥、隧道等措施来提高低垭口，降低高垭口，也可利用侧坡、山脊等有利地形设置回头展线或螺旋展线，如图 4.19 所示。

图 4.19　山脊展线示意

任务 4.5 丘陵区选线

4.5.1 地貌特点

1. 自然特征

山丘连绵、岗坳交错、此起彼伏，山形迂回曲折，岭低脊宽，山坡较缓，丘谷相对高差不大。常存在路路可通的情况。

丘陵区可分为重丘区和微丘区两类地形。重丘区与山岭区不易划出明确界限，技术指标的掌握与山岭区大致相同；微丘区与平原区同样也难以区别，技术指标的掌握接近于平原区。

2. 路线特点

丘陵区的地形决定了通过丘陵区路线的特点。

(1)局部方案多；

(2)为了充分适应地形，路线纵断面会有所起伏；

(3)路线的平面也是以曲线为主的。

4.5.2 路线布设原则

丘陵地区选线，要根据丘陵地区地形特点(地形起伏，丘岗连绵，相对高差不大)，选出方向顺直、工程量少的路线方案。

1. 微丘区选线

应充分利用地形，处理好平、纵线形的组合。不应迁就微小地形，造成线形迂回曲折，也不宜采用长直线，造成纵面线形起伏。

2. 重丘区选线应注意的问题

(1)注意利用有利条件减少工程量。路线应随地形变化布设，在确定路线平、纵面线位的同时，应注意横向填挖的平衡。横坡较缓的地段，可采用半填半挖或填多于挖的路基；横坡较陡的地段，可采用全挖或挖多于填的路基。应注意挖方边坡的高度，不致因挖方边坡过高而失去稳定。同时，还应注意纵向土石方平衡，以减少废方与借方。

(2)注意对平、纵、横面应综合设计。不应只顾纵坡平缓，而使路线弯曲，平面标准过低；或者只顾平面直捷，纵面平缓，而造成高填深挖，工程过大；或者只顾经济，过分迁就地形，而使平、纵面过多地采用极限或接近极限的指标。

(3)注意少占耕地不占良田。

①线路宜靠近山坡，少占耕地不占良田，但应避免因靠近山坡增大工程，要做出不同方案，征求地方意见后选定。

②当线路通过个别高台地或山鞍时，应结合地质、水文条件，做深挖与隧道方案的比选，以节约耕地或避免病害。

③当线路跨越宽阔沟谷或洼地时，应结合节约用地的要求做旱桥与高填方案的比选。遇到冲沟比较发育的地段时，高速、一级和二级公路可采用高路堤或高架桥的直穿方案；

三级、四级公路则宜采用绕越方案。

④应结合灌溉系统及流量要求，修建相应的桥涵，注意避免引起水害，冲毁或淹没农田。

4.5.3 路线布设方式

丘陵区布线时针对不同的地形条件，可采用以下三种不同的布线方式。

1. 平坦地带——走直线

两个已知控制点之间，地势平坦时，应按平原区以方向为主导的原则布线。

(1)当无地质、地物障碍物时，路线应走直连线；

(2)当有障碍物或应靠近的地点时，加设中间控制点，相邻控制点之间仍以直线连接；

(3)路线转折处应设长而缓的曲线。

2. 具有较陡横坡地带——沿匀坡线布线

匀坡线是指两点之间，顺自然地形，以均匀坡度定的地面点的连线。这种坡度线经常需要多次放坡才能得到。

在具有较陡横坡地带，两个控制点之间：

如无地形、地物、地质上的障碍，路线应沿匀坡线布线；如有障碍，则在障碍处加设控制点，相邻两控制点之间仍按匀坡线布设。

3. 起伏地带——走直连线和匀坡线之间

起伏地带属于具有横坡的地带，其特点是地面横坡较缓，匀坡线迂回。在这种地形条件下，如走直连线，路线最短，但起伏很大，为了减缓起伏，势必会出现高填深挖，增大工程量；如走匀坡线，坡度均匀，但路线迂回，里程增长不合理。

这种"硬拉直线"和"走曲求平"的做法都是不可取的，如图4.20所示。

如果路线走在直连线和匀坡线之间，比直连线起伏小，比匀坡线距离短，而且工程也较省。路线的具体位置，要根据地形起伏程度和路线等级而定。

(1)对于较小的起伏地带。在坡度和缓的前提下，一般是：低等级公路工程宜小，路线可偏离直连线远些；高等级公路则尽可能缩短距离，使路线离直连线近些，如图4.20所示。均坡线必须多次试坡才能获得。

(2)对于较大的起伏地带。两端与谷底高差经常不一样，高差大的一端纵坡常常是决定因素。一般以高差大的一端为主，结合梁顶的挖深和谷底的填高来确定路线的平面位置。如图4.20所示，A、B之间跨一谷地，A端高差大，坡度陡，当梁顶A可深挖、谷底可多填时，路线可沿A、D、B布设；若A不能深挖，而谷底又不能多填时，可沿A、C、B布线。

总之，在丘陵区选线，由于可通的路线方案比较多，而且各方案之间的优点缺点相差不大。因此特别强调多跑、多看、多问、多比较，然后确定一条最合适的路线。

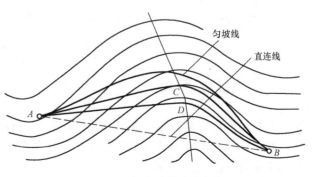

图4.20 起伏地带路线方案

一、填空题

1. 选线是一项涉及面广、影响因素多、_____和_____都很强的工作。

2. 选线一般要经过的三个步骤是_____、_____、_____。

3. 根据方案比较深度上的不同，路线方案比较可分为_____和_____两种。

4. 平原区地形特征是：地面起伏不大，一般自然坡度都在_____以下。

5. 沿河(溪)线布局时，需要解决的三个问题是_____、_____及_____。

6. 越岭线布线应解决的主要问题是：选择_____，确定_____，拟定垭口两侧。

7. 越岭线的展线方式主要有_____、_____和_____三种。

8. 根据地形情况的不同丘陵区路线布设的方式一般按三类地带分段布线：平坦地带_____，斜坡地带_____，起伏地带_____。

二、选择题

1. 越岭线在选线中起主导作用的是(　　)。

    A. 平面与纵面　　　　B. 纵断面　　　　　C. 地质与土质

2. 平原区布线应合理考虑路线与城镇的关系，一般是(　　)。

    A. 穿过城镇　　　　　B. 离开城镇　　　　C. 靠近城镇

3. 沿河线应保证不受洪水威胁，其选线的要点首先在于(　　)。

    A. 横断面　　　　　　B. 平面与纵面　　　C. 地质与土质

4. 沿河(溪)线低线位的优点，其中有(　　)。

    A. 平纵面比较顺直平缓，路线线形可采用较高的技术标准

    B. 路基防护工程少

    C. 在狭窄河谷地段，路基废方处理容易

三、简答题

1. 公路选线一般应考虑哪些原则？

2. 在平原区选线的路线布设中，应注意处理好哪些方面的问题？

3. 在山岭区沿河(溪)线的布设要点有哪些？

4. 在山岭区越岭线的布设要点有哪些？

5. 在山岭区山脊线的布设要点有哪些？

在给定的山区地形图，请在A、B两点之间初步拟定两种不同的路线方案。路线等级为三级，设计速度为40 km/h。分别在每种方案中拟定适合的中间控制点，进行布线，并写出布线报告。

项目 5　公路定线

知识目标

1. 了解公路定线的三种基本方法及适用条件。
2. 掌握纸上定线的操作步骤及操作方法。
3. 掌握直接定线的操作步骤及操作方法。

公路定线

技能目标

1. 能够运用地形图进行纸上定线，并将其进行实地放线。
2. 能够使用仪器在现场直接放线。

学时建议

6 学时

定线的任务是按照已定的技术标准，在选线布局阶段选定的路线带范围内，结合细部地形、地质条件，综合考虑平、纵、横三个方面的合理安排，确定定出公路中线的确切位置。

定线是公路设计过程中关键的一步。它不仅要解决工程、经济方面的问题，而且对如何使公路与周围环境相协调，以及公路本身线形的美观等问题都要在定线过程中进行充分的考虑。公路定线除受地形、地质及地物等因素制约外，还受技术标准、国家政策、社会影响、公路美学以及其他因素的制约，这就要求设计人员必须具有广博的知识和熟练的定线技巧。一个好的路线方案要经过反复比选、反复试线，在众多相互制约的因素中定出来。

公路定线根据公路等级、要求和条件，一般有纸上定线、实地定线、航测定线三种方法。对技术等级高，地形、地质、地物等条件复杂的路线，必须先进行纸上定线，然后将纸上所定的路线敷设到实地上；实地定线就是省了纸上定线这一步，直接在现场实地定线，一般适用于公路等级较低和地形条件简单的路线；航测定线是利用航摄像片、影像地图等资料，借助于航测仪器建立与实地完全相似的光学模型，在模型上直接定线。本章重点介绍纸上定线和实地定线。

任务 5.1　纸上定线

5.1.1　纸上确定路线

1. 定导向线

(1)在大比例地形图上研究路线布局，拟定路线可能方案，并详细比较选定合适方案。

（2）纸上放坡，根据等高线间距 h 及平均纵坡 $i_均$（5%～5.5%），计算相邻等高线间距：$a=h/i_均$，使卡规开度放到 a，进行纸上放坡，如图 5.1 所示。

图 5.2 所示为某回头曲线纸上定线实例。A、B、C 为控制点，按上述方法放出坡度线 A、a、b、c、d，…，D。若放坡自 A 点开始，不能到达控制点 B 附近时，说明路线方案不能成立，应修改方案改动控制点，重新放坡，至放坡后能到达 D 点附近为止。

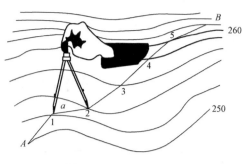

图 5.1　纸上放坡示意

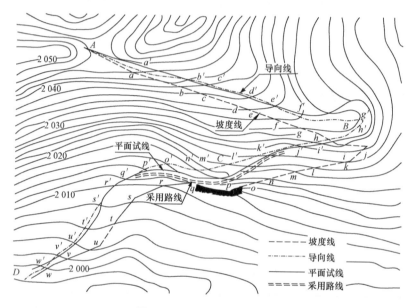

图 5.2　纸上放坡定线示例

（3）定导向线。分析研究坡度线 A、a、b、c、d，…，D，检查其利用地形和避让障碍的情况，进一步移动线位确定中间的控制点。如图 5.2 所示，C 处从陡岩中间穿过，B 处有利的回头地点也没有利用上（偏低），如将两处位置向上方移动，定 B、C 为中间控制点，既可分为 AB、BC、CD 三段，分别调整坡度重新放坡，得出 A，a'，b'，c'，d'，…，D 折线称导向线。

2. 修正导向线，定平面试线

导向线仍是条折线，还应根据技术标准的要求，结合横坡变化情况，确定必须通过的点作修正导向线，然后用"以点连线，以线交点"的办法定出平面试线，反复试线最后确定出交点。如地形变化不大，采用的地形图比例又较小，则纸上定线即可结束，如图 5.2 中所示的粗实线。

为了使路线更为经济合理，当地形势复杂，又有大比例尺地形图时，可在平面试线的基础上敷设曲线，确定中桩，做出纵断面、横断面，然后在横断面上用透明模板确定路中线的最佳位置（经济点位置或控制点位置），分别按不同性质用不同符号绘于平面图上，这些点的连线则是一条具有理想纵坡、横断面位置最佳的平面折线，称为二次导向线。再进一步根据第二次导向线对路线线位局部进行修改，最后定出线位，如图 5.2 所示中的采用线。

纸上定线的过程是一个反复试线、比较、逐步趋于完善的过程。定线时要在满足标准的前提下结合自然条件，平、纵、横综合考虑，反复进行，直到满足为止。

5.1.2 实地放线

根据纸上确定的路中线与导线（或地物特征点）关系，即可将路线位置钉设到实地，以供详测和施工之用。

实地放线方法很多，常用的有穿线交点法，拨角法、直接定交点法和坐标法。

1. 穿线交点法

穿线交点法是根据平面图上路线与导线的关系，将纸上路线的各条边独立地放到实地，延长直线即可在实地放出交点，具体做法又可分为以下两种：

（1）支距法。如图 5.3 所示，欲放出 JD，可按以下步骤进行：

①在图上量取支距，如图 5.3 中的导 1—A、导 2—B、导 3—D 等，量取时每条边至少应取三点，以便核对，并且，尽可能使这些点在实地能相互通视。

②在实地放支距。用皮尺和方向架（或经纬仪）即可按所量支距定出路线上各点，如图 5.3 中 A、B、D，…各点，插上花杆。

③穿线交点。一般用花杆穿线的方法延长各直线即可交出点 JD，路线直线很长时，可用经纬仪延长交会。最后现场检查线位是否合适，再适当修改，确定路线位置。

支距法简便易行，实际中较常使用，多适用于地形不太复杂，地物障碍少，不需要用坐标控制，路线与导线相离不远的情况。

（2）解析法。解析法放线如图 5.4 所示。

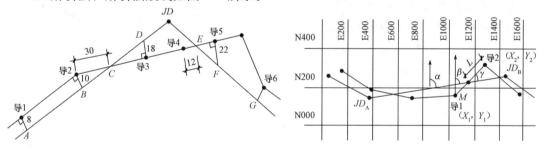

图 5.3　支距法放线　　　　　　　图 5.4　解析法放线

解析法是用经纬距计算图上路线与导线关系，再按极坐标原理在实地放出各路线点的方法。其步骤如下：

①计算路线与导线的夹角。如图 5.4 所示，欲确定 $JD_A \sim JD_B$ 的方向必须计算其夹角 γ 和距离 l。从平面图上可量出交点 JD_A、JD_B 的经纬距 (Y_A, X_A)、(Y_B, X_B)，则 $JD_A \sim JD_B$ 的象限角可按下式计算：

$$\tan\alpha = \frac{Y_B - Y_A}{X_B - X_A} = \frac{\Delta Y}{\Delta X}$$

导 1—导 2 的象限角 β 已知，则 $JD_A \sim JD_B$ 与导 1—导 2 的夹角：

$$\gamma = \alpha - \beta$$

计算时要注意经纬距的正负号，既经距东正西负，纬距北正南负。

②计算距离 l。导线与路线交点 M 的位置可由 l 来确定，先计算 M 点的经纬距 $(X_M,$

Y_M），解以下联立方程即可

$$\frac{Y_B-Y_M}{Y_B-Y_1}=\frac{Y_B-Y_1}{X_B-X_1}$$

$$\frac{Y_2-Y_M}{X_2-X_M}=\frac{Y_2-Y_A}{X_2-X_A}$$

式中　　$(Y_1、X_1)，(Y_2、X_2)$——导1、导2的经纬距；

　　　　$(Y_A、X_A)，(Y_B、X_B)$——$JD_A、JD_B$的经纬距(可由平面图上量得)。

由此，即可计算导2至M点的距离：

$$l=\frac{X_2-X_M}{\cos\beta}=\frac{Y_2-Y_M}{\sin\beta}$$

$$l=\sqrt{(X_2-X_M)^2+(Y_2-Y_M)^2}$$

③放线。置镜于导2，后视导1，量距l定出M点，移经纬仪于M，后视导2，拨角γ定出$JD_A、JD_B$的方向，同样方法确定相邻直线的方向，即可交出JD_A。当地形图比例较大时，也可从图上直接按比例量取长度l。

解析法计算较准确，精度较高，但较繁杂，适用于地形较复杂，直线较长、线拉控制要求较高的情况。

2. 拨角法

拨角法是根据图上求得的经纬距计算每条线的距离、方向、转角和各控制桩的里程，按此资料直接拨角量距定出交点，不必再穿线定点。现举例说明步骤如下：

(1)内业计算。如图5.5所示，路线各直线的长度、象限角的计算与解析法相同。

①计算路线起点A与导线的关系。

②已知导1的经纬距为$Y_1=10\ 259，X_1=10\ 117$，导1—导2的象限角N72°14′07″；从平面图上量得$A、B$的经纬距为$Y_A=10\ 268，X_A=10\ 045，Y_B=12\ 094，X_B=11\ 186$。导1—$A$的象限角为

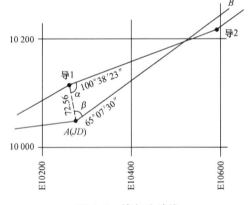

图5.5　拨角法放线

$$\tan\alpha_A=\frac{Y_A-Y_1}{X_A-X_1}$$

$$\alpha_A=\arctan\frac{10\ 268-10\ 259}{10\ 117-10\ 045}=\text{S}7°07′30″\text{E}$$

A—B的象限角为

$$\alpha_s=\arctan\frac{12\ 094-10\ 268}{11\ 186-10\ 045}=\text{N}58°00′00″\text{E}$$

$$\alpha=180°-(7°07′30″+72°14′07″)=100°38′23″$$

$$\beta=58°00′00″+7°07′30″=65°07′30″$$

③按上述方法依次计算各边的象限角、转向角、距离、列表以供放线之用。

$$导1—A的距离=\frac{X_A-X_1}{\cos\alpha_A}=\frac{10\ 117-10\ 045}{\cos7°07′30″}=75.56(\text{m})$$

(2)外业放线。先由导1，按夹角α和距离l定出路线起点A，在A点置镜拨角即可定出AB方向，以后直接定出各交点$B、C$点。

拨角法计算较繁，但外业工作不需穿线，速度较快，其放线精度受原始资料的可靠程度和放线累计误差影响大。为了减少累计误差，可与穿线交点法配合使用。

3. 直接定交点法

在地形平坦、视线开阔、路线受限不很严时，路线位置可直接根据地物明显目标确定，如图5.6所示，交点 JD 即可由桥头和房角的相对距离(50 m 和 35 m)量距交会确定。

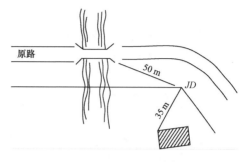

图5.6　直接定交点法放线

4. 坐标法

通过坐标计算，可编制成逐桩坐标表，根据实地的控制导线就可以将路线敷设在地面上。按各级公路对放线精度的要求和测设仪具条件，选用不同的放线方法。一般来说，坐标放线法使用常规测设仪具(指普通经纬仪、钢卷尺等)十分困难，且效率低、质量差，难以达到精度要求。这里只介绍以全站仪为测设手段的两种方法。

(1)极坐标放线法。极坐标放线的基本原理是以控制导线为依据，以角度和距离定点。如图5.7所示，在控制导线点 T_i 设置仪，后视 T_{i-1}(或 T_{i+1})，待放点为 P。图5.7(a)所示为采用方位角 A 的放点。只要算出 J 或 A 和置仪点 T_i 到待放点 P 的距离 D，就可在实地放出 P 点。

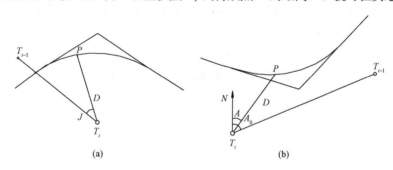

(a)　　　　　　　　　　(b)

图5.7　极坐标放线示意

设置仪点的坐标为 $T_i(X_0, Y_0)$，后视点的坐标为 $J_{i-1}(X_h, Y_h)$，待放点的坐标为 $P(X, Y)$。放线数据 D、A、J 可按直线型定线法计算，据此拨角测距即可放出待定点 P。

(2)坐标放线。此法的基本原理与极坐标放线法相同，它是利用现代自动测量仪的坐标计算功能，只需输入有关点的坐标值即可，现场不需做任何手工计算，而是由仪器内电脑自动完成有关数据计算。放线的具体操作步骤如下：

①在置仪点 T_i 安置仪器，后视 T_{i-1} 点；

②键入置仪点和后视点坐标 $T_i(X_0, Y_0)$、$T_{i-1}(X_h, Y_h)$，完成定向工作；

③键入待放点坐标 $P(X, Y)$；

④转动照准头使水平角为 $0°00'00''$，完成待放点 P 定向；

⑤置反射镜于 P 点方向上，并使面板上显示 0.000 m 时，即为 P 点的精确定位。

重复步骤③～⑤，可放出其他中桩位。当改变置仪点的位置后，要重复步骤①～⑤。

坐标法放线数据全部来自精确计算，放线精度高，可用于直线或曲线的标定。因此，坐标适用于直线型定线法和曲线型定线法。

任务 5.2　实地定线

实地定线又称直接定线或现场定线。根据实地控制定线主导因素的不同，可采用以点定线和放坡定线两种方法。

5.2.1　以点定线

当路线不受纵坡限制时，定线以平面和横断面为主确定路线。其要点是：以点定线，以线交点。以点定线，就是在全面布局和逐段安排确定的控制点之间，结合各方面因素，进一步确定影响公路中线位置的小控制点，然后，按照这些小控制点，大致穿出公路直线的方法。以线交点，就是在已定小控制点的基础上，结合路线标准和前后路线条件，穿出直线，并延长交出交点。

（1）控制点的加密。两控制点之间，一般不可能作直线（特别是地形困难、等级较低的公路），常常需要设置交点，使路线转弯，从而避开障碍物，利用有利地形，以达到技术经济的目的。加密控制点，就是在实地寻找控制和影响公路中线位置的具体点位。一般小控制点有经济性和控制性两种控制点。

①经济性控制点。经济性控制点主要在路线穿过斜坡地带，考虑横向填挖平衡或横向施工经济（有挡土墙及其他加固边坡时）因素而确定的小控制点。如图 5.8 中 Ⅱ—Ⅱ 中线位置，使挖方面积和填方面积大致相等，这时的线位即为经济性控制点。由于这类点仅从横向施工经济出发控制线位，故它只能作为穿线定点的参考位置。

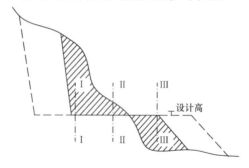

图 5.8　横断面经济位置

②控制性控制点。控制性控制点是受艰巨工程、不良地质、地物障碍、路基边坡稳定等因素限制所确定的公路中线位置。如图 5.9 是几个主要因素对线位影响的示意。从图中可以看出，控制点的位置还与路基的形状尺寸、加固方式、通过不良地质地段的工程控制、地表形状、路基设计标高等因素有关。定线时应综合考虑这些因素，合理确定小控制点的位置。

（2）穿线定点。受各种因素限制的平面位置控制点比较多，而且这些点在平面上的分布又没有一定的规律，另一方面路线受技术标准和平面线形组合的限制，不可能照顾到每一个控制点。因此，穿线定点，就是根据技术标准和线形组合的要求，满足控制点和照顾多数经济点，前后考虑，用穿线的办法延长直线，交出转角点。

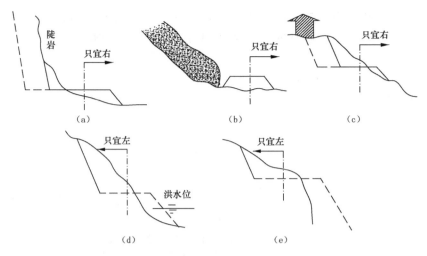

图 5.9 控制线位的因素

(a)工程控制；(b)地质控制；(c)地物控制；(d)、(e)路基稳定控制

5.2.2 放坡定线

当两控制点之间高差较大，路线受纵坡限制时，定线应以纵坡为主导，采用放坡定线。

(1)放坡。按照要求的设计纵坡(或平均坡度)在实地找出地面坡度线的工作叫作放坡。

在山岭重丘区路段，天然地面坡度角均在 20°以上，而设计纵坡(或平均纵坡)有一定要求，如图 5.10 所示，路线由 A 点到 B 点，如果沿最大地面自然坡度方向 AB(即垂直于等高线的方向)前进，路线将上不去，显然不可能实施。如果路线沿等高线走(即 AC 方向)虽然纵坡平缓，但方向偏离，达不到上山目的，因此，就需要在 AB 和 AC 方向间找到 AD 方

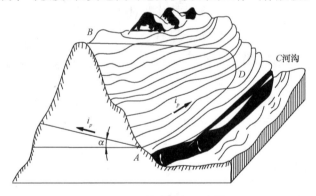

图 5.10 放坡原理示意图

向线，使其地面坡度正好等于设计坡度(或平均坡度) $i_{均}$，这样既可使路线纵坡平缓，又可使填挖数量最小，寻求这条地面坡度等于设计坡度线(或平均纵坡) $i_{均}$ 的工作就是放坡的任务。

(2)放坡定线。

①作修正导向线。放坡后的坡度点就是概略的路基设计标高位置，而实地路中线的位置对于路基的稳定和填挖工程量影响很大，如图 5.11 所示，如果中线在坡度点的下方[图 5.11(a)]，则横断面以路堤形式为主；若中线正好通过坡度点[图 5.11(b)]，则横断面为半填半挖形式；若中线在坡度点上方[图 5-11(c)]，则横断面以路堑形式为主。因此，根据坡度线如图 5.12 中的 $A_0A_1A_2\cdots$ 线，结合地面横坡考虑路基稳定和工程经济即可确定出合适的中线位置，并插上花杆(或标志)，如图 5.12 中的 $B_0B_1B_2\cdots$ 连线，叫作修正的导向线。根据经验，一般情况下，当地面横坡坡度在 1∶5 以下时，中线在坡度点上下方

对路基稳定和工程经济影响不大；当坡度为 1:5～1:2 时，中线与坡度点重合为宜；当横坡坡度大于 1:2 时，中线宜在坡度点上方，以形成全挖的台口式断面为好。

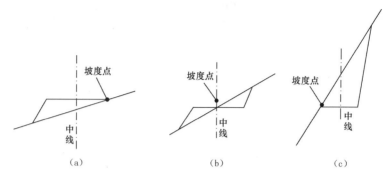

图 5.11 中线与坡度线在横断面上的位置

(a)中线在坡度点下方；(b)中线正好通过坡度点；(c)中线在坡度点上方

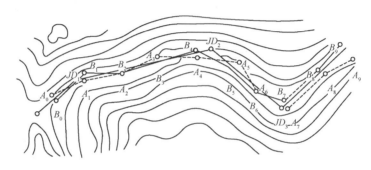

图 5.12 放坡定线示意

②穿线交点。修正导向线 $B_0 B_1 B_2 \cdots$ 线是具有合理纵坡，横断面上位置最佳的一条折线，但它不能满足平面线形标准的要求，这就要根据标准要求，尽可能靠近或穿过导向线上的点，裁弯取直，使平、纵、横三方面恰当结合，穿出与地形相适应并符合标准的若干条直线，各相邻直线相交即可确定交点 JD_1、JD_2、JD_3 等。选线时要反复插试，逐步修改，才可能定出合理的线位。

5.2.3 定平曲线

经过穿线交点确定了路线的交点位置，在交点处还需要根据标准结合地形、地物及其他因素选择适宜的平曲线半径，控制曲线线位。

(1)单交点法。单交点是实地定线最常用的方法之一。它是用一个交点来确定一段单圆曲线的插设曲线方法。其适用于一般转角不大，实地能直接钉设交点时的情况。

半径 R 的大小，直接影响曲线线位，如图 5.13 所示，当转角较大，不同半径可能会使曲线线位相差几米甚至几十米。线位的移动将直接影响线形、工程数

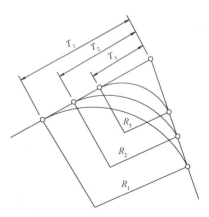

图 5.13 半径对路线的影响

量及路基稳定，确定半径一般结合地形和其他因素按以下控制条件来选择。

①外距控制（即曲线中点控制）。如图5.14所示，根据弯道内侧的固定建筑物，确定曲线 A 点是不与其发生干扰的控制点，即可用皮尺量出控制的外距值 E，并测出转角，即可反复确定半径。

②切线控制（即曲线起、终点控制）。有时路线为了控制曲线起、终点位置，要求曲线的切线长为一定值，例如，相邻的反向曲线之间要求一定的直线长度，或者要求桥头或隧道洞口在直线上等，这时曲线半径就由控制的切线长来选定。

③曲线长控制。当路线转角较小，为使曲线长度满足最短曲线长度 $L_{\min}$，则曲线半径最小值可反复确定。

④曲线上任意点控制。如图5.15所示，有时路线由于桥涵人工构造物位置或原路改建的要求，控制曲线必须从任意点 A 通过时，可用试算法选择半径。其方法是：先实地量出 JD 至 B 点的距离和要求的支距（即 BA），初选半径 R，用试算法确定。

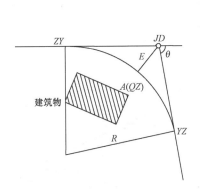

图5.14 外距控制曲线半径

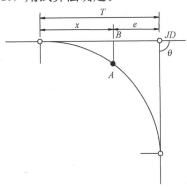

图5.15 曲线上任意一点的控制

⑤按纵坡控制。当路线纵坡紧迫时，为使弯道上合成纵坡不因曲线半径太小而超过规定值，这时，应根据已定的纵坡和合成纵坡标准值来反算出超高横坡，再按控制的超高横坡求得最小控制半径。

（2）双交点法（即虚交点法）。当路线偏角很大及交点受地形或地物障碍限制，无法钉设交点时，可在前后直线上选两个辅助交点 JD_A、JD_B，来代替交点 JD，敷设曲线选择半径，如图5.16所示。JD_A 与 JD_B 的连线叫作基线，具体做法有以下两种：

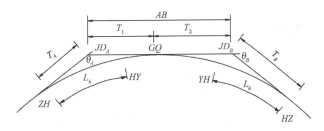

图5.16 切基线的双交点法

①切基线的双交点法：当选择基线可以控制曲线位置，能使所定曲线与基线相切时，叫作切基线法。如图5.16所示，GQ 为公切点，量出转角 θ_A、θ_B 和基线长度 AB 后可反算半径。

选择半径后还要检查是否合乎标准的要求。切基线法，方便简单，容易控制线位，计算容易，是生产中较常用的方法。

②不切基线的双交点法：当选择基线不能控制曲线线位或切基线计算的半径不能满足标准要求时，则所设曲线不能与基线相切，只能按不切基线的办法来选择半径。如图5.17所示，其方法是：先根据标准要求初选半径R，测量θ_A、θ_B，基线AB，计算出T_A、T_B，由计算出的T_A、T_B即可根据JD_A、JD_B的量距定出曲线起点、终点ZH、HZ，并用切线支距X、Y，检查曲线上任一点的线位，如与实际情况相符，则所选半径合适；反之则应再调整、计算。

（3）回头曲线定线法。一般来说，有回头曲线的地方，路线受地形约束较大，主曲线和辅助曲线的平、纵面控制较严，定线时稍有不慎会对线形和工程数量影响很大，插线时必须反复试线，才能得到满意的结果。回头曲线定线的方法很多，通常采用切基线的双交点定线。

按照放坡的导向线，先确定辅助曲线交点JD_1、JD_2和上下线位置，如图5.18所示，然后反复移动基线JD_A—JD_B控制确定主曲线，直到满意为止。其具体方法同切基线的双交点法。

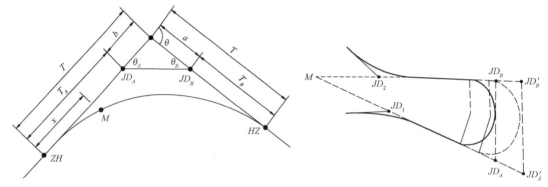

图5.17　不切基线的双交点法　　　　　图5.18　回头曲线定线（双交点法）

任务5.3　纸上移线

现场实地定线，往往由于地形复杂，定线人员视野受到限制和产生错觉，难免发生个别路段线位定得不当的情况。纸上移线是修改局部路线的有效方法。

5.3.1　纸上移线的条件

当出现以下情况时，需进行纸上移线。

（1）路线平面标准前后不协调，需要调整转角点位置、改变半径，或室内定坡后发现局部地段工程量过大时；

（2）路线位置过于靠山，挖方边坡太高有害稳定，或过于靠外，挡土墙较高，砌石工程太大，移改线位后能节省较大的工程量时；

（3）增加工程量不大，但能显著提高平、纵线形标准时。

5.3.2　纸上移线的方法与步骤

纸上移线有计断链和不计断链两种方法。移距较大，断链长度较长，对纵坡度有较大影响时，应采用计断链的做法，步骤如下：

（1）绘制移线地段的大比例尺(一般用 1∶200～1∶500)路线图，注出各桩位置。

（2）依据移线目的，在纵断面图上试定合理坡度，读取各桩填挖值。

（3）根据填挖值，用路基模板在横断面图上找出最经济或控制性的路基中心线位置，量偏离原中心线的距离即移距，如图 5.19(a)所示，分别用不同符号点在路线平面图上。参照这些记号在保证重点照顾多数的原则下，经多次反复试定修改，直到定出满足移线要求、线形合理的移改导线，如图 5.19 中的虚线所示。

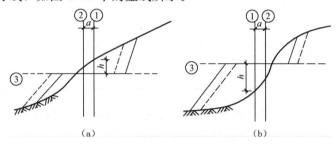

图 5.19 公路中心线位置
①未移动前路基中心线；②最佳路基中心线；③对原桩填挖值的水平线
h—填挖高度；a—最佳中心位置偏离原中心线的距离

（4）用正切法量算各交点转角。移线与原线的角度要闭合，否则需进行调整，首先调整短边和角值小的转角。拟定半径、计算曲线要素并给出平曲线。量取原线各相邻桩横断方向线切割移线的实际长度(这些长度之和，在曲线段内应等于曲线的计算长度，在直线段应等于曲线间的直线长)，据此推算移线上的新桩号。量取原线各桩移距，连同新老桩号一并记入移距表中。计算出断链长度，注于接线桩处。

（5）按移距，在横断面图上给出移线中心线位置，标注新桩号，读取新老桩比高。

（6）根据比高，用虚线在原纵断面上点给出移线的地面线和平曲线，重新设计纵坡和竖曲线。

纸上移线数据表格见表 5.1～表 5.3。

表 5.1 原曲线表

JD	α_z	$\alpha\gamma$	R	T	L	E
175		68°49′	25	17.12	30.03	5.30
176		21°44′	100	19.20	37.93	1.83

表 5.2 移线曲线表

JD	α_z	$\alpha\gamma$	R	T	L	E
175		75°10′	30	23.09	39.36	7.86
176		15°23′	150	20.26	40.27	1.36

表 5.3 移距表

原桩号	移线桩号	左	右
ZYK50+311.88	K50+311.88	0	0
QZ+326.89	+328.19	1.3	

原桩号	移线桩号	左	右
YZ+341.91	+343.97	4.0	
+360	+362.27	3.1	
+380	+382.27	0.8	
ZY+386.84	+389.18	0	0
+400	+402.28		0.8
QZ+405.80	+408.08		0.9
YZ+424.77	+427.05		0.2
+440	+442.28	0	0

(7)按移线的桩号、平曲线、坡度、竖曲线等资料编制"路基设计表",表中地面标高仍为原桩标高,移线的平曲线起、终点桩号填在"备注"栏里。

(8)设计路基,计算土石方数量。纸上移线示例如图 5.20～图 5.22 所示。

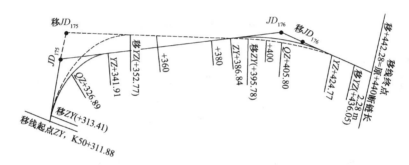

图 5.20 纸上移线平面图

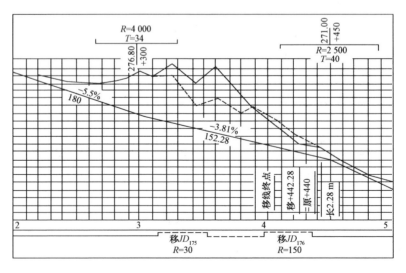

图 5.21 纵断面图

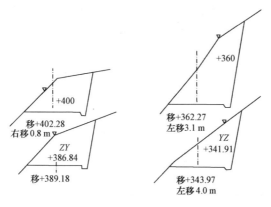

图 5.22　横断面图

当遇到移距不大或路线纵坡度较缓的路段时，可采用不计断链的做法，不推算移线的新桩号，但需推算与移线平面起、终点相应的原线上的桩号，以便计算超高和加宽，移线终点不标注长短链。

纸上移线的资料主要从原线的横断面上取得，由于一般横断面施测范围有限，且离中线越远误差越大，所以，做移距不能太大，一般以小于 3～5 m 为好。移距很大时，应在定出移改导线后，实地放线重测。

> ### 基础练习

一、填空题

1. 公路定线的方法主要有_____、_____和_____三种方法。

2. 航测定线可采用比例为_____或_____的地形图。

3. 实地放线基本方法有_____、_____、_____和_____等方法。

4. 通常交点坐标采集有_____和_____两种办法。

5. 实地放线常用_____、_____、_____、_____等方法。

6. 回旋线参数 A 的确定方法有_____、_____、_____、_____等方法。

7. 纸上定线的具体操作有_____和_____两种办法。

二、单项选择题

1. 关于定线的说法中，下列不正确的是(　　)。

A. 定线就是在选线布局后，具体标定出公路的中心线

B. 定线不可采用实地定线方法

C. 定线可采用图上定线方法

D. 定线除受地形、地质和地物等有形的制约外，还受技术标准、国家政策、社会影响、美学以及其他因素的制约

2. 有 S 形曲线，设 R_1、R_2 分别为大小圆半径，A_1、A_2 分别为大小圆的缓和曲线参数，以下说法中正确的是(　　)。

A. 两圆曲线半径之比不宜过大，以 $R_2/R_1 = 1/6 \sim 1/5$ 为宜

B. 两圆曲线半径之比不宜过大，以 $R_2/R_1 = 1 \sim 1/3$ 为宜

C. A_1 和 A_2 之比应小于 3.0，有条件时以小于 2.5 为宜

D. S 形的两个反向回旋线以径相连接为宜。当受地形或其他条件限制而不得不插入短直线时，其短直线长度 $L \leqslant (A_1 + A_2)/20$

3. 关于定线的说法中，下列不正确的是(　　)。

A. 定线就是在选线布局后，具体标定出公路的中心线

B. 定线只可采用实地定线方法

C. 定线可采用图上定线方法

D. 定线可采用航测定线方法

4. 纸上定线一般在(　　)上进行。

A. 大比例地形图　　　B. 小比例地形图　　　C. 大比例航片　　　D. 小比例航片

5. 纸上定线是指(　　)。

A. 在小比例地形图上具体确定路线方案的方法

B. 在小比例地形图上具体确定路线中线位置的方法

C. 在大比例地形图上具体确定路线中线位置的方法

D. 在大比例地形图上具体确定路线方案的方法

三、简答题

1. 什么是定线？定线的方法有哪几种？

2. 简述纸上定线的方法。

3. 什么是实地定线？简述实地定线的方法。

4. 什么是纸上移线？

➤ 技能实训

发放地形图，在地形图的 AB 两点之间进行道路定线。路线等级为三级，设计速度 $V = 40$ km/h。在定线方案中拟定适合的中间控制点，进行具体定线。

要求：

1. 定出起终点、中间交点位置及各交点转角值。

2. 确定交点处圆曲线半径和缓和曲线长度，计算各段曲线要素，路线里程桩号。

3. 绘出平面曲线。

4. 根据曲线平面位置，进行纵面设计，绘出纵断面设计图。

5. 完成定线报告。

项目 6 公路交叉设计

知识目标

1. 了解平面交叉口的设计任务、原则，掌握平面交口的类型与适用范围。
2. 了解公路与其他路线交叉设计的方法。
3. 熟悉公路交叉口的交通组织措施。
4. 熟悉立体交叉口的类型与适用范围，掌握立体交叉的布置与选择。
5. 掌握匝道设计的方法。

公路交叉设计

技能目标

1. 能够进行公路交叉口的交通分析。
2. 能够进行公路平面交叉口和立体交叉口的设计。

学时建议

8 学时

任务 6.1 公路交叉口设计概述

在平面交叉口上，不同方向的车流和行人互相影响干扰，不但会降低车速、阻滞交通、降低通行能力，而且容易发生交通事故。平面交叉口是公路的重要组成部分，是公路交通的咽喉部位，它直接影响到公路的使用质量，所以必须对其予以足够的重视。公路的交叉规划和设计，必须符合安全、经济、合理、舒适和美观的要求。

6.1.1 平面交叉口的交通分析

各车流驶入交叉口后，以直行、右转弯或左转弯的方式，汇入欲行驶方向的车流后再驶离交叉口。由于行驶方向的不同，车辆间的交错就有所不同。当行车方向互相交叉时(此时一般行车路线的交角大于 45°)，两车可能发生碰撞，这些地点称为冲突点；当来向不同而汇驶同一方向时(此时一般行车路线的交角小于 45°)，两车可能发生挤撞，这些地点称为合流点。显然，交叉口的冲突点和合流点，是危及行车安全和发生交通事故的地点，统称危险点。其中，冲突点的影响和危害程度比合流点大得多。因此，设计交叉口时，应尽量消除、减少冲突点，或采用渠化交通等方法，将冲突点限制在较小的范围内。公路与公路平面交叉的冲突点和合流点的分布如图 6.1 所示。图中，"·"为冲突点，"。"为合流点。

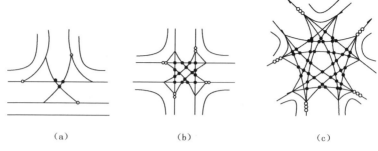

图6.1 平面交叉口危险点

(a)三路交叉口；(b)四路交叉口；(c)五路交叉口

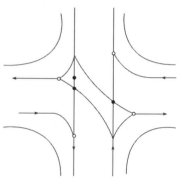

图6.2 交通管制后的危险点

产生冲突点最多的是左转弯车辆。如图6.1(b)中，如果没有左转车辆，则冲突点就由16个减少为4个；又如图6.2所示，同样是四路十字形交叉口，如果采用信号灯或交通警察的交通管制后，冲突点即减少为2个、合流点减少为4个。因此，在交叉设计中，采取必要的交通管制措施处理和组织左转弯车辆，是保证交叉口交通安全和畅通的关键因素之一。

6.1.2 减少或消灭冲突点的措施

(1)建立交通管制，如装设交通信号灯或由交通警察指挥交通，使直行车和左转弯车的通行时间错开。

(2)采用渠化交通，如适当布置交通岛限制行车路线，使车流按一定组织方式通过交叉口，可将冲突点限制在一定范围内；又如采用环形交叉(俗称转盘)，使进入交叉口后的车辆按逆时针方向环绕中心岛作单向行驶，至所要去的路口驶出，均以同一方向依次前进，就消灭了交叉口的冲突点。

(3)创建立体交叉，将相互冲突的车流分别设在不同标高的车道上行驶，互不干扰，这是彻底解决交叉口交通问题的办法，但立体交叉造价高，有的立体交叉仍有平面交叉的问题，所以不能随意采用立体交叉。

为了交通安全，应在交叉口前设置交叉的标志牌，使驾驶员有精神准备；同时，交叉口处应具有足够视距，使驾驶员能够看到各方向的来车情况，以便及时采取措施。

为确保交叉口过往行人的安全和减少行人对交通的影响和干扰，除加强交通法规的宣传教育外，必要时应在交叉口设置人行横道和其他交通安全设施。

任务6.2 公路与公路平面交叉

6.2.1 交叉口设计的基本要求和任务

1. 基本要求

(1)在确保安全的前提下，使车辆和行人在交叉口能以最短的时间顺利通过。

(2)正确设计交叉口立面，保证交叉口范围内的地面水迅速排除。

2. 设计任务

(1)正确选择交叉口形式，合理确定各组成部分的尺寸。

(2)确定必须保证的行车视距，从而确定交叉口的视距范围。

(3)立面布置需符合行车和排水的要求。

平面交叉口设计

(4)处理好主要公路与次要公路的关系。主要公路与次要公路交叉时，平、纵线形要全盘考虑、相互配合，使其各自能符合有关技术标准的要求，但一般应首先保证主要公路线形的舒顺、平缓。

(5)正确合理地进行交通组织和交通管制，如设置必要的交通安全设施，合理布设交通岛和人行横道等。

综上所述，路线交叉的规划与设计，应根据交通量、设计速度、交通组成和车流分布情况，并结合该地区的地形、土地使用情况，分别进行单独设计。改建公路时，还应研究交叉处交通事故的情况，有针对性地进行改建设计。

6.2.2 平面交叉口的技术要求

(1)公路与公路交叉，除高速公路全部采用立体交叉外，一级公路可少量采用平面交叉，二级以下公路应尽量采用平面交叉。

(2)平面交叉路线应为直线并尽量正交，当采用曲线时，其半径宜大于不设超高的最小半径。

(3)平面交叉一般应设在水平地段。紧接水平地段的纵坡，一般不应大于3%，困难地段不应大于5%，坡长应符合最小坡长的规定。

(4)一、二级公路的平面交叉，应根据具体情况设置转弯车道、变速车道、交通岛和加铺平缓的转角。转向车道的宽度一般为3 m，并根据该公路的等级设置适当的缓和段。

(5)平面交叉的形式应根据各相交公路的功能、等级、交通量、交通管理方式，并结合地形、用地条件和投资等因素来选定。

(6)各平面交叉口之间的间距应尽量大一些，以便提高通行能力和保证安全。

(7)平面交叉的设计，应以左转弯、右转弯和直行等不同方向的设计小时交通量为基本依据。

(8)远期拟建成立体交叉的平面交叉口，近期设计应将平面交叉与立体交叉做出总体设计，以便将来改建。

(9)平面交叉的交通管制可分为主路优先、无优先交叉、信号交叉三种方式。当被交叉公路等级较低、交通量较小或相交公路中有一条为干线公路时，应考虑采用主路优先交叉；当相交公路的功能和等级相同，交通量或行人数量很大时，可采用信号交叉；无优先交叉一般仅用于相交公路等级很低，交通量不大的情况。

(10)平面交叉范围内的设计速度，原则上应与相交公路的相应等级的设计速度一致。当相交公路等级相同或交通量相近时，平面交叉范围内，直行交通的设计速度可降低，但与该级公路的设计速度之差不应大于20 km/h。其他情况的设计速度按交通规则办理。

6.2.3 平面交叉的类型和适用范围

平面交叉口的形式设计得合理与否，直接影响到投资和使用价值，所以，应切合实际地考虑远期的需要和近期的可能两个方面因素，选择合理的方案。平面交叉按构造组成可分为渠化交叉和非渠化交叉；按几何形状分为 T 形、十字形和环形交叉。

1. 非渠化平面交叉

设计速度较低，交通量较小的双车道公路相交，可采用非渠化交叉。

（1）主要公路的设计速度≤60 km/h，或设计速度为 80 km/h，但交通量较小，次要公路为县乡公路或四级公路的 T 形交叉，当转弯交通量较小时可采用图 6.3(a)中所示的非加宽 T 形交叉。

（2）主要公路的设计速度为 80 km/h，次要公路为县乡公路或四级公路的 T 形交叉，当转弯交通量较大而导致直行车辆的过分减速时，应采用加宽式 T 形交叉。主要公路右转弯交通量较大者，应采用图 6.3(b)中所示的形式；左转弯交通量较大者，可采用图 6.3(c)中所示的形式。

（3）县乡公路或三、四级公路相交的十字交叉，可采用图 6.3(d)中所示的形式。

（4）主要公路的设计速度为 80 km/h，次要公路为县乡公路或三、四级公路且转弯交通量不大的十字交叉，可采用图 6.3(e)中所示的形式。

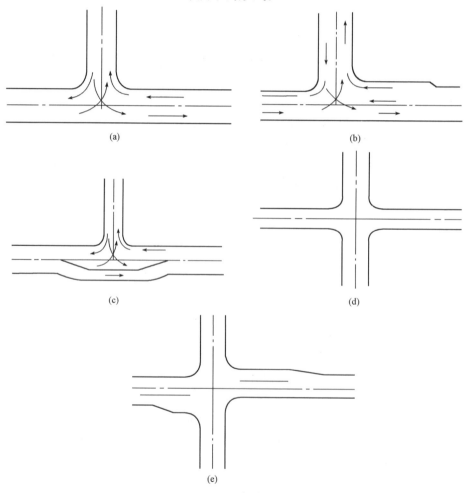

图 6.3　非渠化交叉

(a)非加宽 T 形交叉；(b)加宽式 T 形交叉(增辟减速车道)；(c)加宽式 T 形交叉(增辟左转减速车道)；
(d)非加宽十字交叉；(e)加宽式十字交叉

2. 渠化平面交叉

相交公路等级较高或交通量较大的平面交叉，应采用由分隔岛、导流岛来指定各向车流行径的渠化交叉。

(1)主要公路为二级公路的 T 形交叉，当直行交通量不大，而与次要公路之间的转弯交通量占相当比例时，可采用图 6.4(a)中所示的只在次要公路上设分隔岛的渠化 T 形交叉。当主要公路的直行交通量较大时，则采用图 6.4(b)中所示的在主要公路和次要公路上均设分隔岛的渠化 T 形交叉。

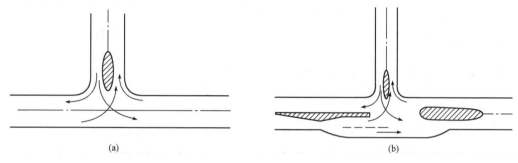

图 6.4　只设分隔岛的渠化 T 形交叉

(a)只在次要公路上设分隔岛的渠化 T 形交叉；(b)在主要公路和次要公路上均设分隔岛的渠化 T 形交叉

(2)主要公路为四车道公路，或设计速度≥60 km/h 且有相当比例转弯交通量的二级公路，或是与互通式立体交叉直接沟通的双车道公路的 T 形交叉，应采用图 6.5 所示的设置导流岛的渠化 T 形交叉。

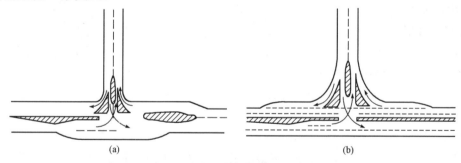

图 6.5　设置导流岛的渠化 T 形交叉

(3)主要公路为四车道公路以及设计速度为 80 km/h 的双车道公路，或虽然设计速度为 60 km/h，但属区域干线的双车道公路，其上的十字交叉应采用图 6.6 所示的渠化十字交叉。

图 6.6　渠化十字交叉

3. 环形交叉

环形交叉适用于交通量适中，经过验算后出、入口间的距离能满足交织长度的要求，或按"入口让路"规则设计能满足交通量需要的 3～5 岔的交叉。

(1)环形交叉宜采用图 6.7 所示的适应"入口让路"的行驶规则的形式。

(2)"入口让路"环形交叉适用于一条四车道公路和一条双车道公路相交的交叉，以及两条高峰小时不明显的四车道公路相交的交叉。

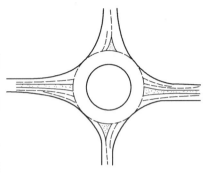

图 6.7 "入口让路"环形交叉

6.2.4 平面交叉的勘测设计要点

1. 勘测要点

(1)搜集原有公路的等级、交通量、交通性质、交通组成、交通流向等资料和远景规划。

(2)根据地形和其他自然条件以及掌握的资料，按照有关规定，拟定交叉形式。

(3)选定交叉位置和确定交叉点，使各相交路线在平、纵、横方面都有较好的衔接。通常，交叉点设在原有公路的中心线上或中心线的延长线上。

(4)测量交叉角、中线、纵断面和横断面。

(5)当地形和交叉口较复杂时，为更合理地选定交叉口的位置和形式，并便于排水，应详测地形图，以便作平面交叉竖向设计，其比例尺采用 1∶500～1∶1 000。

2. 设计要点

(1)平面线形。

①平面交叉范围内两相交公路应正交或接近正交，且平面线形宜为直线或大半径曲线，尽量避免采用需设超高的曲线半径。

②新建公路与等级较低的既有公路斜交时，应对次要公路在交叉前后的一定范围内作局部改线，使交叉的交角不小于 70°。

(2)纵面线形。

①平面交叉范围内，两相交公路的纵面应尽量平缓。纵面线形应大于最小停车视距要求。

②主要公路在交叉范围内的纵坡坡度应为 0.15%～3%；次要公路上紧接交叉的部分引道以 0.5%～2.0% 的上坡通往交叉，而且此坡段至主要公路的路缘至少 25 m，如图 6.8 所示。

③主要公路在交叉范围内是超高曲线的情况下，次要公路的纵坡应服从主要公路的横坡。

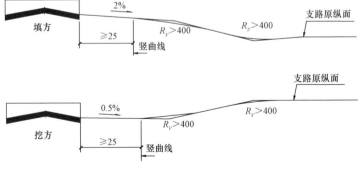

图 6.8 次要公路引道纵坡

（3）视距。

①引道视距。每条岔道和转弯车道上都应提供与行驶速度相适应的引道视距，如图 6.9 所示。引道视距在数值上等于停车视距，但量取标准为：眼高 1.2 m；物高 0 m。各种设计速度所对应的引道视距及凸形竖曲线的最小半径规定见表 6.1。

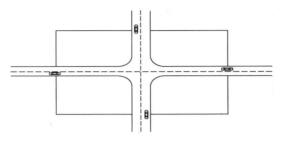

图 6.9　引道视距

表 6.1　引道视距及相应的凸形竖曲线最小半径

设计速度/(km·h^{-1})	100	80	60	40	30	20
引道视距/m	160	110	75	40	30	20
凸形竖曲线最小半径/m	10 700	5 100	2 400	700	400	200

②通视三角区。两相交岔路间，由各自停车视距所组成的三角区内不得存在任何有碍通视的物体，如图 6.10 所示。

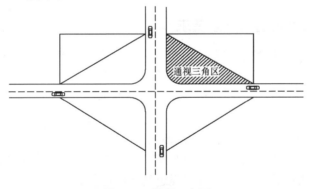

图 6.10　视距三角区

（4）立面设计。平面交叉处两相交公路共有部分的立面形式及其引道横坡，应根据两相交公路的相对功能地位、平纵线形以及交通管理方式等因素而定。

①采用"主路优先"交通管理方式的交叉，应使主要公路的横断面贯穿交叉，而调整次要公路的纵断面以适应主要公路的横断面；当调整纵断面有困难时，应同时调整两公路的横断面。

②主要公路设超高曲线时，应根据次要公路纵断面的不同情况处理立面。

③两相交公路的功能地位相同或相仿，或者是信号交叉时，则两公路均应作适当的调整。具体调整内容详见《公路路线设计规范》(JTG D20—2017)。

（5）平面交叉范围内设置的附加车道有变速车道和转弯车道。其设计要点和有关规定详见《公路路线设计规范》(JTG D20—2017)。

(6)平面交叉处的排水设计是一项重要内容。平面交叉处的排水设计应绘制排水系统图,并注明流向和坡度等。公路用地范围内由路基和路面排除所降雨水,公路用地范围外的雨水等不允许流入交叉处路面范围内。

(7)平面交叉的渠化设计,可采用导流岛、路面标线、交通岛等方式。

(8)交叉口应设置人行横道、人行天桥或通道。并设置限速、指路和其他有关标志、标线和信号。

(9)改建旧平面交叉可采用增设车道、渠化、改为立体交叉等方法。

3. 平面交叉基本设计成果

(1)平面交叉口平面布置图:比例尺用1:500～1:1 000,图中示出路中心线和路面边缘线,注明交叉点、各岔道起终点、加桩、控制断面的位置和桩号,并列出平曲线要素表。图中还应标出各控制断面的宽度、横坡度和两侧路面边缘设计标高,并注明交叉口处各坡段的纵坡等。

(2)纵、横断面图:除横断面图可用1:100～1:200比例尺外,其余要求与一般路线的设计相同。

(3)交叉口地形图和竖向设计图以及交叉口的工程数量等资料。

任务6.3　公路与公路立体交叉

6.3.1　主要设计内容与一般要求

高等级公路相交或交通量过大而平面交叉无法适应时,或是行车速度高、地形条件适合做成立体交叉,从经济上考虑又合理时,均可以考虑采用立体交叉。立体交叉分为互通式和分离式两种,相交公路通过跨线桥、匝道等连接上、下线的立体交叉称为互通式立体交叉;相交公路通过跨线桥,但不能直接连接的立体交叉称为分离式立体交叉。

(1)高速公路和其他各级公路交叉时,必须采用立体交叉。交叉形式除在控制出入的地方设互通式立体交叉外,均采用分离式立体交叉。互通式立体交叉的形式、设置的间距及加(减)速车道、匝道的设计,应根据有关规定及具体情况确定。

(2)一级公路与交通量较大的公路交叉时,应采用立体交叉。交叉形式可根据具体情况采用互通式或分离式立体交叉。

(3)其他各级公路的交叉,当交通条件需要或有条件的地点,也可采用立体交叉。

(4)互通式立体交叉。

①互通式立体交叉的基本形式可分为T形、Y形和十字形三种,如图6.11～图6.13所示。按功能可将互通式立体交叉可分为枢纽互通式立体交叉和一般互通式立体交叉。枢纽互通式立体交叉一般为高速公路与高速公路之间的交叉,其匝道无收费站等设施,而且应保证所有交通流无交叉冲突;一般互通式立体交叉为除枢纽互通式立体交叉外的其他互通式立体交叉,一般用于高速公路或一级公路与双车道公路之间的交叉,允许合并设置收费站和在被交公路的匝道端部采用平面交叉。互通式立体交叉结构复杂、占地多,但车辆可以近距离安全转弯、连续行驶。互通式立体交叉的间距最小为4 km,最大为30 km。

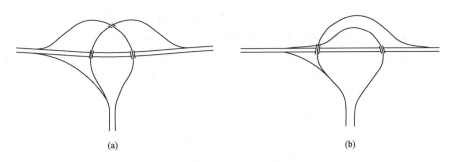

图 6.11　互通式 T 形立体交叉

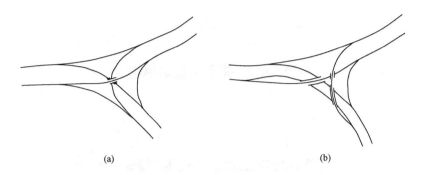

图 6.12　互通式 Y 形立体交叉

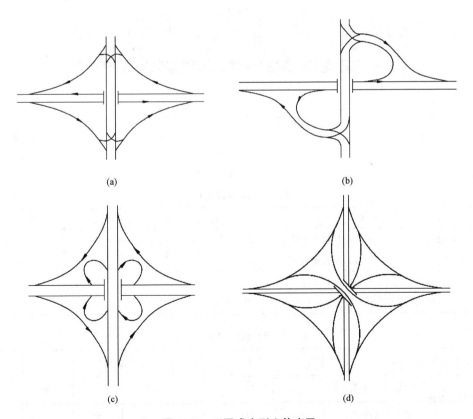

图 6.13　互通式十形立体交叉

(a)菱形交叉；(b)半苜蓿叶形立体交叉；(c)苜蓿叶形立体交叉；(d)直连式立体交叉

②匝道是连接立体交叉上、下路线的通道。匝道的横断面要求如图 6.14 所示。匝道的设计速度见表 6.2。匝道的圆曲线半径见表 6.3。匝道及其端部，凡曲率变化较大处均应设回旋线，以参数 $A \leqslant 1.5R$ 为宜，并不小于表 6.4 值。驶入匝道的分流点应具有较大的曲率半径，并使曲率变化适应行驶速度的变化，分流鼻处的曲率半径与回旋线参数见表 6.5。

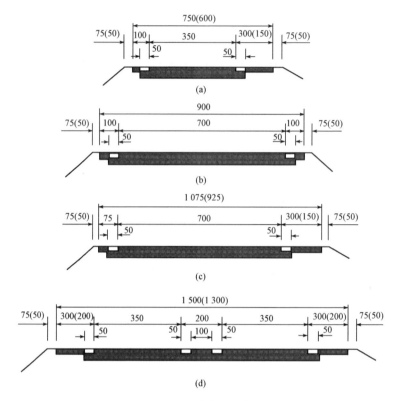

图 6.14　互通式十形立体交叉

(a)单车道；(b)无紧急停车带的双车道；(c)设供紧急停车用硬路肩的双车道；(d)对向分隔式双车道

表 6.2　匝道设计速度

匝道形式		直连式	半直连式	环型匝道
匝道设计速度 /(km·h⁻¹)	枢纽式互通立体交叉	80、70、60、50	80、70、60、50、40	40
	一般式互通立体交叉	60、50、40	60、50、40	40、35、30
注：1. 右转弯匝道宜采用上限或中间值。　2. 直连式或半直连式左转弯匝道宜采用上限或中间值。				

表 6.3　匝道圆曲线最小半径

匝道设计速度/(km·h⁻¹)		80	70	60	50	40	35	30
圆曲线最小半径/m	一般值	280	210	150	100	60	40	30
	最小值	230	175	120	80	50	35	25

表 6.4 匝道回旋线参数及长度

匝道设计速度/(km·h⁻¹)	80	70	60	50	40	35	30
回旋线参数 A/m	140	100	70	50	35	30	20
回旋线长度/m	70	60	50	40	35	30	25

表 6.5 分流鼻处曲率半径与回旋线参数

主线设计速度/(km·h⁻¹)		120		100	80	60
分流鼻处的设计速度/(km·h⁻¹)		80	70	65	60	55
最小曲率半径/m	一般值	450	350	300	250	200
	极限值	400	300	250	200	150

注：一般互通式立体交叉可将上表中分流鼻处的设计速度降低 5 km/h，取用对应的规定值。

③匝道的最大纵坡应按表 6.6 确定，最小竖曲线半径及竖曲线长度按表 6.7 确定。分流鼻附近竖曲线半径和最小长度规定于表 6.8。

表 6.6 匝道的最大纵坡

	匝道设计速度/(km·h⁻¹)		80	70	60	50	40	35	30
最大纵坡/%	出口匝道	上坡		3		4		5	
		下坡		3		3		4	
	入口匝道	上坡		3		3		4	
		下坡		3		4		5	

表 6.7 匝道竖曲线的最小半径及最小长度

匝道设计速度/(km·h⁻¹)			80	70	60	50	40	35	30
竖曲线最小半径/m	凸形	一般值	4 500	3 500	2 000	1 600	900	700	500
		极限值	3 000	2 000	1 400	800	450	350	250
	凹形	一般值	3 000	2 000	1 500	1 300	900	700	400
		极限值	2 000	1 500	1 000	700	450	350	300
竖曲线最小长度/m	一般值		100	90	70	60	40	35	30
	最小值		75	60	50	40	35	30	25

表 6.8 分流鼻附近匝道竖曲线最小半径及最小长度

主线设计速度/(km·h⁻¹)			120	100	80	60
竖曲线最小半径/m	凸形	一般值	3 500	2 000	1 600	900
		极限值	2 000	1 400	800	450
	凹形	一般值	2 000	1 500	1 400	900
		极限值	1 500	1 000	700	450
竖曲线最小长度/m	一般值		90	75	60	40
	最小值		60	50	40	35

④匝道的超高和加宽应设置过渡段，其具体要求参见《公路路线设计规范》(JTG D20—2017)。

⑤变速车道分为直接式和平行式两种。设计时应使车辆安全舒适地运行。

⑥相关设计内容还有收费广场、环境协调、景观设计、绿化设计、排水设计等。

⑦互通式立体交叉范围内的主线线形指标见表6.9。

表 6.9　互通式立体交叉范围内的主线线形指标

设计速度/(km/h^{-1})			120	100	80	60
最小平曲线半径/m		一般值	2 000	1 500	1 100	500
		极限值	1 500	1 000	700	350
最小竖曲线半径/m	凸形	一般值	45 000	25 000	12 000	6 000
		极限值	23 000	15 000	6 000	3 000
	凹形	一般值	16 000	12 000	8 000	4 000
		极限值	12 000	8 000	4 000	2 000
最大纵坡/%		一般值	2	2	3	4.5(4)
		极限值	2	2	4(3.5)	5.5(4.5)

注：当主要公路以较大的下坡进入互通式立体交叉，且所接的减速车道是下坡，同时，后随的匝道线形指标较低时，主要公路的纵坡不得大于括号内的值。

6.3.2　测设要点

(1)应收集的资料，除平面交叉所要求提供的资料外，还应征求当地政府及有关部门的意见。

(2)实地初步拟定交叉的位置，用相交公路的中线为基线布设控制网，以供测量地形之用。

(3)地形测量，除分离式立体交叉外，均需测绘地形图。比例尺用 1∶500～1∶1 000。测绘的范围视实际需要而定，一般应测至交叉范围外至少 100 m。测量要求与桥位地形测量相同。

(4)拟订方案，在地形图上定出不同方案的交叉位置和形式(包括匝道)，并到实地核对，然后根据纸上资料等进行初步设计，拟定采用方案。为便利方案比选，必要时需做模型和绘出透视图。

(5)按采用方案在实地上放样，并测得平、纵、横三个方面资料。

(6)地质勘探，在跨线桥和其他构造物处，应进行地质钻探，其要求与桥梁相同。

6.3.3　公路与公路立体交叉设计成果

(1)布置图比例尺一般用 1∶500～1∶1 000。其内容包括地形、地物、路线(包括匝道)、跨线桥及其他构造物等。

(2)纵、横断面图比例尺和要求与平面交叉略同。

(3)跨线桥设计图，其要求与一般桥梁设计相同。

(4)如有挡土墙、窨井、排水管、排水泵站等其他构造物，均须附设计图。

(5)有比较方案时，应绘制布置图并提供有关资料。

(6)交叉口的工程数量等资料。

任务 6.4 公路与其他线形交叉

6.4.1 公路与铁路交叉

公路与铁路交叉时，应根据公路的使用性质、交通情况、公路的规划断面和其他特殊要求，以及铁路的使用性质、运行情况、轨道数、有无调车作业（次数和断道时间）等情况。考虑并决定采用平面交叉、立体交叉或近期做平面交叉而远期改建为立体交叉的方案。

1. 公路与铁路平面交叉

（1）公路与铁路平面交叉时，应设置道口，并尽量正交；当必须斜交时，交叉角应大于 45°。

（2）根据交叉道口铁路等级，应保证汽车在公路上距交叉口相当于该公路停车视距并不小于 50 m 范围内，汽车驾驶员能看到两侧各不小于表 6.10 所规定的距离以外的火车。

表 6.10 汽车瞭望视距

路段旅客列车设计速度/(km·h⁻¹)	120	100	80
汽车瞭望视距/m	400	340	270

（3）为了行车的安全和方便，公路在交叉道口两端钢轨的外侧，应有不小于 16 m 的水平路段，该水平路段不包括竖曲线在内。紧接水平路段的纵坡，一般不大于 3%，困难地段应不大于 5%。

（4）交叉道口垂直于公路的宽度，应不小于交叉公路的路基宽度。交叉路口的路面（铁路称道口铺面）应根据铁路纵坡度做成水平或单向横坡，铺砌易于翻修的路面，如钢筋混凝土预制块、整齐条石等，其铺砌长度应延至钢轨以外 2 m。路面标高一般应和轨顶标高相同。

（5）公路与铁路相接近时两者的用地界之间宜保持一定的间隔，高速公路、一级公路不应小于 10 m，二、三、四级公路不应小于 5 m。必要时还应设置防眩设施。

（6）平面交叉道口在任何情况下，都应设置标志。

2. 公路与铁路立体交叉

公路与铁路交叉，符合下列情况之一时应设置立体交叉：

（1）Ⅰ级铁路与公路交叉；

（2）铁路路段旅客列车设计行车速度大于或等于 120 km/h 的地段与公路交叉；

（3）铁路与二级公路交叉；

（4）由于铁路调车作业对公路上行驶的车辆会造成较严重延误；

（5）受地形等条件限制，采用平面交叉会危及公路行车安全；

（6）结合地形或桥涵构造物情况，具备设置立体交叉条件。

6.4.2 公路与乡村道路交叉

乡村道路泛指乡村、城镇之间不属等级之列，用于机动车、非机动车及行人通行的道路。其包括大车道、机耕道等均属乡村道路。乡村道路与公路交叉的数量，根据公路等级应有所控制。在乡村道路密集地区，当交叉点过密影响行车安全时，宜适当合并交叉点。

高速公路与乡村道路交叉时，应采用分离式立体交叉。一级公路与乡村道路交叉时，可采用平面交叉。平面交叉应设在视距良好的地方，乡村道路应设置一段水平路段并加铺与交叉公路相同的路面。

乡村道路分为通行机动车道路和仅通行非机动车及行人道路两类。通行机动车道路又可分为通行汽车道路和不通行汽车的机耕道路两种。

乡村道路从公路上面跨越时，跨线桥桥下净空应满足等级公路的规定要求。当乡村道路从公路下穿过时，其净空可根据当地通行的车辆组成和交叉情况而定，一般人行道的净高不小于2.2 m；畜力车及拖拉机通道的净高不小于2.7 m；净宽不小于4.0 m。

在下方穿越的公路或乡村道路，均应保证排水畅通。并在适当的位置设置必要的标志。

6.4.3　公路与管线交叉

各种管线如电信线、电力线、电缆、管道、渠道等均不得侵入公路建筑限界，也不得妨害公路交通安全和人员安全，并不得损害公路的构造和设施。

为保证公路的正常养护和交通安全、畅通与公路发展的需要，新建或改建公路通过已有管线区时，设计时应根据公路的使用要求，事先与有关部门协调，以便妥善处理因修建公路所引起的干扰问题。当需要沿现有公路两侧铺设管线时，有关部门也应根据上述原则，事先与交通部门协调。

基础练习

一、填空题

1. 减少及消灭冲突点有_____、_____和_____三种方法。
2. 机动车辆的交通组织有_____、_____、_____和_____四种方法。
3. 平面交叉口的形式按交叉口的几何形状可分为_____、_____、_____、_____等类型。
4. 立体交叉按交通功能可分为_____和_____两类。
5. 立体交叉按相交道路结构物形式可分为_____和_____两类。

二、单项选择题

1. 安全互通式立交的代表形式不包括(　　)。
   A. 喇叭形　　　　　B. 苜蓿叶形　　　　　C. Y形　　　　　D. 圆形
2. 以下属于部分互通式立交的有(　　)。
   A. 菱形立交　　　　B. A形　　　　　　　C. B形　　　　　D. 双喇叭形
3. 交织形立交的形式有(　　)。
   A. 菱形立交　　　　B. A形　　　　　　　C. B形　　　　　D. 三路交织
4. 匝道是用来连接(　　)的通道。
   A. 十字平面交叉　　　　　　　　　　B. 分离式立体交叉上、下路线
   C. 互通式立体交叉上、下路线　　　　D. 丁字形平面交叉
5. 不采用任何措施的平面交叉口上，产生冲突点最多的是(　　)车辆。
   A. 直行　　　　　　B. 左转弯　　　　　　C. 右转弯　　　　D. 以上都正确

三、简答题

1. 如何减少或消除"冲突点"？

2. 各种公路与公路平面交叉类型分别适用于何种条件？

3. 匝道的作用是什么？

4. 立体交叉的类型有哪些？

技能实训

图 6.15 所示为某公路交叉口布置图，彩云路与兴呈路成 X 形交叉，彩云路与殷联路采用 Y 形交叉，殷联路与老昆洛路采用错位交叉方式。该路段的平面交叉口密集，而各道路均为交通量大的主干道路，现要对该公路交叉做改造，试做如下讨论：

1. 如果采用平面交叉，为保证车辆顺利安全的通过各路口处，在各个路口可做哪些保证措施？

2. 若无论采用何种交通措施，该几个路口依然拥堵，需采用立交形式，则可如何设计？

图 6.15 某公路交叉口布置图

项目 7　公路外业勘测

公路外业勘测

任务 7.1　公路初测

7.1.1　目的、任务及准备工作

1. 目的任务

初测是两阶段设计和三阶段设计中第一阶段(初步设计阶段)的外业勘测工作。

初测的目的是根据批复的《工程项目可行性研究报告》所拟定的修建原则和路线基本走向方案,通过现场对各比选方案的勘测,从中确定采用方案,并收集编制初步设计文件所需的勘测资料。

初测的任务则是要对路线方案做进一步的核查落实,并进行导线、高程、地形、桥涵、隧道、路线交叉和其他资料的测量、调查工作,进行纸上定线和有关的内业工作。

2. 准备工作

(1)收集资料。为满足初测和初步设计的需要,初测前应收集和掌握以下基本资料:

①可供利用的各种比例地形图、航测图,国家及有关部门设置的三角点、导线点、水准点资料。

②收集沿线自然地理概况、工程地质、水文、气象、地震基本烈度等资料。

③收集沿线农林、水利、铁路、公路、航运、城建、电力、通信、文物、环保等有关部门与本路有关系的规划、设计、规定及科研成果等资料。

④对于改建公路还应收集原路的测设、施工、养护及路况等档案资料。

（2）室内研究路线方案。根据工程可行性研究报告拟定的路线基本走向方案，在地形图上进行各可行方案的研究，经过对路线方案的初步比选，拟定出需要勘测的方案（包括比较线）及现场需要重点调查和落实的问题。

（3）现场踏勘。初测前，应组织路线、地质、桥隧等主要专业人员，必要时，邀请当地政府和有关部门派员参加现场路线方案的核实工作。核查的主要内容和要求如下：

①核查所收集的地形图与沿线地形、地物有无变化，对拟定的路线方案有无干扰，并研究相应的路线调整方案。

②核查沿线居民的分布、农田水利设施、主要建筑设施并研究相应的路线调整方案。

③核查各种地上、地下管线、重要历史文物、名胜古迹、旅游风景区、自然保护区、景观区点等，应注意路线布设后，对环境和景观的影响。

④对沿线重点工程和复杂的大、中桥、隧道、互通式立体交叉等，应逐一核查落实其位置与设置条件。

⑤了解沿线主要建筑材料的产地、质量、储量和采运条件，对缺乏的筑路材料应提出解决的途径。

⑥核查工作应与当地政府或主管部门取得联系，对重要的路线方案、同地方规划或设施有干扰的方案，应征求相关部门的意见。

（4）其他资料调查。

①了解沿线地形情况，拟定路线方案的地形分界位置。

②了解沿线涉及测量现场的地形、地貌、地物、通视、通行等情况。拟定勘测工作的困难类别。

③调查沿线生活供应、交通条件等情况。

（5）资料整理。通过收集资料和现场的核实调查，应提出如下资料：

①根据已掌握的资料，概略说明沿线的地形、河流、工程地质、水文地质、气象等情况，指出采用路线方案的理由，提供沿线主要工程和主要建筑材料情况，提出勘测中应注意的事项，需要进一步解决的问题等。

②估计野外工作的困难程度和工作量，确定初测队伍的组织及必需的仪具和其他装备，并编制野外工作计划和日程安排。

③提出主要工程（如桥涵、隧道、立交等）的工程地质勘察工作量和要求。

7.1.2 初测的内容与步骤

初测由初测的外业测量队分组进行，主要内容、步骤及要求如下。

1. 平面控制测量

（1）公路平面控制测量，包括路线、桥梁、隧道及其他大型建筑物的平面控制测量。平面控制网的布设应符合因地制宜、技术先进、经济合理，确保质量的原则。

（2）路线平面控制网是公路平面控制测量的主控制网，沿线各种工点平面控制网应联系于主控制网上，主控制网宜全线贯通，统一平差。

（3）平面控制网的建立，可采用全球定位系统（GPS）测量、三角测量、三边测量和导线测量等方法。平面控制测量的等级，采用三角测量、三边测量时依次为二、三、四等和一、二级小三角；当采用导线测量时依次为三、四等和一、二级导线。

（4）各级公路、桥梁、隧道及其他建筑物的平面控制测量等级的确定，应符合表7.1的规定。

表 7.1　平面控制等级

等级	公路路线控制测量	桥梁桥位控制测量	隧道洞外控制测量
二等三角	—	>5 000 m 特大桥	>6 000 m 特长隧道
三等三角、导线	—	2 000～5 000 m 特大桥	4 000～6 000 m 特长隧道
四等三角、导线	—	1 000～2 000 m 特大桥	2 000～4 000 m 特长隧道
一级小三角、导线	高速公路、一级公路	500～1 000 m 特大桥	1 000～2 000 m 中长隧道
二级小三角、导线	二级及二级以下公路	<500 m 大中桥	<1 000 m 隧道
三级导线	三级及三级以下公路	—	—

（5）采用"现场定线法"进行初测的导线或中线，应根据地形变化钉设加桩，以供测绘地图使用。

（6）应利用路线经过地区已有国家或其他有关部门的平面控制资料，但应进行以下工作：

①对原有控制点进行检测。

②当控制测量的坐标系统与本路的坐标系统不一致时，应进行换算。

③原有平面控制点不能满足公路放线要求，应按规定予以加密。

2. 高程测量

（1）公路高程系统，宜采用 1985 国家高程基准。同一条公路应采用同一个高程系统，不能采用同一系统时，应给定高程系统的转换关系。独立工程或三级以下公路联测有困难时，可采用假定高程。

（2）公路高程测量采用水准测量。在进行水准测量确有困难的山岭地带以及沼泽、水网地区、四、五等水准测量可用光电测距三角高程测量。

（3）各级公路及构造物的水准测量等级应按表7.2选定。

表 7.2　公路及构造物的水准测量等级

测量项目	等级	水准路线最大长度/km
4 000 m 以上特长隧道、2 000 m 以上特大桥	三等	50
高速公路、一级公路、1 000～2 000 m 特大桥、2 000～4 000 m 长隧道	四等	16
二级及二级以下公路、1 000 m 以下桥梁、2 000 m 以下隧道	五等	10

（4）水准测量的精度应符合表7.3的规定。

表 7.3　水准测量的精度

等级	每公里高差中数误差/mm		往返较差、符合或环线闭合差/mm		检查已测测段高差之差/mm
	偶然中误差	全中误差 M_w	平原微丘区	山岭重丘区	
三等	±3	±6	±12$\sqrt{L}$	±3.5$\sqrt{n}$ 或 ±15$\sqrt{L}$	±20$\sqrt{L_i}$
四等	±5	±10	±20$\sqrt{L}$	±6.0$\sqrt{n}$ 或 ±25$\sqrt{L}$	±30$\sqrt{L_i}$
五等	±8	±16	±30$\sqrt{L}$	±45$\sqrt{L}$	±24$\sqrt{L_i}$

注：计算往返较差时，L 为标准点间的路线长度（km）；计算符合或环线闭合差时，L 为符合或环线的路线长度（km）；n 为测 L_2 站数；为检测段长度（km）。

(5)水准点的布设。水准点应沿公路布设，水准点宜设于公路中心线两侧50～300 m范围之内。水准点间距宜为1～1.5 km；山岭重丘区可根据需要适当加密；大桥、隧道口及其他大型构造物两端，应增设水准点。

(6)应利用路线经过地区已有国家或其他部门设置水准点，但应进行下列工作：

①对原水准点应进行逐一检测。

②原高程系统与本路使用的高程系统不一致，应进行换算。

(7)路线上设置的平面控制桩、中线桩和设计需要高程控制的点，如干渠、水坝、河堤、管线、铁路等都应测量其高程。

3. 地形测量

(1)路线地形图的测绘宽度，当采用"纸上定线法"初测时，路线中线两侧各测绘200～400 m；采用"现场定线法"初测时，路线中线两侧测绘宽度可减窄为150～250 m。

(2)路线地形测绘的图根点，应利用已有的平面控制点或中线控制桩作测站，当不能满足要求时，应按规定进行图根控制测量。地形测绘的技术要求，应符合《公路勘测规范》(JTG C10—2007)的有关规定。

(3)采用"现场定线法"初测时，可采用小平板配合经纬仪或大平板仪测量；也可利用纵、横断面资料，配合仪器测量现场勾绘。

(4)应利用国家或其他有关部门所测绘的地形图，但使用时应进行现场核查，对有变化的地形地物进行补测。

(5)高速公路和一级公里采用分离式路基时，地形图测绘宽度应覆盖两条分离路线及中间带的全部地形；当两条路线相距很远或中间带为大河与高山时，中间地带的地形可不测。

4. 路线测量

(1)各级公路应在地形测量之后，进行纸上定线；受条件限制或地形、方案较简单，也可以采用现场定线。

(2)路线定线应符合《公路工程技术标准》(JTG B01－2014)、《公路勘测规范》(JTG C10－2007)的规定，正确掌握和运用技术标准。定线工作应做好总体布局，根据各类地形特点，结合人工构造物的布设，进行路线平、纵、横面的协调布置，定出合理的线位。对地形、地质、水文条件复杂、工程艰巨的路段，应拟定可能的比较方案，进行反复推敲、比较，确定采用方案。

(3)纸上定线。

①应将有特殊要求或控制的地点，必须避绕的建筑物或地质不良的地带，地下建筑或管线等标注于地形图上。

②山岭地区的越岭路线，需要进行纵坡控制的地段应在地形图上进行放坡，将放坡点标示于图上。

③在地形图上选定路线曲线与直线位置，定出交点，计算坐标和转角，计算平曲线要素，计算路线连续里程。

④沿路线中线按一定桩距从图上判读其高程，点绘纵断面图。河堤、铁路、立体交叉等需要重点控制的地段或地点，应实测高程点绘纵断面图，并据以进行纵坡设计。

⑤应根据路线中线线位，在地形图上测绘控制性横断面，并按纵坡设计的填挖高度进行横断面设计，作为中线横向检验和计算路基土石方数量的依据。

⑥依据纸上定线的线位及实地调查资料，初步确定人工构造物的位置、交角、类型与尺寸。

⑦综合检查路线线形设计及有关构造物的配合情况与合理性。线形设计可采用透视图法检验平、纵、横组合情况。

⑧纸上定线后，对高填深挖地段、大型桥梁、隧道、立体交叉以及需要特殊控制的地段，应进行实地放线、核对，并作为各专业工程勘测调查的依据。

⑨所确定的线位应总体配合恰当、工程经济合理、线形连续顺适。对需进行比较的方案，应按上述步骤方法定出线位、计算工程量，进行技术经济比较。

（4）现场定线。

①现场踏勘前应在1/50 000地形图上对路线进行总体布局，拟定主要技术措施，确定控制点、绕避点，选择适合路线通过的最佳位置。

②越岭路线或受纵坡控制的路段，应选择好坡面与展线方式，进行放坡试线，作出分段安排。

③根据《公路勘测规范》（JTG C10—2007）中各种地形的定线要点和放坡点进行布线，穿线定点钉设交点和转点。

④测定交角，进行中桩、水准、横断面和地形线等测量。

⑤通过内业工作，对路线进行平、纵、横面综合检查，确定线位。

5. 其他勘测与调查

初测除上述四项测量内容外，还应包括以下勘测与调查的内容：

（1）路基、路面及排水勘测与调查；

（2）小桥涵勘测；

（3）大、中桥勘测；

（4）隧道勘测；

（5）路线交叉勘测与调查；

（6）沿线设施勘测与调查；

（7）环境保护勘测与调查；

（8）沿线筑路材料调查；

（9）渡口码头勘测与调查；

（10）改移公路、铺道、连接线的勘测与调查；

（11）占用地、拆迁建筑、构筑物调查；

（12）临时工程调查；

（13）伐树、挖根、除草的调查；

（14）概算资料调查。

上述勘测与调查不属于课程内容，将在相关的课程中讲述。

6. 初测的内业工作

（1）初测内业工作主要内容。

①复核、检查、整理外业资料；

②进行纸上定线或移线及局部方案比选；

③初步拟定各种构造物设计方案，并综合检查定线成果；

④编制勘测报告及有关图表制作与汇总；

⑤应逐日复核、检查外业中原始记录资料，如有差错、遗漏，必须及时纠正或弥补；对于向其他部门搜集资料，应根据测设需要，检查、分析其是否齐全、可靠和适用，做到正确取用；

⑥综合检查、协调路线设计与有关专业及结构物布设的合理性，并进行现场核对。

(2)初测应提交的成果。

①各种调查、勘测原始记录及检验资料；

②纸上定线或移线成果及方案比较资料；

③各种主要构造物设计方案及计算资料；

④路基、路面、桥梁、交叉、隧道等工程设计方案图及比较方案图；

⑤沿线设施、环境保护、筑路材料等设计方案；

⑥平、纵面缩图，主要技术指标表，勘测报告及有关协议、纪要文件。

任务 7.2　公路定测

7.2.1　任务、内容及分工

1. 任务

公路定测即定线测量，是指施工图设计阶段的外业勘测和调查工作。其具体任务是：根据上级批准的初步设计，具体核实路线方案，现场确定路线或放线，并进行详细测量和调查工作，其目的是为施工图设计和编制工程预算提供资料。

2. 内容

(1)对初步设计方案进行补充勘察，如有方案变化应及时与有关主管部门联系，并报上级批准；

(2)实地选定路线或实地放线(纸上定线时)，进行测角、量距、中线测设、桩志固定等工作；

(3)引设水准点，并进行路线水准测量；

(4)路线横断面测量；

(5)测绘或勾绘路线沿线的带状地形图；对有大型构造物地段，如大、中桥桥位、隧道、大型防护工程、交叉口等工程，应测绘局部大比例地形图；

(6)进行桥涵、隧道的勘测与水文资料的调查；

(7)进行路基路面调查；

(8)占地、拆迁及预算资料调查；

(9)沿线土壤地质调查及筑路材料调查；

(10)征询有关部门对路线方案及征地拆迁等方面的意见，并签订必要的协议；

(11)检查及整理外业资料，并完成外业期间所规定的内业设计工作。

3. 定测队的组织

定测可分为选线组、测角组、中桩组、水平组、横断面组、调查组、路基路面组、桥涵组、内业组共九个作业组进行。如果定线采用纸上定线方法进行，则此时可将选线组和测角组合并为一个放线组。

7.2.2　定测时各组的任务及工作内容

1. 选线组

(1)任务。选线组也称大旗组，是整个外业勘测的核心，其他作业组都是根据它所插定的路线位置开展测量工作的，所以，选线在整个公路勘测设计中起主导作用，是最关键的一环。

选线是公路定线的第一步，其主要任务是：实地确定中线位置。其主要工作就是进行路线察看，并进一步确定路线布局方案；清除中线附近的测设障碍物；确定路线交点及转角并钉桩；初拟曲线半径；会同桥涵组确定大、中桥位；会同内业组进行纵坡设计等工作。在越岭线地带，还需进行放坡定线工作。

(2)分工及工作内容。

①前点放坡插点。前点放坡插点一般由1～2人担任(需要放坡时两人)。其主要工作是在全面勘查的基础上，结合当地自然条件，研究路线布局，合理地运用技术标准，通过实测，选定路线方案，进一步加密小控制点，插上标旗(一般可用红白纸旗)，供后面定线参考。

②中点穿线定点。中点穿线定点一般由2人担任。其主要工作是根据技术标准，结合地形及其他条件，修正路线方案，用花杆穿直线的办法，反复插试，穿线定交点，并在长直线或在相邻两互不通视的交点之间增设转点，最后初拟曲线半径及其有关元素。

③后点钉柱。后点钉柱由一人担任。其主要工作是钉桩插标旗；并给后面的作业组留下初拟半径及其他有关控制条件的纸条。

2. 导线测角组

(1)任务。导线测角组紧跟选线组工作。其主要任务是：标定直线与修正点位、测角及转角计算；测量交点间距；平曲线要素计算；导线磁方位角观测及复核；交点及转点桩固定；作分角桩；协助中桩组敷设难度大的曲线等工作。

为确保测设质量和进度，定线与导线测角组应紧密配合，互相协作。作为后继作业的导线测角组，要注意领会选线意图，发现问题及时予以建议并修正补充，使之完善。

(2)分工及工作内容。导线测角组一般由四人组成，其中司仪一人，记录计算一人，插杆跑点一人，固桩一人。其主要工作内容如下：

①标定直线及修正点位。对于相互通视的交点，如果定线无误，就不存在点位修正问题，可以直接引用，当交点相距太远，或地形起伏较大，为了便于中桩组穿杆定向，测角组应用测量仪器在其间插设若干导向桩，供中桩组穿线使用。

②测角计算。

a. 测右角。路线测角一般规定为测右角(即前进方向右侧路线的夹角)。右角按下式计算：
$$右角＝后视读数－前视读数$$
当后视读数小于前视读数时，应将后视读数加上360°，然后再减去前视读数。

b. 计算转角。转角是指后视导线的延长线与前视导线的水平夹角，根据右角计算，如图7.1所示。

$$\theta_L＝右角－180°$$ 　　　　　　　　　$$\theta_R＝180°－右角$$

图7.1　路线转角的计算

③距离测量。距离测量通常多用红外测距仪或全站仪测定两相邻交点间的平距。当交

点较远时，可利用其间转点分段测距的方法。如公路等级较低且无全站仪或红外测距仪时，可利用经纬仪进行视距测量，视距测量的方法和步骤详见相关资料。

④作分角桩。为便于中桩组敷设平曲线中点桩(QZ)，在测角的同时需做转角的分角线方向桩。分角桩方向的水平度盘读数按下式计算：

分角读数＝(前视读数＋后视读数)/2 　　　　　　　(右转角)

分角读数＝(前视读数＋后视读数)/2＋180° 　　　　(左转角)

⑤方位角的观测与校核。观测磁方位角的目的是校核测角组测角的精度和展绘平面路线图时检查展线的精度。定测计算所得的磁方位角与观测磁方位角的校差不超过2°。

磁方位角每天至少应该观测一次(一般在出工时测或收工时进行观测)。

假定路线起始边的磁方位角为θ_0，则任意导线边的磁方位角的计算公式为

$$\theta_n = \theta_0 + \Sigma\Delta_R - \Sigma\Delta_L$$

即任意导线边的磁方位角等于起始边磁方位角加上从起始边到边的路线的所有右转转角再减去所有的左转转角。

⑥交点桩、转点桩的保护和固定。在测设过程中，为避免交点桩、转点桩的丢失及方便以后施工时寻找，交点桩及转点桩在定测时必须加以固定和保护。

交点桩的保护，一般采用灌注水泥混凝土的办法进行。水泥混凝土的尺寸一般深30～40 cm，直径为15～20 cm或10～20 cm。

固桩则是将交点桩与周围固定物(如房角、电杆、基岩、孤石等)上某一个不易破坏(损坏)的点联系起来，通过测定该点与交点桩的直线距离，将桩的位置确定下来，以便在桩丢失时及时恢复该桩。

用作交点、转点桩固定的地物点应稳定可靠，各地物点与保护桩连接之间的夹角一般不宜小于90°，固定点个数一般应在两个以上，如图7.2所示。

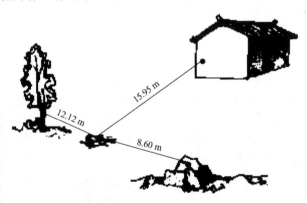

图7.2　固桩示意

固桩完毕后，应及时画出固桩草图，草图上应绘出路线的前进方向、地物名称、距离等。以备将来编制路线固定表之用。

3. 中桩组

(1)任务。中桩组的主要任务是：根据选线组选定的交点位置、曲线半径、缓和曲线参数(或缓和曲线长度)及导线测角组所测得的路线转角，进行量距、钉桩、敷设曲线及桩号计算，并负责编制《直线、曲线及转角一览表》。

（2）分工及工作内容。

①分工。中桩组作业内容较多，一般由7人组成，其中：

a. 前点：1人，负责寻找前方交点，并插前点花杆；

b. 拉链：2人，分别为前链手和后链手，其中后链手还负责指挥前链手进行穿线工作；

c. 卡链：1人，负责卡定路线中桩的具体位置；

d. 记录计算：1人，负责进行桩号及敷设数据计算，并记录中桩编号，累计链距等工作；

e. 写桩：1人，负责中桩的具体书写工作；

f. 背桩及打桩：1人。

②工作内容。

a. 中线丈量。中线丈量是指丈量路线的里程，通常将路线的起点作为零点，以后逐链累加计算。

量距应采用水平距离，量距时一般采用钢卷尺进行。公路等级较高时，最好采用光电测距仪和钢卷尺进行。

b. 中桩钉设。中桩钉设与中线丈量是同时进行的。

需要钉设的中桩包括路线的起终点桩，公里桩，百米桩，平曲线控制（主点桩），桥梁或隧道中轴线控制桩以及按桩距要求根据地形、地物、地质需要设置的加桩等。

直线路线上中桩的桩距一般为 20 m，在平坦地段桩距一般为 50 m。位于曲线上的中桩间距一般为：$R>50$ m，桩距为 20 m；20 m$<R<$50 m，桩距为 10 m；$R<20$ m，桩距为 5 m。

另外，在下列地点应设加桩，加桩一般应设在整米上。

①路线范围内纵向与横向地形有显著变化处；

②与水渠、管道、电信线、电力线等交叉或干扰地段的起点、终点；

③与既有公路、铁路、便道的交叉处；

④病害地段的起点、终点；

⑤拆迁建筑物处；

⑥占用耕地及经济林的起点、终点；

⑦小桥涵中心及大、中桥、隧道的两端。

（3）写桩与钉桩。所有中桩应写明桩号，转点及曲线主点桩还应写桩名，桩志的尺寸如图7.3所示。为了便于找桩和避免漏桩，所有中桩应按0到9的循环序号在背面编号。中桩的书写常用红油漆或油笔。

（4）断链及处理。在丈量过程中，出现桩号与实际里程不符的现象称为断链。断链的原因较多，但主要指两种：一种是由于计算和丈量发生错误造成的；另一种则是由于局部改线、分段测量等客观原因造成的。

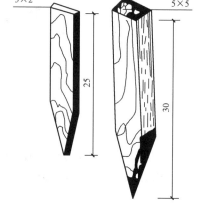

图7.3 桩志

断链有"长链"和"短链"之分，当路线桩号长于地面实际里程时叫作短链；反之则叫作长链。其桩号写法举例如下：

长链：K3＋110＝K3＋105.21　　　　长链 4.79 m

短链：K3＋157＝K3＋207　　　　短链 50 m

所有断链桩号应填在"总里程及断链桩号表"上，考虑断链桩号的影响，路线的总里程应为

$$路线总里程＝终点桩里程－起点桩里程＋\Sigma 长链－\Sigma 短链$$

4. 水平组

(1)任务。水平组的任务是对线路中线各中桩高程进行测量，并沿线设置水准点，为路线纵断面和横断面设计、施工提供高程资料。

(2)分工及工作内容。水平组通常由 6 人组成，分为基平和中平两个组。基平测量主要是设置临时水准点并进行水准点高程的测量；中平测量主要对各中桩进行水准测量。

①水准点的设置。水准点的高程应引用国家水准点，并争取沿线联测，形成闭合导线。采用假定高程时，假定高程应尽量与实际接近，可借助于 1:10 000 或 1:50 000 的地图进行假定。

水准点沿线布设，应有足够的数量，平原、微丘区间距为 1～2 km；山岭、重丘间距为 0.5～1.0 km。在大桥、隧道、垭口及其大型构造物所在处应增设水准点。水准点应设在测设方便、牢固可靠的地点。设置的水准点应在记录本上绘出草图，并记录位置及所对应的路线的桩号，以便编制"水准点表"。

②基平测量。基平测量一般采用一组仪器，在两水准点之间往返各观测一次。也可用两组仪器各作一次单程观测进行附合。水准点距离定测中线应为 50～200 m，过小或过大应迁移设置。其测量精度为：高等级公路容许闭合差平原区 $\pm 20\sqrt{L}$ mm（L 的单位为 km），山岭区 $\pm 6\sqrt{n}$（n 为测站数）；低等级公路容许闭合差平原区 $\pm 30\sqrt{L}$ mm（L 的单位为 km），山岭区 $\pm 9\sqrt{n}$（n 为测站数）；其中为单程水准路线长度。如实测高程在容许的闭合差范围内，则取其平均值为两水准基点的高差，否则应重测，直到闭合为止。基平测量读数应精确到毫米（mm）。

③中平测量。中平测量一般采用单程法，用水准仪以相邻两水准基点为一测段，从前一水准点引测，并对测段范围所有路线中桩逐一测量其地面高程，然后附合到下一水准基点，如果与基平附合，即可计算测段内全部中桩地面高程，否则应重测。中平要求附合基平精度为高速、一级公路 $\pm 30\sqrt{L}$ mm（L 的单位为 km）；二级及二级以下公路 $\pm 50\sqrt{L}$ mm（L 的单位为 km）。中桩高程其检测限差为：高速、一级公路 ± 5 cm。二级及二级以下公路检测限差为 ± 10 cm。中平读数精度转点尺读至毫米（mm），中桩尺则读至厘米（cm）。

5. 横断面组

(1)任务。横断面组作业的主要任务是：在实地测量每个中桩在路线横向（法线方向）的地面起伏变化情况，并画出横断面的地面线。

路线横断面测量主要是为路基横断面设计、计算土石方数量及今后的施工放样提供资料。

(2)工作内容。

①横断面方向的确定。要进行横断面测量，必须首先确定横断面的方向。在直线路段，横断面的方向与路线垂直，而在曲线段，横断面的方向与该点处切线相垂直，即法线方向。

直线上的横断面方向，用方向架或经纬仪作垂线确定。曲线上的横断面方向，根据计算的弦偏角，用弯道求心方向架或经纬仪来确定。具体方法详见相关资料。

②测量方法。横断面测量以中线地面点即中桩位置为直角坐标原点，分别沿断面方向向两侧施测地面各地形变化特征点间的相对平距和高差，由此点绘出横断面的地面线。

a. 常用施测方法。

利用花杆直接测得平距和高差，称为抬杆法，如图7.4所示。

此法简便、易行，所以被经常采用，它适用于横向地面变化较多较大的地段，但由于测站较多，测量和积累误差也较大。

b. 特殊断面的施测方法。在不良地质地段需作大断面图时，可用经纬仪作视距测量和三角高程测量施测断面。对于一些陡岩地段，如图7.5所示，可用交会法已定 A、B

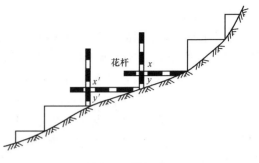

图7.4 抬杆法

点，用经纬仪或带角手水准测出 α_A、α_B，并丈量 l，图解交会出 C 点。交会时交角不宜太小，距离 l 应有足够的长度。

对于深沟路段可采用钓鱼法施测，如图7.6所示。

对于高等级公路，应采用经纬仪皮尺法、经纬仪视距法等方法施测。

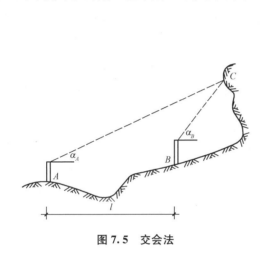

图7.5 交会法

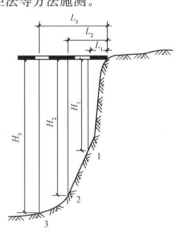

图7.6 钓鱼法

1、2、3—测设点

c. 横断面图的点绘。横断面图的点绘，一般采用现场一边记录一边点绘的方法。其优点是：点绘出的断面图能及时核对，消除差错。点绘的方法是：以中桩点为中心，分左右两侧，按测得的各侧相邻地形特征点之间的平距与高差，或倾角与斜距等逐一将各特征点点绘在横断面图上，各点连线即构成横断面地面线。

当现场无绘图条件时，也可采用现场记录、室内整理绘图的方法，其记录的方式见表7.4。点绘断面是由下方到上方，再从左侧到右侧的原则安排断面位置。绘图的比例一般为 1∶200，对有特殊情况需要的断面可采用 1∶100，每个断面的地物情况应用文字在适当位置进行简要说明，如图7.7所示。

表7.4 横断面记录格式

左侧	桩号	右侧
$\dfrac{+0.2\ +0.4\ 0\ -0.7}{1.6\ \ 2.2\ 1.7\ 2.0}$	K1+240	$\dfrac{+1.0\ +0.3\ +1.3\ +1.6}{1.5\ \ 2.0\ \ 1.8\ \ 2.0}$
……	K1+260	……

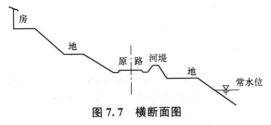

图 7.7 横断面图

d. 测量精度及测图范围。横断面的检测应用高精度方法进行，其限差规定如下：

高速公路、一级公路：

$$高程：\pm\left(\frac{h}{100}+\frac{l}{200}+0.1\right)m$$

$$水平距离：\pm\left(\frac{l}{100}+0.1\right)m$$

二～四级公路：

$$高程：\pm\left(\frac{h}{50}+\frac{l}{100}+0.1\right)m$$

$$水平距离：\pm\left(\frac{l}{50}+0.1\right)m$$

式中 h——检测点与路线中桩的高差(m)；

l——检测点到路线中桩的水平距离(m)。

横断面的测量范围，应根据地形、地质、地物及设计需要确定，一般要求中线左右宽度不小于 20 m。在回头曲线有干扰时，应连通施测。

(3)手水准法与抬杆法相同，仅在测高差时用水平花杆测量，量距仍用皮尺，如图 7.8 所示。与抬杆法相比，此法精度较高，但不如抬杆法简便，一般多适用于横坡较缓的地段。

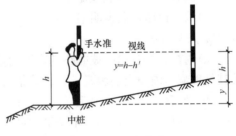

图 7.8 手水准法

6. 地形组

平面地形图是设计文件中主要的图纸之一，地形测量的方法在《测量学》中已讲述，本节着重介绍公路测量地形测量的任务与要求。

(1)任务。地形组的任务就是根据设计的需要，按一定比例测绘出沿线一定宽度范围内的带状地形图(或局部范围的专用地形图)，供设计和施工使用。

地形图可分为路线地形图和工点地形图两种。路线地形图是以导线(或路线)为依据的带状地形图，主要供纸上定线或路线设计之用；工点地形图是利用导线(或路线)或与其取得联系的支导线，为特殊工程(如大中桥、隧道和复杂排水、防护、改河、交叉口等工程)进行测量的专用地形图。

(2)测设要求。

①比例及范围。路线地形图常采用的比例尺为 1∶2 000；测绘宽度两侧各为 100～200 m；对于地物、地貌简单、地势平坦的地区，可采用的比例尺为 1∶5 000；测绘宽度每侧不应小于 250 m。

②等高距。等高距规定如下：

比例 1∶500   0.5 m、1.0 m

比例 1∶1 000   1.0 m

比例 1：2 000　　　　　　1.0 m、2.0 m

比例 1：5 000　　　　　　2.0 m、5.0 m

7. 调查组

(1)任务。调查组工作主要是根据测设任务的要求，通过对公路所经地区的自然条件和技术经济条件进行调查，为公路选线和内业设计收集原始资料。

(2)分工及调查内容。调查的主要内容有：工程地质情况、筑路材料料场情况、桥涵情况、预算资料及杂项情况等。对于旧路改建，还应对原路路况进行调查。调查组可由 2～3 人组成，综合调查组也可分小组同时调查。

①工程地质调查。工程地质资料是公路设计的重要资料，通过调查、观测和必要的勘探、试验，进一步掌握与评价路线通过地带的工程地质和水文地质情况，为正确选定路线位置、合理进行纵坡、路基、路面、小桥涵及其构造物的设计提供充分准确的工程地质依据。

工程地质调查的主要内容有以下几项：

a. 路线方面。

(a)在工程地质复杂和工程艰巨地段，会同选线人员研究路线布设及所采取的工程措施；

(b)调查沿线范围的地貌单元和地貌特征、地质构造、岩石、水文地质、植被、土壤种类、地面径流及不良地质现象情况，并分段进行工程地质评价；

(c)分段测绘代表性工程地质横断面，标明土、石分类界限，并划分土、石等级；

(d)调查气象、地震及施工、养护经验等资料；

(e)编写道路地质说明书。

b. 路基方面。

(a)调查分析自然山坡或路基边坡的稳定状况，根据地质构造、岩性及风化破碎程度以及其他影响边坡稳定的因素，提出路堑边坡或防护加固措施；

(b)沿河(溪)线应查明河流的形态、水文条件、河岸的地貌、地质特征、河岸稳定情况、受冲刷程度等，进而提出防护类型、长度及基础埋置深度等意见；

(c)路基坡面及支挡构造物调查，提出路基土壤分类和水文地带类型。

c. 路面方面。

(a)收集有关气象资料，研究地貌条件，划分路段的道路气候的区，并提出土基回弹模量建议值，供路面设计时采用。

(b)调查当地常用路面结构类型和经验厚度。

②筑路材料料场调查。筑路材料质量、数量及运距，直接影响工程的质量和造价。进行筑路材料调查的任务就是根据适用、经济和就地取材的原则，对沿线料场的分布情况进行广泛调查，以探明数量、质量及开采条件，为施工提供符合要求的料场。调查主要有以下三个方面内容：

a. 料场使用条件调查。主要对自采加工材料如块石、片石、料石、砾石、砂、黏土料源的质量和数量进行勘探，以必要的取样试验决定料场的开采价值。

b. 料场开采条件调查。主要对矿层的产状条件、水文地质条件、开采季节、工作面大小、废土堆置场地等方面进行调查。

c. 运输条件调查。

③小桥涵调查。小桥涵调查的主要任务是：调查与搜集沿线小桥涵水文、地质、地形资料，配合路线总体布设，进行实地勘测，提供小桥涵及其他排水构造物的技术要求，研

究决定小桥涵的位置、结构形式、孔径大小以及上下游的防护处理等。

a. 桥涵水文资料调查。水文资料调查的目的是提供为确定设计流量和孔径所必需的资料。调查内容应采用水文计算的方法确定。其方法有形态调查法、径流形成法、直接类比法。当跨径在1.5 m以下时，可不进行孔径计算，通过实地勘测用目估法确定孔径。

b. 小桥涵位置的选定及测量。小桥涵的位置，原则上应服从路线走向，通常情况下是由选线组根据最佳路线位置确定下来的。但是，桥涵如何布置，则有桥涵人员根据实地地形、地质水文条件综合考虑，然后进行桥址或涵址测量。

c. 桥涵结构类型的确定。小桥涵类型的选择，应结合路线的等级和性质，根据适用、经济和就地取材的原则，结合其他情况综合考虑，使所选定的形式具有施工快、造价低、便于行车和利于养护的优点。

d. 桥涵地质调查。小桥涵地质调查的目的是摸清桥涵基底工程地质及水文地质情况，为正确选定桥涵及附属构造物的基础埋深及有关尺寸、类型等提供资料。调查的内容包括基底于土壤地质类型及特征、有无地质不良情况、土壤冰结深度及水文地质对基础和施工的影响等。

④预算资料调查。施工预算是公路设计文件的重要组成部分，进行预算资料调查的目的就是要为编制施工预算提供资料。调查应按《公路工程基本建设项目概算预算编制办法》（JTG B06—2007）的有关规定进行。调查的主要内容有以下几项：

a. 施工组织形式调查。主要调查施工单位的组织形式、机械化程度和生产能力以及施工企业的等级等。当施工单位不明确时，应由建设单位提供上述可能的情况及编制原则。

b. 工资标准调查。包括工人基本工资标准和工资性津贴（附加工资、粮价补贴、副食补贴）、其他地区性津贴及工人工资计算办法等的调查。

c. 调拨或外购材料及交通运输调查。包括材料的出厂价格、可能发生的包装费和手续费、可能供应数量、运输方式、运距、中转情况、运输能力、运杂费（包括运费、装卸费、囤存、过渡、过磅等）、水、电价格等内容。

d. 征用土地和拆迁补偿费。按原国土资源部公布的《征用土地公告办法》和当地政府有关补偿费用标准和办法。

e. 施工机构迁移和主副食运费补贴调查。

f. 气温、雨量、施工季节调查。

g. 其他可能费用资料调查。

⑤杂项调查。杂项调查主要是指占地、拆迁及有关项目的情况和数量调查，为编制设计文件的杂项表格提供资料。其主要内容有以下几项：

a. 占用土地的测绘和调查；

b. 拆迁建筑物、构造物（包括水井、坟墓等）调查；

c. 拆迁管理、电理、电信设施调查；

d. 排水、防护、改河以及临时工程（便道、便桥等）的调查。

8. 内业组

定测内业工作的复核、检查、整理外业资料和图表制作、汇总等要求，同初测内业工作要求相同。

定测内业工作进程及时进行路线设计和局部方案的取舍工作，外业期间宜达到做出全部路基横断面设计，并结合沿线构造物的布设，逐段综合检查所定路线位的技术经济合理性，同时应进行必要的现场核对。

一、填空题

1. 测量标志分为_____、_____和_____。
2. 路线控制桩应采用断面不小于_____，长度不小于_____。
3. 路线定测队一般由_____、_____、_____、_____、_____、_____、_____、_____、_____九个作业组组成。
4. 横断面测量方法有_____、_____、_____、_____。

二、选择题

1. 横断面测量的方法不包括(　　)。
   A. 偏角法　　　　　B. 水准仪法　　　　　C. 抬杆法　　　　　D. 经纬仪法
2. 初测应提交的成果不包括(　　)。
   A. 纸上定线或移线成果及方案比较资料
   B. 各种主要构筑物设计方案及计算资料
   C. 路基、路面、桥梁、交叉、隧道等工程设计方案图及比较方案图
   D. 沿线设施、环境保护、筑路材料等施工方案
3. 桥涵地质调查内容不包括(　　)。
   A. 基础地质土壤类别与特征　　　　　B. 有无不良地质情况
   C. 土壤冻结深度　　　　　　　　　　D. 桥址附近交通状况

三、简答题

1. 可行性研究报告应包含哪些主要内容?
2. 什么是公路初测? 初测的外业工作的主要任务是什么?
3. 什么是公路定测? 定测的外业工作的主要任务是什么?
4. 水准点的设置有何要求?

技能实训

在市郊某处进行公路勘测实训。要求在该区域范围内选出一条 2 km 左右路线，并对其进行勘测设计工作。

具体工作如下:

1. 进行实地公路选线、测角、水平、纵横断面等测量工作，相应完成各项内业工作。

2. 学习路线布局的基本方法，了解路线方案比选的方法，公路路线线性的概念，进一步加深课堂所学勘测知识，学习公路各种曲线的敷设方法，基本能掌握各类地形、曲线的应用和测设方法。

3. 熟悉测量工作方法，并进行测量的基本训练。

4. 完成测设的内业工作任务，并总结实习报告。

项目 8　公路现代测设技术

任务 8.1　公路路线 CAD 技术

1963 年，美国麻省理工学院首次建立了 CAD 的概念，50 年来随着计算机技术和微电子学的发展，价格低廉、性能优良的 CAD 软、硬件系统得到了广泛的应用。

8.1.1　CAD 技术简介

1. CAD 的概念

CAD 是计算机辅助设计（computer aided design）的简称，是近年来工程技术领域中发展最迅速、最引人注目的高新技术之一。它将计算机迅速、准确地处理信息的特点与人类的创造思维相结合，为现代设计提供了理想手段。

2. CAD 系统的组成

CAD 系统由软件系统和硬件系统组成。

（1）CAD 软件系统。CAD 软件系统由数据库、图形系统和科学计算三部分组成。

①数据库：是一个通用性的、综合性的以及减少数据重复存储的"数据结合"。它按照信息的自然联系来构成数据，即将数据本身和实体之间的描述都存入数据库，用各种方法来对数据进行各种组合，以满足各种需要，使设计所需数据便于提取，新的数据便于补充。其内容包括原始资料设计标准与规范数据中间结果、最终结果等。数据库及其管理系统是整个 CAD 系统的纽带。

②图形系统：包括几何构型、绘制工程设计图、绘制各种函数曲线、绘制各种数据表格、在图形显示装置上进行图形变换以及分析和模拟等。图形系统是 CAD 技术的基础。

③科学计算：包括通用的数字函数和计算程序，以及在设计中占有很大比例的常规设计、优化设计等，即所有 CAD 的应用软件包。科学计算是实现工程设计计算分析绘图等具体专用功能的程序，是 CAD 技术应用于工程实践的保证。

(2)CAD 硬件系统。CAD 硬件系统由计算机、显示器、打印机及绘图仪四部分组成。计算机进行数据的处理，其处理的结果由显示器进行显示，供设计者判断修改最后由绘图仪输出所需的图形，由打印机输出数据处理的结果。必要时也可输出打印图形。再绘图精度和效率都要求较高的场合，可以在基本配置的基础上增加图形输入板或数字化仪，以改进输入手段，提高输入效率和精度，在输出方面，可以增添图形硬盘拷贝机，以提高输出效率和效果。

3. CAD 技术在工程上的应用

早在 20 世纪 60 年代，公路设计人员就运用计算机技术，解决公路路线中繁重重复的计算问题。随着计算机图形处理功能的发展和动态可视化技术的日渐成熟，以及 GPS 全球定位系统、行测遥感等现代测量技术的应用和普及，道路 CAD 技术已逐步发展成为数据采集与处理、设计、分析、优化于一体的集成化系统，该系统软件由数字地形模型子系统、路线平纵优化子系统、路线设计子系统、立体交叉口设计子系统 、公路中小桥涵设计子系统、公路工程造价分析子系统六大专业设计子系统组成。

CAD 系统覆盖了地形数据采集。建立数据地面模型，人机交互地进行路线平、纵、横设计，限行优化设计和人工构筑的设计图表屏幕编辑，并最终完成图纸的绘制以及工程造价分析等成套 CAD 技术。这些技术一经推出，很快得到了推广，并取得了显著的工程效益。

目前，路线 CAD 系统的发展方向是建立在数字地形模型基础上的三维设计。随着计算机技术的飞速发展已经解决了在实际应用中最受数字地形模型大小限制的问题，使利用数字地形模型为依据进行多路线方案优化设计成为可能。桥梁 CAD 系统也在朝着基于数据库的项目管理、三维设计的方向发展。

8.1.2 公路路线 CAD 技术

1. 公路 CAD 系统总体结构

公路 CAD 技术总体结构如图 8.1 所示。系统采用模块技术，各子系统及子系统内的各个程序都成为单独的模块。在系统使用时，运用菜单技术，通过数据库，采用数据通信的方式，有机地将各模块联系起来，在此数据库起到了桥梁的作用。这种模块化了的程序系统，不仅节省了有限的计算机内存空间，而且添加了系统的灵活性，可以不断地把新模块添加到系统内，加强系统功能。

2. 数据采集

数据采集公路路线设计必须依靠大量的地面信息和地形数据。数据采集方法可分类如图 8.2 所示。

(1)用现代化的航空摄影测量手段。该方法具有快速、自动化水平高等优点，但采用专摄航片，需委托航测部门后按照数据采集的要求订立合同。这种专摄航片收到时间、费用等因素的限制，除非对重点工程项目，在目前条件下对一般公路建设项目工程尚难以推广。

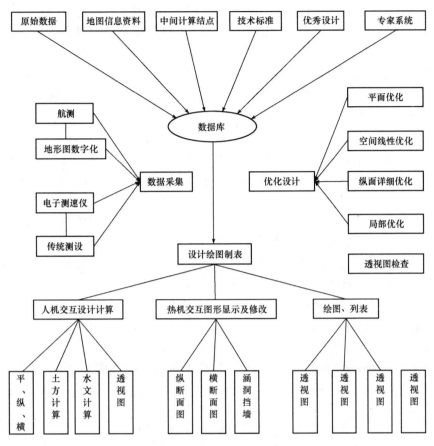

图 8.1 公路 CAD 系统总结构图

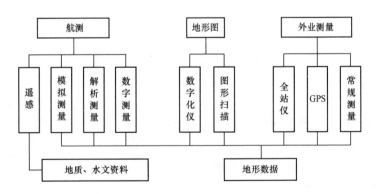

图 8.2 数据采集方法分类

(2)用全站仪和红外线测距仪对地面进行实测的方法。直接建立三维的数据地形模型，该方法在工程上普遍采用。

(3)用传统的经纬仪水准仪和小平板进行实测。

3. 路线优化设计

要使公路计算机辅助设计系统具备经济效益和获得质量较高的设计方案，必须包含优化设计。在进行优化设计时，应根据不同设计阶段，有不同的重点要求，建立一个从粗到细到精的逐渐优化的思路，还应注意到各种复杂因素的干扰。在优化设计过程中，可不断发挥人机交互作用，以获得贴合实际的最优方案。传统的道路路线设计一般是在路线平面位置确定以后进行的，利用计算机辅助技术进行路线设计有如下两种做法：

第一种：在数字地形模型支持下，借助数学方法，由计算机初定路线平面位置，进行优化设计，根据计算机选择的队友方案和数字模型提供的地形资料，完成各种路线设计工作，这种方法实现的 CAD 系统，自动化程度高。但是，由于平面进行优化涉及很多复杂问题，目前尚处于研究开发和完善阶段。

第二种：在路线平面位置确定以后，利用计算机进行辅助设计，类似于传统的设计方法。设计人员根据地形和环境条件，首先在实地或在地形图上(1∶1 000 或 1∶2 000)确定路线平面位置，将平面设计资料输入计算机，由计算机逐一完成或人机采用交互方式共同完成路线平面设计，然后输入平面设计方案，所对应的纵、横断面资料，由计算机完成整个路线设计，如那些计算和有关图表的绘制等。设计所需地形资料可由野外实测获得，也可以从地形图上或者在数字模型支持下通过程序提供。目前，现有的公路路线辅助设计系统大部分是采用这种方法开发的。其平、纵、横方面的设计过程如下：

(1)路线平面设计。路线方案确定以后，由设计者根据实际地形条件在实地或纸上确定平面线形。平面设计资料输入计算机，例如，交点坐标或交点间距偏角、平曲线半径、平曲线类型、缓和曲线长度等。计算机根据这些资料按照程序计算路线里程、平曲线要素和曲线上各特征点的中号以及逐桩坐标。设计者可以根据设计结果，反复调整设计参数，直至满意。

这是在公路平面位置完全确定的情况下进行的，设计者基本上不参与路线平面设计的过程，为了充分发挥人的主观能动性，让设计者更多地参与平面设计，也可以采用人机交互的方式，在屏幕上进行平面设计，其过程可简单描述为：在路线平面方案确定的基础上，利用数字化仪将路线导线图或进行草图输入到计算机，作为平面设计的依据。在图形编辑软件的支持下，设计者利用直线、圆曲线和缓和曲线拟合出影响的平面线位，计算机输出该线形的设计结果，如果不满足要求，可以反复调整上述元素的设计参数，直至满意。

平面设计完成以后，自动将设计结果以数据文件的方式存储在计算机中，供后续工作调用。也可以确定通过专用程序，绘制路线，平面设计图和相关表格。路线平面设计流程如图 8.3 所示。

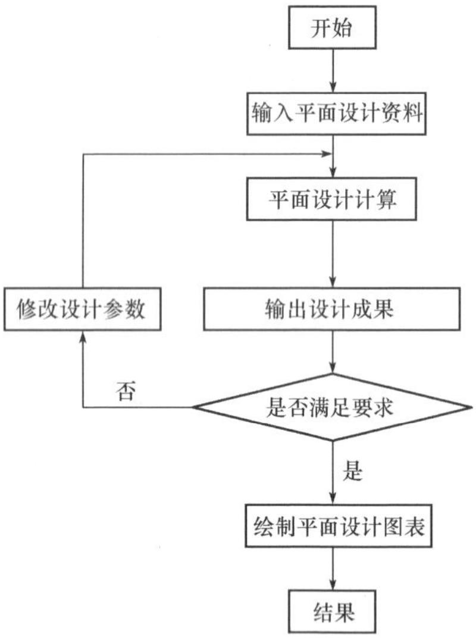

(2)路线纵断面设计。

图 8.3　路线平面设计流程

①纵断面地面高程的获取。道路平面位置确定以后，一种方法是实地对道路中线进行水准测量，或根据纸上定线的结果在地形图上人工读取中桩高程，通过键盘输入计算机，得到地面高程资料，这是传统的获取纵断面地面线的方法；另一种方法是利用建立的带状数字模型，利用计算机进行数模内插，得到路中线上任一点的高程值，从而获得纵断面地面线。这一方法可以局部或全部代替人工测量输入工作。

②纵断面设计线的确定。路线平面设计方案确定以后，如何让计算机自动产生道路的最优纵断面，这是从事道路计算机辅助设计人员研究的重点。目前，国内利用计算机进行

纵断面设计仍采用传统的设计方法,计算机将输入的地面资料处理后由绘图机输出或有屏幕显示一张纵断面地面线图,设计者在上面进行手工拉坡,然后将其中的纵坡设计信息送回计算机,计算机自动完成纵断面设计的计算与输出工作。路线中端面设计流程如图 8.4 所示。

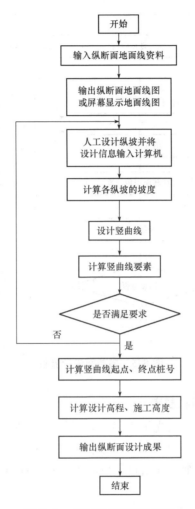

图 8.4　路线纵断面设计流程

　　(3)公路横断面设计。在整个道路设计中,横断面设计的工作量是相当繁重的,并且大部分工作是重复性的,如横断面面积计算、绘图等。利用计算机进行辅助设计,既能提高设计速度,又可提高设计质量。

　　利用计算机进行横断面设计,需要处理大量的横断面地面线数据。这些数据若仅依靠人工键盘输入,工作量是很大的,并且容易出错。一般是利用数字化仪将实测横断面地面线输入或通过数字地形模型自动生产。其工作过程可描述为:设计者根据路线所经地区的地形、地质、水文、气候等条件,归纳可能出现的横断面形式和处理方式,确定各段的标准设计横断面形式及构造物布置形式,计算机根据标准横断面自动进行横断面设计。设计成果通过计算机逐个显示在屏幕上,这一步可根据地形、地质条件等在屏幕上修改不合理的设计断面。计算机自动提取并存入修改后的数据,计算土石方工程量和土石方累计数据,根据土石方累计数据曲线，进行土石方调配。最后输出横断面设计图和有关图表。横断面设计流程图，如图8.5所示。

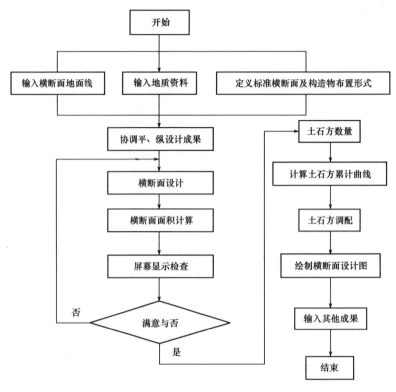

图 8.5　横断面设计流程

4. 计算机辅助设计、绘图和制表

现代计算机辅助设计一般在荧光屏上显示，并通过人机对话设计方案进行修改。通过不断的人机交互作用，即可获得切合实际的最优方案。在设计完成时，可以利用绘图机输出各设计阶段所需的相应的图纸，并由打印机输出工程量和概预算等设计资料。

任务 8.2　数字地形模型

数字地形模型是以抽象的数字整列表示地貌起伏、地表形态的，虽然是一种不直观的、抽象的地表形态表示，人眼不能观察，但计算机可以从中直接、简洁、准确的识别，并进行数据处理，提供方便的地形数据，以实现各项作业的自动化。

8.2.1　数字地形模型及其应用

数字地形模型(DTM)是指地形地表形态等多重信息的数字表示，它由许多有规则或无规则整列的地形点三维坐标 x、y、z 组成，是数字化的地形资料存储于计算机的产物。对于带状公路，需要的是公路左右一定范围内的地形资料，它所对应的数字地形模型，则为带状数字模型。有了数字地形模型，就可以采用一种数字内插方法，将这种地形信息拟合成一个表面,以便在公路设计时根据已知点的坐标计算出它的标高。

由于采用了数字地形模型,数据人员只需根据地形图资料而不必进行极为艰苦的外业测量,或者只需要做一些必要的外业资料,调查,便能既保证精度,也能高效地完成各个阶段的设计工作。如果配合计算机绘图设备,同时,还可绘出包括平、纵、横三方面的设计图纸,甚至公路透视图。数字地形模型应用如图 8.6 所示。

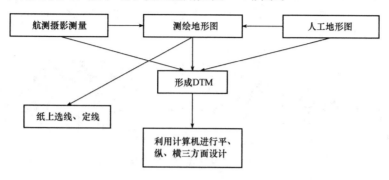

图 8.6　数字地形模型的应用

8.2.2　数字地形模型的种类

1. 离散式数字地形模型

离散式数字地形模型简称三点数模,是由随机分布在离散地形数据构成的,可通过内插产生路线设计所需的纵、横断面地面线资料。其基本思想是:在地面某个小范围内,认为可用圆滑曲线表面表现,对每一个待定点,从存储的地形中选择该点附近若干个地形点,按距离远近考虑其相应权数,确定拟合曲线。

三点数模的优点是:地形点可以任意布置,能够适应地形的变化;其缺点是:地形点的选择要依赖设计人员的经验判断,占用计算机内存多,计算速度相对较慢。

2. 方格网式数字地形模型

方格网式数字地形模型只要将工程用地在一定范围内划分成相等大小的方格或长方形,按一定次序读取网络点的高程即可,如图 8.7 所示。作为公路设计,用的大状方格网数据地形模型,常可根据地形类型的变化,在不同区段选择不同的方格大小,以提高它的使用精度。

这种数字地形模型的优点是:只需要存储网络点的高程值而无须存储平面坐标值,内插和检查简单,节省计算时间,采集数据方便,选点不依赖经验;缺点是:地形变化大的地方精度较低,常常漏掉了地形的真正变化点。

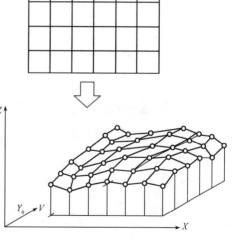

图 8.7　方格网式数字地形模型

3. 三角网式数字地形模型

三角网式数字地形模型,由所有三角形顶点的三维坐标组成,并将每个三角形看成是由三顶点高层构成的一个平面，因为当划分三角网时，应尽量使用三角形的周边以内所有等高线都呈直线，而且相互平行、间距相等，如图8.8所示。

这种数字地形模型要存储各种三角形顶点的三维坐标，但为了达到同样的使用精度，网点数据可远小于方格网数字地形模型所需要的网点数，因而能节省很多的计算机内存。如果采用数字化仪等自动坐标输入装置，获取原始数据也颇为方便，只是要求操作者应有一定的工作经验，以免取点不当，降低计算精度。另外，为了有效地查询，还应将所有三角形按一定规律标号排列起来。

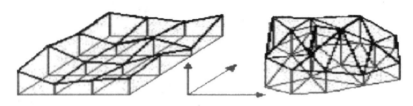

图8.8　三角网式数字地形模型

4. 鱼骨式数字地形模型

鱼骨式数字地形模型是在路线方案确定以后，沿路线方向和垂直于路线方向上采集地形点而构成的数字地形模型，如图8.9所示。其优点是：数据采集方法简单，容易从行测相片或地形图上采点，只考虑中桩与中桩两侧一定宽度内的地形，节省计算机内存；缺点是：要在路线方案确定以后才能建立数字地形模型，不能用作方案比选，在地形变化大的地区或远离中线的地方内插精度较低。

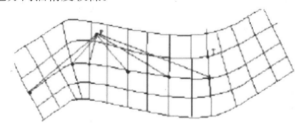

图8.9　鱼骨式数字地形模型

8.2.3　数字地形模型数据点的获取

数据采集是指选取结构造数字模型的数据点及量取坐标值的过程，是建立数字地形模型的基础工作。

数据采集一般采用以下三种方式：

(1)从现有的地形图上获取。从现有的地形图上获取是对现有的地形图进行数字化的一种方式。除可以人工读取数据外，目前最常用的是手扶跟踪式的坐标读取装置图形数字化仪。

(2)利用自动化记录的测距仪在野外实测，获取原始数据。这种方法数据精度高，但人工劳动强度大且费时，适用于局部补测。

(3)数字摄影测量方法。可以利用带有自动记录设备的立体测量仪和数字测图仪器，对立体模型进行断面扫描或勾绘等高线，将坐标记录在纸袋或磁带上。

任务 8.3 公路透视图

现代公路除要能满足交通要求外，还要求行车舒适安全、线形和谐优美，与环境相融合，使乘客视觉良好，心旷神怡，即使长途旅行，也不感到疲惫厌倦。随着道路等级的提高，人们对道路线形的审美要求和道路与周围景观的协调性越来越重视。道路透视图是路线计算机辅助设计的重要组成部分，它可以使设计者在设计阶段获得形象逼真的道路全貌，用于检查路线设计的线形质量以及道路与周围景观的协调程度，是评价公路线形质量的主要手段之一，并以此作为修改设计的依据，也是当今进行招标、投标时显现设计效果的重要手段。

道路透视图有线形透视图、全景透视图、复合透视图和动态透视图等。复合透视图将线形透视图与照相技术相结合，最后一张照片形式反映道路与周围景观的配合情况；动态透视图移动的画面模拟汽车行驶时驾驶员所感受到的道路情况。设计中常用的是线形透视图（图 8.10）和全景透视图（图 8.11）。

图 8.10　公路线形透视图　　　　　　　**图 8.11　公路全景透视图**

某一点（视点）和被视物体的各点（物点）相连的射线（视线）与画面产生一系列交点，连接这些交点，所产生的被视物体的图像即该物体的透视图，与画面垂直的视线称为视轴，视轴与画面的交点称为主点，视线与物体的交点称为物点，视线与画面的交点称为迹点。

道路路线透视图流程如图 8.12 所示。首先应计算道路各点的大地坐标，接着要确定视点、视轴及视轴坐标系，然后确定透视断面和透视点，最后进行坐标计算转换，经过消隐等手段绘制出透视图。

透视图的晕形设计：通过设计者设置有关透视参数，然后显示或输出透视图的模型，也可以在计算机屏幕上观看动态透视图。通过透视图的检查，对公路平面、纵断面、横断面设计进行分析，对线形存在的问题进行修改，然后绘出透视图进行分析研究，直至满意。

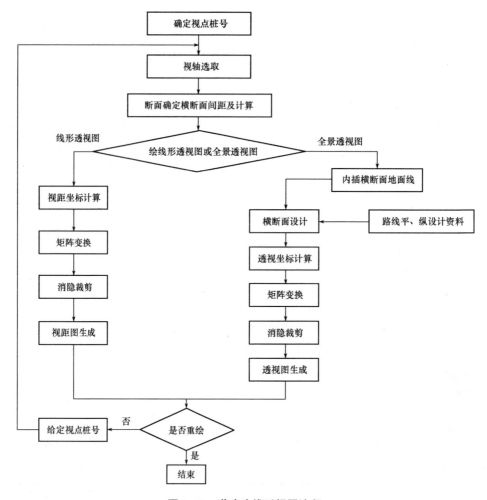

图 8.12　道路路线透视图流程

任务 8.4　"3S"技术在公路勘测设计中的应用

在大规模进行公路建设的今天,公路勘测设计成果的好坏以及设计水平的高低直接影响着整个工程的质量。因为一个公路建设项目质量的好坏、投资的多少以及运营的完善与否,直接取决于勘测工作是否周全,设计方案是否合理,两者是相辅相成,互为影响的。但目前的公路勘测设计仍然没有完全摆脱传统的勘测设计模式和方法,技术含量低,特别是高科技含量不足,制约了高速公路建设的发展。提高设计质量是公路设计人员面临的重要任务。

目前已提出了数字化地球的概念,并通过"3S"计划来实现,即:

(1)丰富的全球地理信息系统(GIS)。

(2)精确的全球卫星定位系统(GPS)。

(3)先进的遥感测试系统(RS)。

未来的世界将是"数字化的世界"。数字化的概念将渗透到我国的各行各业。公路行业的数字化也是最近几年才提出来的概念。它包括以下三个部分:

（1）公路的数字化地理信息系统。

（2）公路的全球卫星定位系统。

（3）公路的遥感测试系统。

8.4.1　地理信息系统

公路地理信息系统（Geographic Information System）是综合处理三维公路信息的计算机软件、硬件系统，是 GIS 技术在公路领域的发展，是 GIS 与多种公路信息分析和处理技术的集成。数字化地理信息系统应该具备详细的地理数据资料，其内容主要包括平面点的坐标、高程，已建道路和桥梁的位置、名称，道路沿线的民宅、工矿企业事业单位、田地、果林、鱼塘、水渠、河流、电力管线等详细地面资料。建立一个庞大的 GIS，单靠公路是无法实现的，需要与测绘、航测、规划、地勘等部门通力合作，系统完成后，可以实现资源共享，具有较大的经济效益和社会效益。应用 GIS，可以方便地打开某一个区域或设计路段数字化地形图，通过鼠标在地形图上选取控制点，方便地比选出最佳路线方案，并同时获取其他相关信息资料（如最佳路径、最短出行时间、交通流量、道路沿线地区人口数量和经济状况、建材分布与储存量、运输条件、土壤、地址和植被情况等）。同时，设计人员对同一起点、终点的路线，可以选取不同的路线方案进行分析、对比、筛选，直至获得最满意的方案。

GIS 在道路前期规划中发挥了巨大作用，在 GIS 电子地图上准确确定出占地线宽度，自动算出占地面积，占地范围内的鱼塘、田地、果树、电线杆、水井和电力管线等分项拆迁工程量，减轻前期规划人员外业作业强度，提高工作效率。还可以随时到现场进行碎部测量并采集数据，以补充更新原有的 GIS 数据库。

8.4.2　全球卫星定位系统

全球卫星定位系统（Global Positioning System）是目前应用最广泛、技术最成熟的卫星导航和定位系统，是一种可以实时和测距的空间交会定点导航系统。GPS 系统由卫星系统、地面控制系统、用户系统三部分组成。不仅具有全球性、全天候、连续性、实时性的精密三维导航与定位能力，而且具有良好的抗干扰性和保密性。相对于经典测量学技术，GPS 定位技术具有观测点之间无须通视、定位精度高、观测时间段短、提供三维坐标、操作简便以及全天候作业等优点。随着 GPS 技术的快速发展，产品的更新换代，新一代具备 RTK（实时动态定位）系统功能双频 GPS 接收机的诞生，给当今公路测设事业注入了新的活力。最新的 RTK 技术在公路测设及建设中主要应用于以下五个方面：

（1）工程控制测量。用 GPS 建立控制网，精密方法为静态测量。对大型结构物，如特大桥、隧道、互通式立交等进行控制，宜用静态测量；而一般公路工程的控制测量，则可采用实时 GPS 动态测量。该法在测量过程中能实时获得定位精度，当达到要求的点位精度，即可停止观测，提高了作业效率。因点与点之间不要求通视，是测量简便易行。

（2）绘制大比例地形图。公路选线多是在大比例尺（1∶1 000 或 1∶2 000）带状地形图上进行的。采用传统方法测图，先要建立控制网，然后进行碎部测量，绘制成大比例尺地形图。传统方法工作量大，速度慢，花费时间长。采用实时 GPS 动态测量，在沿线每个碎部点上仅需短暂的时间，即可获得测点的坐标，结合输入的点特征编码及属性信息，构成碎部点的数据，在室内由绘图软件成图。其只需要采集碎部点的坐标和输入其属性信息，采集速度快，降低了测图的难度，既省时又省力，当基准站设置完成后，整个特色系统可由一个人持流动站接收机操作，也可设置几个流动站，利用同一基准站观测信息各自独立操作。

（3）公路中线测设。纸上定线后需将道路中线在地面上标定。采用实时 GPS 测量，只需将中线桩点的坐标输入 GPS 接收机，移动接收机就会定出放样点位。因每个人的测量独立完成，不会产生累计误差。各点放样精度一致。

（4）公路的纵、横断面测量。道路中线确定后，利用中线桩点坐标，通过绘图软件，即可绘出路线纵断面和各桩点的横断面。所用数据是测绘地形图时采集的，不需要再到现场进行纵、横断面测量，减少了外业工作。如需进行现场断面测量时，也可采用实时 GPS 测量。

（5）施工测量。实时 GPS 系统有良好的硬件和丰富的软件，可供选择。施工中对点、线以及坡度等放样方便、快捷。

8.4.3 遥感技术

遥感技术（remote sensing）是利用航片或卫星照片上含有的丰富地表信息，通过立体观察和照片判释并经过计算机的自动处理，自动识别，以获得各种地形、地貌、地质、水文等资料的计算机软硬件系统。现代遥感技术系统一般由空间信息采集系统、地面接收和预处理系统、地面实况调查系统、信息分析应用系统四部分组成。

遥感技术的主要产品之一就是遥感专题地图。遥感专题地图通过地形符号，客观、系统地反应一定地区内环境、资源的空间分布和时间变化规律。按其内容和专题性质不同，遥感专题地图可分为三类，即自然地图（如地质图、地貌图、气象气候图、土壤图、植被图等）、社会经济地图（如行政区划图、居民分布图、经济地图、文化地图等）、其他专题地图（如航海图、航空图、城市平面图）。

遥感技术及其所提供的遥感资料，具有视域广、整体感强、资料获取迅速、影像逼真、信息量丰富等特点，特别对地形、地貌、地质、植被等信息反应最为直接。目前，在公路勘测设计中，遥感技术主要是一种辅助性的地质勘察设计手段，其应用主要体现在以下几个方面：

（1）查明地质条件。利用遥感影像，配合地面地质调查，可以判定区域地质条件、地形、地貌、岩性、构造和不良地质现象等资料，大幅度减少野外工作量，节省野外勘测成本。

（2）为公路选线提供资料。在公路可行性研究阶段，利用 TM 卫星影像或 SPOT 影像，可以判释大的区域地质构造及地层岩性，推荐适宜路线布局的合适走廊带，为公路方案的选择与优化提供宏观地质依据。避开容易因工程建设而造成的多种不良地质现象发生地段，从而降低工程造价和路线运行维护成本。

（3）为路线构造物设计提供帮助。利用路线走廊带大比例尺航空摄影照片，可以判释出绝大部分物理地质现象，如崩塌、滑坡、泥石流等自然灾害的位置、规模，并能对相应的地质灾害提出相应的治理方法和建议，可以为工程构造物的位置、形式等提出建议。

（4）可对所选路线线形进行三维透视。通过 GIS、GPS、RS 一体化技术的综合处理，将遥感图像叠加于三维地形模型上，形成真实的地形环境模型，帮助设计人员了解路线线形是否顺畅，行车视距是否良好，与周围景观是否协调一致，更体现出遥感技术在公路路线比选中的重要作用。

基础练习

一、填空题

1. CAD 是_____的简称。

2. CAD 系统由_____和_____组成。

3. CAD 系统由_____、_____和_____三部分组成。

4. _____模型简称三点数据，是由随机分布的离散地形数据构成的，可通过内插产生路线设计所需的纵、横断面地面线资料。

5. 公路 GPS 是综合处理_____的计算机软硬件系统，是 GIS 技术在公路领域的发展，是 GIS 与多种公路信息分析和处理技术的集成。

二、单项选择题

1. 以下( )是全球地理信息系统。

A. GIS   B. GPS   C. RS

2. 以下( )是全球卫星定位系统。

A. GIS   B. GPS   C. RS

3. 以下( )是遥感测试系统。

A. GIS   B. GPS   C. RS

4. ( )是指地形地表形态等多种信息的数字表示，它由许多有规则和无规则整列的地形点三维坐标 X、Y、Z 组成的，是数字化了的地形资料存储于计算机的产物。

A. DTM   B. TDM   C. TMD   D. 以上都不对

5. 在透视图中，与画面垂直的视线称为( )。

A. 主点   B. 物点   C. 视轴   D. 迹

三、简答题

1. CAD 的含义是什么？CAD 的组成系统有哪些？

2. 什么是数字地形模型？数字地形模型有哪几种类型？

3. 数字地形模型原始数据采集方法有哪些？

4. 什么是透视图？

5. 简述"3S"技术在公路测设中的应用。

技能实训

试用所学知识，理解平、纵、横断面图之间的关系，对已有的一条三维路线做透视图。

参 考 文 献

[1]中华人民共和国交通运输部.JTG D20—2017公路路线设计规范[S]北京：人民交通出版社，2017.

[2]中华人民共和国交通运输部.JTG D30—2015公路路基设计规范[S]北京：人民交通出版社，2015.

[3]中华人民共和国交通运输部.JTG B01—2014公路工程技术标准[S]北京：人民交通出版社，2014.

[4]中华人民共和国交通运输部.JTG C10—2007公路勘测规范[S]北京：交通部第三航务工程勘察设计院，2007.

[5]王学民，李燕飞，任国志.公路勘测设计[M].郑州：黄河水利出版社，2013.

[6]韩冰.公路勘测设计[M].哈尔滨：哈尔滨工业大学出版社，2016.

[7]中华人民共和国住房和城乡建设部.GB 51038—2015城市道路交通标志和标线设置规范[S]北京：中国计划出版社，2015.

[8]杨少伟.道路勘测设计[M].北京：人民交通出版社，2009.

[9]王建林.公路测设技术[M].北京：人民交通出版社，2011.

[10]田万涛.道路勘测设计[M].北京：高等教育出版社，2010.

[11]吴瑞麟.公路勘测设计[M].武汉：华中科技大学出版社，2010.

[12]陈方烨，李绪梅.公路勘测设计[M].北京：人民交通出版社，2009.